義のアウトサイダー

新保祐司

Shimpo Yuji

藤原書店

序――「硬文学」としての人物論

一

平成三年に、ということは今からもう四半世紀も前になるが、私は「軟文学の中に寝ていられない――硬文学再興を」という批評文を書いた。平成二十六年に亡くなった粕谷一希氏が編集長をされていた季刊『アステイオン』に掲載された。

『内村鑑三』を上梓したのが平成二年で、それを機に粕谷氏に宗教哲学者・波多野精一について書くことを勧められた。それが『アステイオン』に初めて載った作品だったが、その次に掲載されたのが「軟文学の中に寝ていられない――硬文学再興を」であった。このテーマは、私から示したものだったが、粕谷氏もその主張に深く共感されたからこそ、執筆させてくれたのだと思う。

そこで私が言いたかったことは、日露戦争後の明治四十年代以降、文壇を支配した自然主義文学以来の、小説を主たるものとする「軟文学」の終焉がはっきりしてきたのであり、「政治小説」「史論」「人物論」「時事評論」のようなもの、一言でいえば「硬文学」といわれるものを再興すべきではないかということであった。もちろんそのままの形で再興するということではなくて、その中にある核心を汲み取ることであり、それは、神・歴史・自然に相渉ったものでなければならないということである。

実は、昭和三十年代の後半に、「硬文学」を見直す動きがあった。中村光夫は昭和三十八年に「硬文学の復活」という評論を発表した。そして、この時期に河上徹太郎の「文学の実体喪失」や山本健吉の「現代小説への不信」が書かれた。

中村は「明治時代から大正の初期にかけて一般読者の文学的要求をみたしていたものは、決して単に新しい小説や詩だけではなかったので、時事評論や史論を中心とするいわゆる硬文学、漢詩漢文などが和歌俳句とならんで読まれていたのです。このうち（文芸評論でない）評論、史論、漢詩漢文などは、現代では滅びてしまったジャンルですが、これが今日から想像がつかないほどの権威と多くの読者を持っていたことは、明治時代の雑誌を一瞥すればわかります。」と書いている。そして、その証拠として「昭和のはじめにでた改造社の『現代日本文学全集』でも、徳富蘇峰、三宅雪嶺などは、一人一冊を占めて居り、漢詩集は、新体詩集と一巻を半分ずつ分け合って」いたことを挙げている。

河上は「日本人はついに狭義の文学、つまり小説を以て、人間性の窮極最高の表現とは信じていないのではないか」という「大胆な仮説」を述べ、山本は「残るものは読物としての、ただ単に読物としての小説である。それが拠り所となすのは、マス・コミによって動員され、画一化された、膨大な読者層である。」と指摘している。

これらの志ある批評家たちの提言にもかかわらず、「軟文学」の更なる軟化は、ずるずるべったりと続いてきた。だから、河上の『吉田松陰――武と儒による人間像』などの「硬文学」を高く評価していた粕谷氏は、三十年後も変わらない現状への批判を自分の雑誌に載せたくて私に「硬文学」再興論を書かせたのだと思う。そして、それからも既に二十五年が過ぎてしまった。

しかし、今や時代は「近代の終焉」を迎え世界の状況は苛烈さを増し、神・歴史・自然に相渡った「硬文学」の出現を待望しているのではないか。近代とは、人間中心の時代であり、「軟文学」とは人間に閉じ込められたものだからである。ニーチェは、『ツァラトゥストラかく語りき』の中で、「創造者たちは硬いのだ」と言い、「硬くなれ！」と命じた。人間と社会を描写したものに過ぎない「軟文学」の時代は、いずれ終焉を迎え「読物」に解消していくのである。しかし、文学も真の意味で「創造」でなければならない。ついに文学に向かって「硬くなれ！」という声が発せられなければならない時が、到来したのである。それに応答する者が、「硬文学」を再興するであろう。

二

「硬文学」の一つの重要な分野としてあるのは、「人物論」であろう。明治の「硬文学」となると、徳富蘇峰、山路愛山、三宅雪嶺の三人の名前が直ぐ思い浮かぶが、蘇峰の代表作としては『吉田松陰』が挙げられるであろう。愛山には『足利尊氏』『徳川家康』『荻生徂徠』など多くの作品があり、また頼山陽を取り上げた「頼襄を論ず」がある。雪嶺には、『王陽明』があり、論集『想痕』の中には「人物」の部に「西郷隆盛とガリバルヂー」がある。その他にも、池辺三山には、『明治維新三大政治家――大久保・岩倉・伊藤論』がある。

「硬文学」においては、人物論であって、人間論ではない。ニーチェは、『ツァラトゥストラかく語りき』の中で、「人間は、超克されるべきところの、或るものである。汝らは、人間を超克するために、何を為したか？」と書いた。人間は、「或るもの」に過ぎない。この「或るもの」としての人間を問題にして来たのが、近代である。この人間という問題は、実に豊富で多彩で深いように見えて、近代人は、眼が眩んでしまったのである。しかし、この深さと見えたものは、いわば泥水が深そうに見えるようなものであった。泥水は複雑な光景を呈するだけである。「深き淵より」の深みに達しようにも、そもそも「深き淵」などなかったからである。

日本の近代小説の出発を告げたとされる坪内逍遥の『小説神髄』（明治十八年）には、「小説の主脳は人情なり。世態風俗これに次ぐ。（中略）人情とは人間の情欲にて、所謂百八の煩悩是なり。」と宣言した。これが、「軟文学」の出発点であり、人間を「人情」の存在として捉える視点が主流になったのである。これに対して「硬文学」は、人物論を展開したのである。

ここで、私は、人間と人物を区別したいと思う。人間とは、結局「超克されるべきところの、或るもの」に過ぎない。その「或るもの」から、華麗なる近代の文学や芸術が生まれたとしても、ついに「人間」に閉じ込められたものである。

一方、人物とは、人間を超克しようとして何ものかを為した存在である。超克する方向へのヴェクトルあるいは、エラン・ヴィタールを持っているからである。人物論は、もちろん人間の面も描くが、究極的には、人間を超克するために為した何ものかを書くことである。ヴェクトルの線を引くことである。そして、その何ものかは、その人間によって様々にありうるであろうが、私が最も重んじるのは、義である。「硬文学」としての人物論の傑作と言ってもいい『代表的日本人』を書いた内村鑑三に、「美と義」という文章がある。

○文明人種が要求する者に二つある。其一は美である、他の者は義である。美と義、二者孰《いず》れを択《えら》む乎《か》に由て国民並に其文明の性質が全く異るのである。二者孰れも貴い者であるに相違ない。然し乍ら其内孰れが貴い乎、是れ亦大切なる問題であつて、其解答如何によつて人の性格が定《き》まるのである。
○国としてはギリシヤは美を追求する国でありしに対してユダヤは義を慕ふ国であつた。其結果としてギリシヤとユダヤとは其文明の基礎を異にした。日本は美を愛する点に於てはギリシヤに似て居るが、其民の内に強く義を愛する者があるが故に、其国民性にユダヤ的方面がある。伊太利《イタリヤ》、仏蘭西《フランス》、西班牙《スペイン》等南欧諸邦は義よりも美を重んじ、英国、和蘭《オランダ》、スカンダナビヤ諸邦等北欧の諸国は美よりも義に重きを置く。美か義か、ギリシヤかユダヤか、其選択は人生重大の問題である。
（傍点原文）

美と義、この二つは、単なる人間を人物へと超克するものであろう。そして、「美か義か」「其選択は人生重大の問題」であり、私は義を「選択」するのである。内村の「日本は美を愛する点に於てはギリシヤに似て居るが、其民の内に強く義を愛する者があるが故に、其国民性にユダヤ的方面がある。」という指摘は、日本あるいは日本人を考える上で、決定的に重要な点である。文化史を眺めれば、「日本は美を愛する」ように見える。例えば、日本美術史の輝かしい傑作群を思い浮かべるだけでも、日本人の美に対する追求の素晴らしさが分かる。多くの美の天才が存在したのである。

しかし、少数派かもしれないが、例えば明治維新のような危機の時代には、「強く義を愛する者」が登場した。義のアウトサイダーともいえるかも知れない。この「強く義を愛する者」たちが、実は日本の歴史を支え、日本の精神史を貫く一本の背骨を形成したのである。私にとって、人間を観るというのは、義の視点から捉えることであり、人物とは義によって人間を超克しようとした人間のことである。

義のアウトサイダー　目次

四　北村透谷

III

一　信時潔

義のアウトサイダー

I

一　田中小実昌

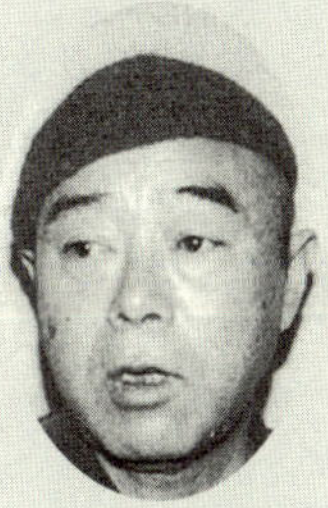

たなか・こみまさ（一九二五―二〇〇〇）小説家。『香具師の旅』『ポロポロ』『アメン父』、『田中小実昌エッセイ・コレクション』全6冊（ちくま文庫）

戦後日本のアウトサイダー

――ただ彼の上に神の業《わざ》の顕れん為なり（ヨハネ伝第九章三節）

一

私は、田中小実昌さんからはがきを一度頂いたことがあり、今でもとても大切にとってある。それは、一九九〇年一月六日の練馬郵便局の消印がある官製はがきで、その文面は次のようなものであった。

お手紙ありがとうございます、
また、ご本「シュウベルト」ありがとうございます、
まだ、はじめのほうしか読んでいませんが、ゆっくり拝見いたします、いつもたいくつしているのですが、正月はとくにたいくつで、練馬のここに引越して四年になりますが、はじめて近所を散歩しました、両足がしびれ、それに、もともと散歩は好きではないのです、でも、バスにはよくのっていて、千駄木というところも、なんどもとおりました、池袋から浅草行、お茶の水行あたりのバスでしょうか、

この年、田中さんは六十五歳で、前年の二月には代表作『アメン父』が刊行されていた。当時私は、千駄木二丁目のアパートに住んでいたので、千駄木という地名がでてくる。『シュウベルト』というのは、このはがきの前年、一九八九年の十二月一日に私家版で出した書き下ろしの批評文で、十二月中に田中さんに進呈した。それに対するはがきであった。

では、何故この本を田中さんに送ることにしたかといえば、次のようなことがあったからである。その頃、文芸雑誌『文學界』には新年号に「わたしのベスト3」という特集があった。多くの作家や文芸評論家などが、前年に発表された作品の中で自分が「ベスト3」と思うものを挙げて、短評を加えるというものであった。一九八八年の新年号には田中さんも書いていて、その「わたしのベスト3」の中の一つに、一九八七年の『三田文学』の秋季号に載った私の「我は福音を恥とせず

——内村鑑三論序説」がとりあげられていたのである。その中で、田中さんは、次のように書かれていた。

「三田文学」に内村鑑三のことを書いた評論があり、あの内村鑑三がたえず絶望とむきあっていたというのが、おもしろかった。

この「わたしのベスト3」には、もう一人、森内俊雄さんがこの内村論を取り上げて下さった。森内さんは、「殻を脱いだばかりの蟬の初々しさ。しかし、この人の夏は永く、視野はきわめて広いものと思われます。」と書かれていて、これを読んだときの深い感銘を今でもよく覚えている。この「内村鑑三論」は、その後二年間、全部で八回にわたって連載し、一九九〇年の五月に単行本『内村鑑三』として上梓した。

私が出した手紙の内容はもう覚えていないが、田中さんが「わたしのベスト3」に選んでくれたということがあったので、恐らくそのことに対する御礼と最近出した私家版の本を送らせて頂きますという文面だったのだと思う。その他に、前述した『アメン父』の読後感を付け加えていたのではないか、と思い返される。

田中小実昌という作家は、世間、あるいは文学界で、「奇人」「変人」と見られ、その作品も何となく大衆小説的なものと思われているようであるが、この人は、戦後の流行作家の中に多く見られたそのようなタイプとは似て非なるものである。そのような群れから「超絶」している。『アメン父』の中に、神学者のカール・バルトのことが出て来るが、カール・バルトを読んでいる作家など他に日本にどれだけいるであろうか。バルトと言えば、ロラン・バルトしか思い浮かばない文化風土に我々は呼吸している。

「奇人」「変人」というものを、「エクセントリック」(eccentric) として言い換えるならば、そのカール・バルトが実に深いとらえ方をしている。eccentric は、ec・centric であり、ec＝ex である。つまり、center から「外に」あることである。世間の真中、普通のことから外れた、常軌を逸した人ということになるが、バルトはこれを「中心を外に持って」と釈《と》くのである。『和解論』(井上良雄訳) の中で、「使徒」について「彼らは、いわば『中心を外に持って』生きる。」としている。そして、「人間がその中心においてこそ自分自身のもとにいないということが、信仰というものの事情である。また、われわれは、次のように言ってもよい。すなわち、人間は、ただ自分自身の外部においてだけ自分の中心におり、従って自分自身のもとにいるのだ、と。」と書いている。まさに、この意味において「使徒」的な人間であった田中小実昌という人物は、「変人」であったのである。世間にざらにいるつまらない「変人」の類とは、似て非なるものである。「その中心において」「自分自身のもとにい」ることが、近代の日本人の在り方だったとすれば、その意味でアウトサイダーであった。

河上徹太郎の名著『日本のアウトサイダー』について、小林秀雄は『考へるヒント』の中の「歴史」の章の冒頭に、次のように書いている。

近ごろ読んだ本のうちで、河上徹太郎君の「日本のアウトサイダー」が大変面白かつた。中原中也、萩原朔太郎、岩野泡鳴、河上肇、岡倉天心、大杉栄、内村鑑三、さういふ世に背いて、世を動かした人々の簡潔な生き生きとした列伝である。平たく言へば、変り者列伝である。河上君が、これを殊更アウトサイダーと変つた呼び方をしたについては、いろいろ理由があり、その説明もあるが、私は書評をするのではない。変り者といふものは面白いものだと思つてゐるうちに、変り者といふ極く普通の言葉は、なかなか含蓄の深い言葉だと考へ出した。

この河上徹太郎の『日本のアウトサイダー』で、最後に取り上げられているのは、内村鑑三であるが、その章は「さて今度は内村鑑三だが、私はかねがね彼を『日本のアウトサイダー』の最も典型的なものと目指していたのである。」と書き出されている。

私が、もし、この『日本のアウトサイダー』の続編を書くことがあるとするならば、最後の内村鑑三の章の後に一章を田中小実昌という人物にあてるのが相応しいのではないかと考えている。田中小実昌という人物は、単なる「変り者」を「超絶」して、近代日本のアウトサイダーの列伝に連なる一人であったからである。

二

『アメン父』は、実父の田中遵聖《じゅんせい》のことを書いたものだが、この遵聖は、明治の末にアメリカのシアトルに渡り、久布白直勝牧師から洗礼を受けた。そして、帰国後に広島の呉市に、どこの派にも属さない独立教会を創設した人物で、この教会には十字架も立っていなく、そもそも教会ではなく、集会所と呼んでいた。この父こそまさに「日本のアウトサイダー」の一人といっていいであろう。「あとがき」の最後に「この本は父の伝記でも、僕の父へのおもいででもなく、（いまでも）アメンが父をさしつらぬいていることを、なんとか書きたかった。」と書いているが、たしかにこの田中遵聖という人物は、「アメン」が「さしつらぬいている」というしかいいようのない人物である。『アメン父』の中では、「宗教はココロの問題ではない。」ということが繰り返し書かれている。これが、この作品、そして、田中遵聖・小実昌父子を「さしつらぬいている」ライトモチーフである。

だれでも、宗教はココロの問題だとおもっている。ところが、宗教はココロの問題などとおもったら大まちがい、と父は言う。これはふつうの考えとはうんとちがう。ちがってもしようがないが、泣きごとめいたくりかえしになるけれど、こんなことも、なかなかわかってもらえない。

田中さんは、文学も「ココロの問題ではない。」と言いたかったのかもしれない。田中小実昌という作家は、実は「うんとちがう」人間であり、「なかなかわか」らない文学者なのである。何故なら、戦後には「内向の世代」という作家群があり、文学とは「内向」のもの、いわば「ココロの問題」となってしまったからである。それは、戦後の「内向の文学」に限った話ではなく、近代日本文学がそうなのであり、夏目漱石の『こころ』が近代日本文学の傑作の一つとされていることが象徴的である。田中小実昌という人物が、根本的に「アウトサイダー」であった所以である。田中さんの有名な作品に、これもまたエクセントリックな作品なのだが、「ポロポロ」がある。これは、田中小実昌という文学者を象徴したような作品である。父田中遵聖が創設した独立教会で、信者たちが「ただ、ポロポロ、やっている」というのは、「ココロの問題」から出て来たものではなく、それをを超えているのである。

ここで、硬文学、軟文学という区分を思い出すならば、軟文学とは結局「ココロの問題」を扱うのであり、硬文学とは「ココロの問題」を超えたところ、即ち神・歴史・自然に達するものである。文学史的には、「ココロの問題」を扱った近代文学として軟文学の方が、硬文学より新しいということになったのである。しかし、二十一世紀の今日に見られる「近代の終焉」という事態を前にして、硬文学の方が却ってアクチュアルになって来るのではないか。

カール・バルトを読んでいるのも珍しいが、宗教哲学者・波多野精一について書いているのも、田中小実昌ならではのことである。私が、「波多野精一論序説――上よりの垂直線」という、カール・バルトの影響を深く受けた批評文を発表したのは、一九九〇年の春、『内村鑑三』上梓直後のことだが、田中さんの波多野についての文章は、「すっきり、さわやか」と題されている。よく本質をとらえたすばらしいタイトルである。ここでも「宗教はココロの問題ではない」ということが問題になっているのである。

まして、波多野精一のように宗教哲学でぬきんでた、さわやかな学者になるのには、知識として理解するのではなく、この世をこえた、日常の経験にはない、しかもたいへんに確実な、事実にぶちあたら(ぶちあてられ)なければならない。

ロシア人を擦《こす》るとタタール人が現れるという言い方がある。これに発想を得て、新渡戸稲造は『武士道』の中で、最も進歩的な日本人でも、擦ればサムライが現れると書いたが、田中小実昌という人物を擦れば、田中遵聖という人物が現れるといっていいであろう。表面的にその生き方、生活ぶりを眺めれば、田中小実昌という作家は、「アメン」に「さしつらぬ」かれていた田中遵聖とは随分違っている、あるいは対極的な人物とも思われるかもしれない。しかし、実は、通底しているのである。「わかってもらえない父のこと」の中で、次のように書いている。

ストリップおじさんといわれたぼくが、ストリップのはなしをすると、みんなわらってきいてくれるが、父のこと、父の教会のこと（これは、わけられるものではない）は、誰も理解できない。はなす機会もない。（中略）

また、ぼくは父のコドモとして生まれただけでなく、父といっしょにそだっていった。父が死んで二十七年になるけれども、いまでも、ぼくは父といっしょにいる。影響をうけてるのではなく、父といっしょにいる。センチメンタルなおもいでもあるまい。

「ストリップおじさん」田中小実昌を、世間は、「みんな」は、「わらって」いた。しかし、田中遵聖が根底にあった田中小実昌という人物は、「理解できな」かったのである。そういう田中小実昌という「大マジメ」（田中小実昌は、田中遵聖について「父は、肩肘はらないで、大マジメだった。」と書いている）な人物が、「ストリップおじさん」として生きざるをえなかったのが、敗戦国日本の戦後という時代であったのである。田中小実昌は、小実昌という少し変わった名前について、「父は、神の役に立つ子を、と祈って、この名前をつけたはずだ。世の中の役に立つ、といえばわかるが、神の役に立つ、というのはわからない。けれど、父はそうおもったのにちがいない。」と書いている。この「神の役に立つ」という観点から見なければ、田中小実昌という人物は「わからない」。世間は、「世の中の役に立」たないというところ（戦後民主主義的な価値観では、そのことが却って良しとされたのであった）で、この「ストリップおじさん」を「コミさん」とか呼んで勝手に共感していただけである。ボードレールが意識的な韜晦家とすれば、田中小実昌という人物は、無意識の韜晦家と言えるかも知れない。

この「ストリップおじさん」の深い意味での「マジメ」さについては、河上の『日本のアウトサイダー』の最初に取り上げられた中原中也について、吉田秀和が「中原は、大変倫理的な人間だった。私はのちに、《論語》をよんで、『人の生くるは直《なお》ければなり』という句に接して、これは中原の信念と同じだと思った。この『直《なお》し』というのは、正義とか真理とかいうのとは、ちょっとちがう。本居宣長の言う『清く明るい心』にずっとちかい。それは、対外的、対人的であるよりも、まず、内的なもののあり方についてである。」と書いていたのを思い出す。中原中也も、決して道徳的とはいえなかったであろうが、倫理的な人物であった。そういう意味で、田中小実昌という人物は、道徳的ではなかったであろうが、十分倫理的であった。

三

『アメン父』の中に、父の独立教会と普通の教会との違いについて語りつつ、内村鑑三のことが出て来る。

カトリックはべつにして、ほかのニホンのプロテスタントの教会の牧師がどんなふうかは知らない。また、この教会は、どこの派にも属さない、自分たちだけの教会で、だから、教団から牧師の月給など金がでるということはない。これは、ほかの教会とは、うんとちがう。外国の（おもにアメリカの）宣教団《ミッショナリ》から金をもらわないで、自分たちで独立に教会をやっていくというのは、たいへんなことだった。内村鑑三の書いたものにも、そういう苦心がありありとのべられている。自分たちの金で自分たちの教会をやっていく、それが内村鑑三の芯なのかもしれない。

「わたしのベスト3」の中で、田中さんは「あの内村鑑三がたえず絶望とむきあっていたというのが、おもしろかった。」と書かれていたが、『アメン父』の最後の方で、父の小伝中の「昭和五年五月十二日小倉市下到津《しもいとうづ》丘上において絶望の極地にありて十字架上の主の御支えを強く感ぜしめられる。」という記述について、次のように書いている。

これが、とってもおもしろい。大正十四年五月十八日、父は神の臨在を感じだしている。それが、二年たった昭和二年五月十二日に絶望の極地にありて、というのがおもしろい。ふつうの教会、ふつうのキリスト教なら、神の臨在を感じれば、それでほんとにクリスチャンになり、すくわれたのであり、つまりは回心で、けがれもさり、清らかな境地にはいり、絶望などとんでもないことだ。

ところが、父はそれから二年もたって絶望している。逆に絶望はだんだん深まっていったのではないか。神の臨在を感じ、父ははじめて見る光に接し、言いしれぬよろこびにひたされたが、光に接して、闇も見え、自分がドン底の闇のなかにいるのもひしひしと感じて……。なんて言いかたは安易で、そんなかんたんなものではないかもしれないが、ともかく父は絶望した。

（中略）

じつは、父は回心したのでも、まして悟ったのでもあるまい。イエスがのぞんできて、大いなるよろこびとともに、父の絶望がはじまった。そして絶望の極地にあって十字架上の主の御支えを強く感ぜしめられる。

田中遵聖には、『主は偕にあり』という説教集があるが、『アメン父』はこの中から一つの説教（昭和三十二年一月三日のもの）を引用することで終わっている。この日の説教がとりあげたのは、コリント前書第二章一～五節である。実は内村鑑三の絶筆の文章は、このコリント前書の聖句で終わっているのである。内村の文章では、「そは我れイエスキリストと彼の十字架に釘《つ》けられし事の外何をも知るまじと心を定めたれば也。（コ、前、二ノ二）」となっている。田中遵聖も、ついにこの「極地」にまで達したのであろう。

四

田中小実昌さんが亡くなったのは、二〇〇〇年の一月のことだが、二〇〇二年の六月からちくま文庫で『田中小実昌エッセイ・コレクション』が刊行された。その第二巻「旅」を読んでいて、次のような件にぶつかったとき、冒頭に引用した田中さんからもらったはがきのことを思い出した。そして、しばし、考え込んでしまった。この第二巻で、田中さんは「近頃、ぼくはよくバスにのる。本をよむのもめんどくさく、映画館のなかにとじこもってるのもうっとうしいときなんかは、バスにかぎる。」と書いているが、「ヨーヨーをもった少年」の中に、次のように書いてあったのである。

池袋の西武パルコの前からでる浅草行の都バスは、巣鴨駅前、白山上をとおって、団子坂をくだる。そして千駄木二丁目のバス停をすぎたあたりか、すずらん横丁という飲屋の路地が見える。

これも、おなじように、いつか一度は路地にはいって飲みたいとおもいながら、バスのなかから見てるだけだ。しかも、だれをさそって、いっしょに飲みたい、とその相手まで、かってに、ちゃんときめてるのに……。

この「かってに、ちゃんときめてる」「相手」というのは、もしかすると私のことだったかもしれないと思った。千駄木の辺りに田中さんの知人がいたかどうか、私は知らない。しかし、頂いたはがきをよく読み直してみると、千駄木二丁目のバス停に寄ることができるという意味だったように思われてきた。そう思ったとき、何と残念なことをしてしまったかと痛切に悔やまれた。当時私は、千駄木二丁目のアパートに逼塞していたし、人と気軽に飲むというタイプの人間ではなかった。だから、田中さんからのはがきをもらっても、返事を出していなかった。実は、このはがきを頂いた数年後、或るパーティーで田中さんを見かけたことがある。よほどご挨拶しようかと思ったが、タイミング悪く若い女性と話をしている最中なので、何となく声をかけずに終わってしまった。

そういうことがあったので、この文章を読んだときの、残念さは大きかった。「すずらん横丁」の「飲屋」で、田中さんとお酒を飲みながら、父田中遵聖、内村鑑三、波多野精一、「宗教はココロの問題ではない」などなど語り合ったら、なんと素晴らしかったことだろう。『アメン父』について、「あとがき」で書いているように「言いわけになるが、ぼく自身が統一のない男だし、この本でも、父の、持続と統一のある人格（アイデンティティ）なんてものが、アメンにより、イエスにより、イエスの十字架により、こなごなにうちくだかれ、それでいてささえられているのを、わからないまま、ぼくは書こうとした。」というような言葉を生で聞き、まさに目の前に田中小実昌という「こなごなにうちくだかれ、それでいてささえられている」人物がたしかにいることに圧倒的な感銘を受けたことだろう。

私は、かねてより田中小実昌という人物は、近代日本におけるマルメラードフのような存在のように感じていた。ドストエフスキーの『罪と罰』の登場人物で、地下室の酒場で、有名な「マルメラードフの告白」を語る退職官吏である。昔、私が青年の頃に中央公論の「世界の文学」が出た。たしか第一巻は、池田健太郎訳の『罪と罰』であった。その本の挿絵のマルメラードフは、何となく田中小実昌という人物に似ていた。田中さんの顔写真に多い何かとぼけた感じとは異なって「こなごなにうちくだかれ」たような表情に描かれていたが、「とぼけた」田中さんも擦ってみれば、このような表情が現れたに違いない。千駄木の「飲屋」で飲んだならば、目の前に近代日本のマルメラードフがいるかのような感覚に襲われたかもしれない。田中小実昌という人物は、「ただ彼の上に神の業の顕れん為なり」（ヨハネ伝第九章三節）という人物であり、「神の役に立つ子」であったからである。

二　三島由紀夫

みしま・ゆきお（一九二五―一九七〇）小説家、劇作家。『金閣寺』『英霊の聲』、『決定版 三島由紀夫全集』全42巻・補巻1・別巻1（新潮社）

三島由紀夫と崇高

本日の講演のタイトルを「三島由紀夫と崇高」とつけました。

三島由紀夫といいますと「美」の天才ということになるわけですが、あえて「崇高」という言葉を出してみたいと思っております。三島由紀夫の文学あるいは人間についてさまざまなことが言われていますが、「崇高」というキー・ワードをおき、何らかの光を当ててみたいと思います。

「崇高」を「美」と対比したバーク

「崇高」という概念がどういうところに出てくるかといいますと、『崇高と美の観念』と普通は訳されているエドマンド・バークの本です。十八世紀イギリスの政治家であり、政治思想家でもあったエドマンド・バークは当初文芸家、美学者、あるいは哲学者としてスタートし、二十八歳のときに『崇高と美の観念の起源に関する哲学的研究』を著しました。

今日保守主義の聖典と言われています『フランス革命についての省察』という本があります。これはバークの代表作であることはみなさんご存じのとおりです。フランス革命が起こったときに、すぐさま徹底的な批判を加えたもので、政治思想における保守主義の最初かつ最高の表現とされています。この論文はバークが六十一歳のときに書いたもので、晩年のことです。

『崇高と美の観念』はバークのもうひとつの代表作といわれていますが、この作品が画期的だったのは「崇高」という観念を「美」と対比して出したということにあります。「美」というものは均斉がとれているギリシヤ的な美、秩序、そういうものに基づいています。「崇高」というのは雄大である、悲劇的である、あるいは畏怖、怖れを抱かせる、非常に昂揚した感情を持たせるというようなことです。「美」はどちらかといいますと人間の尺度に合った、人間に基づいたものですが、「崇高」というのは人間を超えたものという感覚が非常に強いわけです。

バークはそういうものを書いたんですが、先取りして言ってしまえば、三島は非常に「美」の天才であったということですが、徐々に「崇高」という感覚に強くひかれるものがあったんじゃないかということが言いたいことなのです。

「美」を中心とする古典主義が崩れだす近代初頭、バークは「崇高」をとなえます。私は数年前ドイツロマン派の風景画家のフリードリヒについて『フリードリヒ　崇高のアリア』を書いたのですが、世俗化が蔽っている今日の日本においてフリードリヒのようなドイツロマン派の「崇高」の感覚を強く訴えたいということで著したんです。

内村鑑三は「義」を「美」と対比した

今年（二〇一一年）生誕百五十年を迎えた内村鑑三という「明治の精神」の代表者は、「美と義」という短いのですが重要な文章を、大正十二年の講演で遺しております。

そこで内村は「美」と「義」を比較しています。そこでいう「義」は「崇高」に通ずるものと考えていい。彼はこう言っています。

○文明人種が要求する者に二つある。其一は美である、他の者は義である。美と義、二者孰《いず》れを択《えら》む乎《か》に由て国民並に其文明の性質が全く異るのである。二者孰れも貴い者であるに相違ない。然し乍ら其内孰れが貴い乎、是れ亦大切なる問題であって、其解答如何によって人の性格が定《き》まるのである。

○国としてはギリシヤは美を追求する国でありしに対してユダヤは義を慕ふ国であった。其結果としてギリシヤとユダヤとは其文明の基礎を異にした。日本は美を愛する点に於てはギリシヤに似て居るが、其民の内に強く義を愛する者があるが故に、其国民性にユダヤ的方面がある。

伊太利《イタリヤ》、仏蘭西《フランス》、西班牙《スペイン》等南欧諸邦は義よりも美を重んじ、英国、和蘭《オランダ》、スカンダナビヤ諸邦等北欧の諸国は美よりも義に重きを置く。美か義か、ギリシヤかユダヤか、其選択は人生重大の問題である。（傍点原文）

ここで「美」と「義」と言っていますのを「美」と「崇高」と言い換えてみたいと思います。「義」を問題にしたバークは内村がいうイギリス人で、『美と崇高との感情性に関する観察』を書いたカントは北方ドイツの人です。「美」よりも「義」を重んじる国のバーク、カントが「崇高」を問題にしたのでして、私が書いたフリードリヒもドイツ北辺の画家です。彼の風景画の画風が、「崇高」の感覚を非常に喚起するものであったのは当然だったのです。

日本について内村は、「美を愛する点においてはギリシヤに似ているが、その民のうちに強く義を愛する者があるが故に」と言っています。

たしかに日本は「美」の国であり、昔奈良はギリシヤに似ているとか言われたこともあり、日本は「美」の国だと文化論的にはみなされるわけです。

日本美術史をみれば「美」がいっぱいあるわけです。「美」だらけといってもいい。日本人はどちらかといいますと「美」の民でありますけれども、その民の内に強く「義」を愛する者がときどき出るのです。

たとえば明治維新をみると、西郷隆盛にしても吉田松陰にしてもあれは「美」ではないですね。

民のうちに突然「義」を愛する者があらわれる。危機の時代にそういう人たちが、「美」だ「美」だといっているなかにぐっとあらわれるというのが日本の歴史のおもしろい、非常に重要な、優れたところです。

私は三島も歴史的に長くみれば、そういうものの顕れ、顕現のひとつではないかと思っているのです。昭和四十五年だけの話ではなく、長い歴史のなかに置いてみると、そういう歴史的な噴出のひとつではないかと思っているわけです。

「義」は「正気」に通じる

そういう「義」というものが歴史的に噴き出すことを思いますと、ここで言葉を換えますが、「正気《せいき》」ということになるんじゃないかと思います。正しい気と書きます。「正気」というと、藤田東湖の「正気の歌」が非常に重要になります。

保田與重郎は内村鑑三について岡倉天心と並べて論じた大変な名作「明治の精神」を昭和十二年に書いています。そのなかで「内村鑑三の明治の偉観といふべき戦闘精神も、日本に沈積された正気の発した一つである」という非常に重要なことを言っています。

日本には「正気」というものが沈積されている。それがある危機に、ある人間において発する、顕現する、現れるということです。

ですから三島事件についていろいろな解釈がなされてきているわけですが、あまり私には興味がないのです。三島という一人の人間の内部の問題として、こういう欲求があった、こういうことを考えていた、というふうに解釈するのは、逆に三島がいちばん嫌った近代的な考え方です。内部の問題ではなく「正気」というものに三島が呼び出されたことによってあなったと思えばいいのです。

三島の作品のなかからいろんなものを取ってくる文学的解釈に、私はほとんど興味が無くなっているんです。一般的にもあまり意味がないんじゃないかと思うんです。

もっと「正気」というものを、日本の歴史において大きく考えてみるべきだと思います。

正気というのは現代の日本においては「しょうき」としか読まれない。正気というのは、あいつは狂っているのかいないのかという一個人の内部の問題です。

しかし、「正気《せいき》」というのは個人の内部とは関係なく、個人の上に「天地正大の気」というものがあるということです。

この会場におられる多くの方は知っていると思いますが、藤田東湖に「正気の歌」があります。昔、墨田区の吾妻橋に住んでいたことがあります。しかし、橋の東側の隅田公園にその石碑があることを戦後生まれの私は知らなかったのです。そこは元水戸藩の下屋敷で、そのあたりをよく散歩しておりましたら大きい石碑がドンとありました。今や高速道路の下になっています。その石碑に「正気の歌」が彫られています。東湖は一時そこに幽閉されていました。そのときに「正気の歌」をつくったのです。

昭和十九年六月に建てられた石碑を今やほとんどかえりみる人はいない。それは「正気」ということが忘れられていることに通じる問題だと思います。

正気　時に光を放つ

「正気の歌」というのは、「天地正大の気」という句で始まります。これがつづめられて「正気」となります。

天地《てんち》正大《せいだい》の気《き》
粋然《すいぜん》として神州《しんしゅう》に鍾《あつま》る
秀《ひい》でては不二《ふじ》の嶽《みね》と為《な》り
巍巍《ぎぎ》として千秋《せんしゅう》に聳《そび》ゆ
注《そそ》いでは大瀛《だいえい》の水《みず》と為《な》り
洋洋《ようよう》として八洲《はっしゅう》を環《めぐ》る
発《はっ》しては万朶《ばんだ》の桜《さくら》と為《な》り
衆芳与《しゅうほうとも》に儔《たぐい》し難《がた》し
凝《こ》りては百錬《ひやくれん》の鉄《てつ》と為《な》り
鋭利《えいり》　鍪《かぶと》を断《た》つ可《べ》し

藎臣《じんしん》は皆《みな》熊羆《ゆうひ》にして
武夫《ぶふ》は尽《ことごと》く好仇《こうきゅう》なり
神州《しんしゅう》　孰《たれ》か君臨《くんりん》す
万古《ばんこ》　天皇《てんのう》を仰《あお》ぐ
皇風《こうふう》　六合《りくごう》に洽《あまね》く
明徳《めいとく》　大陽《たいよう》に侔《ひと》し
世《よ》として汚隆《おりゅう》無《な》くんばあらざるも
正気《せいき》　時《とき》に光《ひかり》を放《はな》つ

「世として汚隆無くんばあらざるも」とは、世として衰退、堕落するときや繁栄することがあるけれども、ということです。そうであっても「正気」が光を放つときがあるというのです。歴史において、時間はただだらだら流れるのではない、特別な時がある。そういうときに光を放つ。逆に光が放った時が特別な時であるということです。

私は三島事件というのは、この「正気　時に光を放つ」ということのひとつではなかったかと思うのです。三島の内的な作品の中からいろんな事情を捜すというのは実に近代的な卑しい精神、解釈しなければ納得しないという解釈病です。

そうではなく「正気」が「時に光を放」ったということ、これが三島への最大のオマージュであって、頌、誉めることになるのです。

「正気」という日本の歴史の正統の道をまもってきた人たち、大和時代の物部氏からはじまって、奈良時代の和気清麻呂、平和な徳川の時代には四十七士が出た。「正気の歌」はそうずっと論じ続けていきます。

そして最後のところは「荏苒《じんぜん》　二周星《にしゅうせい》／唯《た》だ斯《こ》の気《き》の随《したが》う有《あ》るのみ」、東湖は二年間幽閉されていたのでその間無駄にしていたけれども「正気」だけは自分の身にちゃんと随っているというのです。

「嗟《ああ》　予《われ》　万死《ばんし》すと雖《いえど》も／豈《あ》に汝《なんじ》と離《はな》るるに忍《しの》びんや」という。

「正気」よ、汝と離れていられようかと詠っている。「正気」を汝と呼びかけています。マルチン・ブーバーの『我と汝』ではないんですけれども、単なる観念ではなく、汝というくらいの感覚で「天地正大の気」をとらえています。「正気」という汝が私をつかまえた。この汝と離れていられようか。汝が私を呼びだした。そこに「正気」の発現が起きるのです。

この絶唱は「死《し》しては忠義《ちゅうぎ》の鬼《き》と為《な》り／極天《きょくてん》　皇基《こうき》を護《まも》らん」と終わっています。

正気に勝る「狂」が現実を打ち砕く

これが藤田東湖の「正気の歌」です。幕末の志士において、これを暗誦できなければ恥とされたというくらい愛唱されたものです。特に吉田松陰門下ではみんな大いに詠み、橋本左内もそうですが松陰もこれに倣った「正気の歌」をつくっています。松陰は水戸学、とくに藤田東湖に親炙していました。

この流れに三島も位置づけられるのです。吉田松陰というと「狂」ということになりますが、「狂」というものはまさに「正気」の極北というものです。

平板な現実を相手に、われわれは言論をやっています。福田恆存は「言論は虚しい」と言いました。たとえば今の現状、民主党があれほど言論で批判されてもだらだらと続いています。どんなに言論でやっていても、現実は重力のままに物理的な、非情なまでの残酷な必然性で動いています。個人レベルの正気《しょうき》から出てくる世界論とか日本論は、おそらく重力のままに動いていく現実を打ち砕くことはないでしょう。この重力のままに動いている現実を打ち砕くのはおそらくふつうの言論ではない。それを打ち砕く力を持っているのは吉田松陰が言った「狂」というものでしょう。「狂」とは人間の精神において「正気《せいき》」が正気《しょうき》を上回っていることです。非常な緊張感をともなう精神状態において「狂」にとりつかれているということです。

もちろん人間は正気《しょうき》でなければいけない。気が狂っていてはしょうがないのです。正気《しょうき》を「正気《せいき》」が上回っている。「正気《せいき》」のほうが自分の内部の正気というものを上回って語りかけてくるということです。

これは悲劇的なことですけれども、打ち砕く力を持つものは、何か自分を超えたものとの関係の中で生まれてくるものだろうと思うわけです。普遍的なものが個人的なものをこえて絶対的な献身を要求するということです。個人的レベルの正気は価値が低いものとして松陰はとらえたのです。さきほど「正気　時に光を放つ」といいましたが、まさに幕末という「時」に「正気」が「光を放」ったのです。

幕末維新期以外の日本の歴史なんてだいたいがのっぺらぼうなものが多いです。そのなかに例外的に垂直的なものが出現した。それが幕末維新史の非常に顕著な点で貴重です。三島もだんだんその垂直性を言うようになっていったのです。

歴史の苛酷さと大震災のモラル・ミーニング

歴史がアクチュアルに持っている厳しさ、恐ろしさ、それに我々が怖れを持ち続けるということは大事です。「歴史的なもの」にしてしまうのはよくないのです。しかしこれは逆説的に難しいのです。

たとえば吉田松陰の松下村塾を教育の理想だ、いい教育だというレベルで吸収してしまってはよくないのです。松下村塾の安政五（一八五八）年ごろの主な顔ぶれ約四十名のうち、明治期まで生き残ったのは半分くらいしかいない。

松陰の教育のこういう苛酷さを消毒してはいけないんです。歴史の持っている苛酷さをそのままに我々は思い出すべきなのです。松陰の教育を、すぐれたものというような安易な俗論的理想論にしてしまってはダメなんです。それを「学ぶべきもの」とは恥ずかしくて言えません。松陰と門下生の持っていた烈しさを知ったら口にすることさえ恥ずかしい。

そういう歴史に対する敬意がほんとうの変革に結びつくのです。松陰の「狂」、「正気」は三島に通じるのです。

（平成二十三年九月末）イタリアから帰国しましたら、新国立劇場でやっている『朱雀家の滅亡』が評判だと新聞で知ってすぐ観に行きました。小劇場ですので身近で演じられ、戯曲で読むのと違った感銘を受けました。

出征してゆく息子の朱雀経広が実母のおれいを誇りをけがしたといってののしって長く烈しくいうところは三島の肉声を聞くようでそのせりふの凄さに震えました。死の二年前に書かれたこの芝居の持っている烈しさはまさに「正気」、「狂」だと思いました。

朱雀の当主を弟が「あなたは静かな気ちがいだ」と言う。「かつて気高く威光さかんであった一帝国は滅びた」という科白は、初上演から四十年以上経った当時以上にリアリティを持って感じられました。

東日本大震災後はじめてのこの「憂国忌」で、大震災のモラル・ミーニング（道義的意義）を日本人がどれだけ受けとめられるかということが大事なのです。単なる事故処理だ、除染だと捉えていたらたいへんな禍根を残す。

明治維新以降、文明開化があり、敗戦があり、戦後復興、高度成長を経た近代日本を、この大震災で問い直さなければならないのです。その中で、三島事件の意義がますます大きくなってきています。

保田與重郎が、昭和十四年に「文明開化の論理の終焉について」を書き、近代日本の文明開化の論理を、西洋文明文化の翻訳と編輯替えで付焼刃なもの、植民地の知性だと否定しましたが、それは問題にもされずにさっと終わってしまって、戦後文明開化のやり直しのように高度成長が始まりました。

今回こうして大震災と原発事故が起こって、ここでやはり日本人が近代を大きく問い直さなければいけないところに立っています。戦後ではなく明治以降からの近代を問い直さなければいけないのです。三島事件が戦後日本、あるいは近代日本に発した根源的な批判はますます意味を持ってきています。

「人間の解放」としての日本の近代文学

中村光夫によると日本の近代文学は人間をいろいろなものから解放する人間解放の文学です。道徳からの、家からの、家族からの、地主制度など社会制度からの、かっこ付きでいえば封建的ないろいろなしがらみからの解放を日本の作家たちはやってきました。

志賀直哉でいえば家からの人間解放であり、プロレタリア文学であれば封建的な制度、家からの、男女の自由的でない恋愛からの解放を、それぞれの作家が営々とやってきたのが日本の近代文学でした。それを果敢にやっていた作家たちは時代のチャンピオンであり、青年たちにとって理想的な生き方をしているチャンピオンでした。

しかしそれが敗戦によって、マッカーサーが来たことによって、日本の文学者がこつこつやってきた人間のいろいろな解放というものが、そういうところとは全く違うところから起こったのです。文学者が家からの解放、地主制度からの解放などが、与えられ配給されて唐突に行われました。文学者が当時やってきた以上の解放が戦後行われました。

その結果じつに無風状態の、何をやってものれんに腕押しの感じになっています。鳩というのはなぜ飛べるのか。空気の抵抗があるから飛べる。しかし愚かな鳩は空気の抵抗が邪魔だと思っているのです。どんどん空気が薄くなって真空のほうが飛べると思っている。しかし真空だったら飛べないのです。日本はそういう意味で抵抗をどんどん失って、無くしていって真空状態みたいになっています。そうしたら何も飛べない、何もつくれない、何も創造することができないのです。抵抗がなければ創造できない。そういう状況にあると中村光大は言っています。

人間解放的な文学、人間の内部の欲望的なものを解放するという日本の文学は全く意味がなくなったのです。それで中村は、文学はただ続いていく、どういうふうに続いていくかというと読み物として続いていくだろうと言っています。千夜一夜物語の時代から人は夜眠れないと本を読むのです。読み物としての欲求があり、需要は減らないので読み物としての小説は書かれてゆくでしょう。しかしそれ以上の意味を持ったものはおそらくむずかしいのです。

人間の欲望の解放としての文学を訴えた『小説神髄』に代わる、文学を新たに意義付ける第二の

『小説神髄』が現れない限り、日本の近代文学はただの読み物の繁栄として終わるであろう。そういう予言が今日を見ると当たっている感じがするのです。

「義」の使徒となった三島由紀夫

晩年の三島は解放としてではない文学や言葉に惹きつけられていったのではないでしょうか。言葉を換えると「美」の作家、天才作家としての三島に私はあまり興味がないのです。

三島は想像できないほどの別格の天才で、あらゆることを考えた。あらゆることを知っていた。あらゆることを分かったうえでやった。だから普通の頭の奴が何を論じても何言ってんだということになります。ほんとうの天才は天才であることに飽きるのです。つまらない才能の奴が天才にあこがれるのです。

「美」と「崇高」、「美」と「義」といいましたが、天才に対する使徒、おそらく三島は使徒になったのです。日本の「天地正大の気」に呼び出されるかたちで、日本というものに仕える、奉仕する使徒になったのです。

三島が『サンケイ新聞』(昭和四十五年七月七日夕刊)に書いた「果たし得てゐない約束――私の中の二十五年」の文章はじつに素朴で、純粋で、素直で、ストレートで、天才作家らしいものではないのです。三島は「美」の天才から「義」の使徒にだんだんなっていったのです。

天才は才能のままやりたいことをやる。使徒は「已むを得ざるなり」にぶつかり、天の上の「正気」

から呼びかけられてやる。好きなことがやれる束縛のない状態が幸福という考えはよくないのです。

「正気」につながる精神的革命だった二・二六事件

これに関連して三島の『「道義的革命」の論理——磯部一等主計の遺書について』に触れます。その終わりの方にこうあります。

それにしても、遺稿の中に出てくる裁判官たちのスケッチは、昭和の転回点をなしたこの大事件の公判に臨む人間として、戯画以上のものである。

三島は磯部の言から「アクビをし、居ねむりをし、終始顔をいぢり、(顔面シンケイ痛の少佐裁官)(居ねむりは肥大せる少佐裁官)、等々出タラメのかぎりをしてゐるではないか」を引用し、それを受けて「昭和十一年に居眠りをし、昭和十一年に出鱈目の限りをつくしていた連中の末裔は、昭和四十二年にも居眠りをし、昭和四十二年にも出鱈目の限りをつくしてゐる。われわれのまはりは、仮寝の鼾に埋まってゐて、豚小屋のやうである」と書いています。

三島は日本という豚小屋にいるのが厭になった。耐えられなくなったのです。

でたらめと居眠りといびきはこの四十年もずっと続いています。日本全体、国会含めていびきをかいて寝ているのです。

三島が引用した磯部浅一の次の言に、私は打たれました。

今や日本は危機だ。日本の国土、人民が危機だと云ふのみでは（ない）、余の云ふ日本の危機とは日本の正義の事だ。神州天地正大の気が危機に瀕してゐると云ふのだ。日本の天地から神州の正気が去つたら、日本は亡びるのだ。

これは二・二六事件を精神的に解くカギだと思います。

国土や人民が問題ではない。極論すれば人民はどうでもいい。「正気」が去ったら日本は終わるんだ。「正気」が根本的な問題なのだと磯部は言っています。国土、人民以上に「正気」の危機を憂えています。二・二六事件はクゥデタかもしれませんが、国土、人民を守るための政治的革命ではなかったのです。まさに「正気」につながる精神的革命だったということが分かります。

このように磯部浅一も「正気」を問題にしていました。保田與重郎が言っている通り、日本には「正気」が沈積されています。

この「正気」が時に放つ。日本には圧倒的な絶望を抱きますが圧倒的な希望も持つのです。時が来れば「正気」が発するからです。ある不思議な人間、思いもしない人間を通して「正気」は発するのです。「正気」がその人間を通してあらわれることがおおいなる希望としてあると思うことが絶対的に必要です。現在は憂国をこえた状況ですけれども、日本には「正気」があることはおおいなる希望であると思うのです。

「大文学」ならざる日本の「小文学」

人間の解放の文学は終わりました。三島の文学は大きく見直されるのではないでしょうか。人間解放の日本文学は、根本的には明治三十八年ころからの自然主義文学がその典型で、その後の文学もだいたい自然主義文学をベースに行われてきました。

そのまえの明治二十七、八年、日清戦争の頃には日本の文学にはまだ可能性がありました。内村鑑三は明治二十八年「大文学論」を書きました。「何故に大文学は出でざる乎」という有名な論文です。徳富蘇峰の依頼で『国民之友』に書きました。国木田独歩が編集者でした。日本に「大文学」はなぜ出ないのか。自然主義文学以降「大文学」は消えてしまい、日本文学は小文学の大繁栄です。

日本人は時間をかけてでも「大文学」をやるべきだった。日本の近代のやり直しというのはそういう意味なんです。それが日露戦争に勝ってぐったりして、絶望と自己を告白する自然主義文学でよろこんでいた。これを深く反省しなければいけない。日清戦争の頃「大文学」論があったことを日本人は忘れてはいけない。志賀直哉や漱石を振り返っているくらいではダメです。

ではダメな日本を見直すためにどこまで戻るのか。少なくとも明治の精神、幕末維新、最低そこまで戻らないと。映画などを観て、戦後の昭和三十年代がなつかしいなんて最低だと思っています。

そんな程度の戻り方では重力的に動いている日本の脱落傾向を引き返させることは絶対できません。文学論もこれからは「大文学」論というところから振り返る。内村鑑三が「大文学」と考えたひとつにダンテの『神曲』があります。明治期の人は当初はそう考えた。そこに戻らなくてはいけない。「狂」とか「正気」という起爆力を持ったものでなければならないのです。

天才と使徒に戻りますが、三島が事件を起こした実際の動機を内面的、主観的、近代的に探ってはダメなんです。自己劇化への欲望だとか、老醜への嫌悪だとかは意味がないのです。

使徒というのは「已むを得ざるなり」ということです。天才は自分の才能のままにやりたいことがやってできてしまう。使徒には内面的欲求なんて何もない。上の方から「正気」から汝と呼びかけられた者がやるのです。

おそらく三島は「已むを得ざるなり」にぶつかった。人間として「已むを得ざるなり」をやることこそ最高の幸福なのです。戦後の、自分の好きなことがやれるとか、やりたいことがやれて暮らせて幸せだとか、束縛が無くて幸せだという今の日本の幸福論はよくないのです。「已むを得ざるなり」ということにぶつかること、命を使うと書く使命に取り組むことこそが逆説的には最高の幸せなのだと思うんです。

三島事件がわれわれを揺さぶり続ける所以《ゆえん》

三島が非常に深い関心を持った神風連もそういうことと繫がっています。神風連は事件が起こった当時から理解がしがたい、と木戸孝允のような合理主義者から言われました。

福本日南は『清教徒神風連』という本を書いています。日南は神風連を清教徒と呼びました。惜しむらくは彼らは新天地を求めて清教徒のように出ていくということをしなかった。神風連にはピューリタンに通じる信仰的なもの、狂信に通ずるようなものがあったと言っています。日南のこの指摘はじつに面白いと思うのです。『清教徒神風連』というタイトルそのものがすごい。神風連にしても、清教徒にしても、何か突き動かされてしまうものを持っていました。自分の欲望、自分の好み、自分の考え、自分が生まれ育った環境から何かを語るなんてことは意味がないのです。宇気比《うけい》とまではいかないが、「已むを得ざるなり」というところから出てくる言葉が日本の中で語られる。そのことで、ほんとうの生き生きとした素晴らしい言論がなされていくのです。

物理的に動く現実世界の方向を変えていく力を持つような言論は、まさにそういうところを源泉としてくみ上げた言葉によるのだと思うのです。三島の晩年の作品はまさにそういう背景、そういう力、エネルギーを持って、読む人間に対して迫ってくる言葉にますますなってきています。そういう意味で近代日本文学史における特異な達成点に達しています。

三島は「美」の天才でしたが、「崇高」もあわせ持っていました。「崇高」は「義」と言い換えられ、三島はその「美」と「義」の板挟みになり、「美」と「義」に引き裂かれたのです。「美」と「義」は天才と使徒とも言い換えられます。「美」の天才三島由紀夫は自分の中にあった「義」の使徒がだんだんと大きくなってついに「正気」に呼ばれたのです。

この「正気」は不思議なもので、えてしてそうじゃない人を呼ぶのです。「義」だ、「義」だという人を呼ばず、逆に「美」だ、「美」だという人を呼ぶのです。ドストエフスキーはマルメラードフのような酔っ払いに呼びかけ、「義」の使徒としての役割をふった。りっぱな品行方正な奴には呼びかけないのです。

戦後皆が忘れていた「義」や武士道、侍、剣。若くして「美」の天才としてデビューした三島に、違うんじゃないかと思われる「義」の使徒としての役割がいく。そこに「義」に引きずられた三島の悲劇性が起ちあがってくるのです。だから三島事件が四十年経っても我々をアクチュアルなものとして揺さぶるのです。このことを生々しい怖れをもって思い出すことが三島への礼儀です。

三島晩年の作品や論文はバッハの「マタイ受難曲」同様、非常に怖ろしいもので、触れれば血が流れるという想いで、年に一回この憂国忌のような場で読み語りあうべきものです。

小林秀雄的にいえば上手に、いきいきと、なまなましく思い出すことです。安易にルーティン化し通俗化すべきではない。三島事件は長い日本の歴史の「崇高」「正気」の発現として位置づけられます。藤田東湖が今生きていれば「正気の歌」の最後に三島を加え詠ったでしょう。

三島の遺志をそれぞれの持ち場と個性と才能において活かしてゆくことが、心ある日本人の使命なのです。

西郷隆盛の「凡人の道」に惹かれた天才

この文章（次頁）は、短文ながらも三島由紀夫の早い晩年における精神の劇をくっきりと表している。平成二十三年十一月二十五日の「憂国忌」で私は、三島由紀夫と崇高」と題して講演した（本書所収）。内村鑑三の「美と義」という文章に説かれているように、人間における二つの大なる価値として「美」と「義」がある。内村は、そのいずれを重く見るかで人間の、あるいは民族の性格が決まると言った。その例を挙げれば、ギリシアは「美」でありユダヤは「義」である。「義」は、また「崇高」と言い換えてもいい。

三島由紀夫は、「美」の人であった。「非ギリシア的」なものは「どう見ても美しく感じられなかった」のである。しかし、私は、その講演で三島は晩年になるに従って「美」よりも「崇高」の方に惹かれていったのではないかと述べた。

この変化は、ここでは「天才」から「凡人」への移行となって表れている。三島は、確かに天才中の天才であった。その三島が、西郷隆盛の「凡人の道」に傾倒するに到った。「人並みの人間」の逆説的なすごさに思いを致すようになったのである。

西郷は、三島に「敬天愛人は凡人の道でごわす」と語りかける。ここで、三島という「天才」は、

銅像との対話 ――明治100年を考える

三《み》島《しま》由《ゆ》紀《き》夫《お》

西郷隆盛

東京・上野公園内。明治三十一年建立。高村光雲作。人物の高さ三・六四㍍。光雲は故高村光太郎の実父で、当時東京美術学校（芸大）教授。

〝西欧的知性〟の否定

もっとも代表的な日本人

西郷さん。

明治の政治家で、今もなお「さん」づけで呼ばれている人は、貴方一人です。その時代に時めいた権力主義者たちは、同時代人からは畏敬の目で見られたかもしれないが、後代の人たちから何らなつかしく敬慕されることがありません。あなたは賊として死んだが、すべての日本人は、あなたをもっとも代表的な日本人として見ています。

恥かしいことですが、実は私は最近まで、あなたがなぜそんなに人気があり、なぜそんなに偉いのか、よくわからなかったのです。第一誰にも親しまれているこの銅像すら、私にはどうにもカッコイイものとは見えず、お角力さんにグロテスクなものしか感じない私ですから、こんな五等身や、非ギリシア的肉体は、どう見ても美しく感じられなかったのです。これもまた日本人の肉体蔑視の一例だろうと、もっぱらボディ・ビルダーの見地から、首をひねっていたわけであります。

私には、あなたの心の美しさの性質がわからなかったのです。それは私が、人間という観念ばかりにとらわれて、日本人という具体的問題に取り組んでいなかったためだと思われます。私はあなたの心に、混沌たる反理性的なものばかりを想像して、それが偉人の条件だと考える日本人一般の世評に、俗臭をかぎつけていたのです。

しかし、あなたの心の美しさが、夜明けの光りのように、私の中ではっきりしてくる時が来ました。時代というよりも、年齢のせいかもしれません。とはいえそれは、日本人の中にひそむもっとも危険な要素と結びついた美しさです。この美しさをみとめるとき、われわれは否応なしに、ヨーロッパ的知性を否定せざるをえないでしょう。

あなたは涙を知っており、力を知っており、力の空しさを知っており、理想の脆さを知っていました。それから、責任とは何か、人の信にこたえるとは何か、ということを知っていました。知っていて、行いました。

この銅像の持っている或るユーモラスなものは、あなたの悲劇の巨大を逆に証明するような気がします。

……。

三島君。

おいどんはそんな偉物ではごわせん。人並みの人間でごわす。敬天愛人は凡人の道でごわす。あんたにもそれがわかりかけてきたのではごわせんか？

（作家）

（週一回掲載　次回は江藤淳氏「ペリー提督」）

『サンケイ新聞』昭和43年4月23日付夕刊

畏るべき「凡人」を見出したのである。「天才」の華麗な言動よりも「凡人の道」の方が畏敬すべきものであるという逆説が三島には「わかりかけてきた」のである。ここに三島が、真の「天才」であったことの最終的な証しがある。

この移行は、江藤淳のことも思い出させる。江藤は、勝海舟や大久保利通のような「政治的人間」を評価していたはずである。しかし、晩年になって『南洲残影』を書き残した。西郷に没入していったかの如くである。この二人の精神の行程を思うとき、西郷隆盛という人物は、日本人が最後に辿り着くべき何ものかを持った磁石のような存在ではないかという、ある意味では恐るべき宿命にぶつかるのである。

三　五味康祐

ごみ・やすすけ（一九二一―八〇）
小説家。『柳生武芸帳』『西方の音　音楽随想』、『五味康祐代表作集』全10巻（新潮社）

「鹿の渓水をしたひ喘ぐがごとく」音楽を求めた人

五味康祐という作家は普通、文学史には昭和二十八年に『喪神』で芥川賞を受賞し、以後時代小説作家として活躍して、いわゆる剣豪ブームを巻き起こした昭和の流行作家の一人と書かれている。代表作には、『柳生連也斎』『柳生武芸帳』『薄桜記』などが挙げられる。

そして、そういう記述の後、最後の方に、五味康祐は、プロ野球、麻雀、手相などでマスコミの話題となり、また音楽通としても知られたということが書かれている。

しかし、プロ野球、麻雀、手相などはこの程度の扱いでもいいだろうが、この音楽通ということは、それで済むことではなく、五味康祐という作家の核心につながっていたように思われる。音楽通というようなディレッタンティズムの次元の話ではなく、音楽は五味という人間の最も深いところに突き刺さっていたからである。「鹿の渓水をしたひ喘ぐがごとく」(『詩篇』第四二篇)音楽を求めた人なのである。

五味が敬愛していた小林秀雄は、有名な『モオツァルト』の中で、モーツァルトの音楽を熱愛したフランスの作家スタンダールの『ハイドン・モオツァルト・メタスタシオ伝』の結末の一節――モーツァルトを「裸形になった天才」ととらえた文章――について代表作である「数百頁の『赤と黒』と釣り合っていないとも限るまい」と小林らしい批評をしたが、それに倣っていうならば、五味が書きまくった数多くの剣豪小説よりも、音楽随想の方に人間・五味康祐の本質が表現されて「いないとも限るまい」といえるのではないか。

そもそも、デビュー作の『喪神』の着想を、ドビュッシーのピアノ曲「西風の見たもの」から得たということが象徴的である。この曲は、代表作の一つ「前奏曲集第一巻」全十二曲の七番目に入っている三分半ほどの曲である。十二曲のほとんどが二、三分の短い曲だが、この曲は、西風が激しく吹き荒れる様を印象主義的に描き出しており、瞬間の音楽のように感じられる。瞬間といえば、哲学者のジャンケレヴィッチが、優れたドビュッシー論の中で、ドビュッシーの前奏曲は、瞬間の表現であり、シューベルトの「楽興の時」の「時」は、moment なのに対して、ドビュッシーの瞬間は、instant なのだといっている。「時」よりも、さらに瞬間的なのである。一瞬といってもいい。『喪神』という剣豪小説においても、そのクライマックスは、「白刃の閃く」瞬間の緊張にある。

その瞬間の美学において、「西風の見たもの」と『喪神』はつながっているのである。そして、その後剣豪小説を量産することになる流行作家の処女作が、西洋音楽の中でもその繊細さにおいて極点にあるドビュッシーの前奏曲から受けた「閃き」から生まれたというユニークさに、五味康祐という作家の秘密があるのである。

五味は、音楽随想として『西方の音』とその続編である『天の聲——西方の音』などを残している。まず、『西方の音』というタイトルが素晴らしい。五味が熱烈な心で聴いていたのが、いわゆるクラシック音楽という西洋音楽であるが、「西方の音」という表現は西洋の音楽とは等しくはない。「西方の音」というのは、恐らく芥川龍之介の「西方の人」を踏まえたものであり、芥川の「西方の人」とは、イエス・キリストのことである。「西方の人」は、自殺直前に書かれたもので、「続西方の人」は、自殺前夜に脱稿されたとされる。芥川も「鹿の渓水をしたひ喘ぐがごとく」イエス・キリストを求めたのであろう。

五味康祐は、『オーディオ巡礼』という著作もあるように、オーディオ狂として有名であった。本書にも、「不運なタンノイ」「トランジスター・アンプ」「わがタンノイの歴史」などが入っているが、私はあまりこれらのものには興味を惹かれない。私も、クラシック音楽は大変愛するけれども、オーディオにはあまり関心がないからかもしれない。しかし、異常といってもいいくらいのオーディオ狂であった五味自身が、晩年には「装置を改良し、いい音で鳴ったときの喜びはたとえようもない。まさにオーディオ狂の醍醐味である。しかし、すぐれた音楽を聴くときの感動や悦びはそれにまさるものだ。音楽には神がいるが音には神はいない。」（「〝楽器〟としてのスピーカー」『いい音いい音楽』所収）という境地に達したのである。

「音楽には神がいる」と五味は書いているが、結局、五味がクラシック音楽を聴いていたのは、「神」を求めていたのである。五味康祐という人間は、彼の剣豪小説からイメージする読者には、少し意外かもしれないが、実は大変宗教的な魂の持ち主であった。『西方の音』の続編に、「天の聲」というタイトルを付けた人なのである。この宗教的な人間は、告白の欲求が強かったから、『指さしていふ』などの抒情的私小説も書いている。

小林秀雄は、「批評するとは自己を語る事である、他人の作品をダシに使って自己を語る事である。」と若いときにいった。五味という日本浪曼派の保田與重郎に師事した人は、私小説よりもかえってその音楽随想において、西洋音楽という「他人の作品をダシに使って自己を語」り得たように思われる。本書の中の「日本のベートーヴェン」は、日本人がベートーヴェンをどのように聴いてきたかを自らの体験を軸に語ったものである。「私は日本人だ。あくまで日本人の一人としてしか、人間形成の上でもベートーヴェンの感化・影響をうけなかった。」と書き、末尾に至って、五味は「他のどれよりも作品一三一こそは後期弦楽四重奏曲中の傑作だと、当時はおもい、今もこの懐いは変らない。第五楽章プレストから、第六楽章のちょっと退屈なアダージョ・クワジ・ウン・ポコ・アンダンテを経て、終楽章アレグロのユニゾンが響き出すと、きまって涙がわいてきた。ベートーヴェンが甥の自殺未遂に悩んだ話など知る必要はない。一三一のモルト・アダージョを聴くこともない。

だが一三一のこのアレグロだけは、聴け。人にも、おのれ自身にもそう言いきかせて、何度なみだをこぼしたろう。」と真率な告白をしているが、こういうさわりともいうべきものが、五味の音楽随想の魅力である。

『天の聲——西方の音』の方には、「マタイ受難曲」という音楽随想がある。これは、五味という人間の深いところに何があったかを示しているように思われる。冒頭に、「数え年で、昔ふうにいえばこの正月（一九七五年）私は五十六歳になった。私は観相をするが、多分じぶんは五十八で死ぬだろうと思う。」と書いていて、実際に死んだ年と近い予言をしているのが不気味である。そして、次のようなことを書いている。

バッハの『マタイ受難曲』は、私のごとき人間には過ぎた曲である。でも私はひそかに自分は昭和のイエスではないかと想った時があった。嗤うのはたやすいだろうが、こうした実感なしでどんな受難曲の聴き方があろうか。自分がいちばん惨めなとき私は十字架にかけられたイエスを視てきた。エリ・エリ・ラマ・サバクタニ、そう叫ぶ神の子を。私は日本人で、カール・バルトの弁証法神学を一生懸命勉強したが、私という人間の体質はいささかも変わらなかったのを知っている。むろん、勉強の仕方が至らなかったからにきまっているが、どう仕様があろう。むしろ『マタイ受難曲』を聴いて感動するのをそれは妨げないことの方が驚きではないか。

五味康祐が、二十世紀最高のプロテスタント神学者カール・バルトを「一生懸命勉強した」というのに、ハッとさせられる。やはり、五味という作家は、単なる流行作家ではなかった。「昭和のイエス」と五味はいっているが、そういえば昔、ルオーの展覧会に行ったとき、イエスの肖像を見て、ふと五味康祐に似ているな、と思ったことがあった。これも「嗤うのはたやすい」ことであろうか。

このエッセイの末尾で、五味は、西欧人は「キリスト教的神について言葉を費しすぎてしまった」といって、次のような実に深いことを語っている。

> もしそうなら、今は西欧人よりわれわれの方が神性を素直に享受しやすい時代になっている、ともいえるだろう。宣教師の言葉ではなく純度の最も高い——それこそ至高の——音楽で、ぼくらは洗礼されるのだから。私の叔父は牧師で、娘はカトリックの学校で成長した。だが讃美歌も碌に知らぬこちらの方が、マタイやヨハネの受難曲を聴こうともしないでいる叔父や娘より、断言する、神を視ている。カール・バルトは、信仰は誰もが持てるものではない、聖霊の働きかけに与った人のみが神をではなく信仰を持てるのだと教えているが、同時に、いかに多くの神学者が神を語ってその神性を喪ってきたかも、テオロギーの歴史を繙いて私は知っている。今、われわれは神をもつことができる。レコードの普及のおかげで。そうでなくて、どうして『マタイ受難曲』を人は聴いたといえるのか。
>
> （傍点原文）

五味康祐にとって、レコードを聴くということは、こういうことであった。単なるレコード音楽愛好家では全くなかった。音楽によって「洗礼」されることであった。この五味の神への対し方には、内村鑑三の無教会主義を彷彿させるようなものがあるが、この姿勢は西洋音楽についてもいえるのである。西欧人は、西洋音楽について鑑賞をし「すぎてしまった」ところがあるのではないか。生の演奏会で音楽を聴いた西欧人よりもレコードで「鹿の渓水をしたひ喘ぐがごとく」聴いた日本人の方が、「最も純度の高い」把握をしたともいえるであろう。小林秀雄の『モオツァルト』は、そこから生まれた批評文学であり、「日本のモーツァルト」に他ならなかった。

五味の音楽随想は、近代の日本人が西洋音楽をかくまで深く聴き取ったことを示す。それは、音楽を精神の事件として聴いたということである。

四　島木健作

しまき・けんさく（一九〇三—四五）小説家。『生活の探求』『赤蛙』、『島木健作全集』全15巻（国書刊行会）

「正義派型アウトサイダー」

島木健作が、「赤蛙」「黒猫」「むかで」「ジガ蜂」の四作を書いたのは、昭和十九年十一月に長篇小説『礎』を刊行した頃から翌年初めにかけてであった。

島木が享年四十二歳で死んだのは、昭和二十年八月十七日である。敗戦の二日後のことであった。だから、この、いずれも小動物を素材にした短篇は、あと一年も生きない作家の絶唱ともいうべきものである。たしかに、その後、「名付親」「戦災見舞」といった短篇を執筆し、未完の長篇「土地」を書きついでいたが、島木の実質的な「白鳥の歌」は、これらの、小動物短篇であるといっていいであろう。

大佛次郎の『敗戦日記』の、昭和十九年十二月十二日のところに、次のような記述がある。島木が、これらの作品を書いていた頃である。

夜二楽荘に当地在住の小説家のみ「無事な顔」を会せると云ふ会、里見久米小島川端島木中山義秀夫妻林永井集る。例の如き乱暴な酒となり、途中空襲警報出づ。

大佛次郎、里見弴、久米正雄、小島政二郎、川端康成、中山義秀、林房雄、永井龍男といった、いわゆる鎌倉文士たちの会に、長らく床についていた島木も、小康を得て参加しているが、「途中空襲警報出づ」とあるように、戦争もすでに末期に入っていた。そういう困難な状況の中で、島木の名作は書かれたのである。

中村光夫が、昭和二十四年に書いた島木についての文章の中で、「氏の全作品を通じて、今後どう時勢が変らうと、もっとも評価の変動が少なく、氏の代表作として永く安心して読まれるのは、おそらく『癩』『盲目』などの初期の中篇と、『黒猫』『赤蛙』など晩年の短篇の一部」であろうと予言したが、この見通しは正しかったようである。

また、中村は、何を一番に推すかと問われれば、躊躇なく「赤蛙」を挙げると書いているが、私もこの断言に全面的に同意する。というのは、フロベールの有名な「ボヴァリー夫人は、私だ」という言葉を思い出すならば、島木健作は、「赤蛙は、私だ」と言い得たからである。

島木が、東京の世田谷から、鎌倉の雪ノ下に転居したのは、昭和十二年二月のことであった。そして、同じ鎌倉の扇ヶ谷に移ったのは、昭和十四年の十一月で、小林秀雄の家と「筋向ひ」になった。

「島木を語る小林の思ひ出は特にうつくしい。」といったのは、他ならぬ青山二郎であるが、小林は、昭和二十四年になって、「島木君の思ひ出」と題した、「友情」の美しい散文詩とでもいうべき名品を書いている。「僕等はしげしげ行き来した」とあるが、小林の生誕百年記念として出た『新潮』二〇〇一年四月臨時増刊「小林秀雄百年のヒント」に載っていた、特別インタビュー「父・小林秀雄」の中で、白洲明子さんが島木健作の名前を出されていたのが、強く印象にのこった。

「父の交友関係で、私の最初の記憶は島木健作さんです。」と始まり、小林と島木の交友、島木の死などが語られたあと、「後年、ゴッホの展覧会を見に行った時のことです。ゴッホの素描がならんでいるコーナーに来た時、『あっ、島木さんだ』と思ってしまい、涙が溢れてきました。幼い時の体験が、こんな素敵な出会いをさせてくれたと、体験に対して感謝の気持でいっぱいになりました。でもその時すでに、島木さんを知る人は身近に誰一人居なくなってました。家に帰り父の写真に『今日、島木さんに会ったよ』と報告すると、写真は『そうかい、元気にしてたかい』と言ってくれました。」とある。

これは、小林歿後の話であり、とすれば島木が死んでから半世紀近く経っているが、このゴッホで島木を連想したというのは、実にすばらしい直観である。このエピソードに私が感銘を受けたのは、一九九〇年に出した『島木健作――義に飢ゑ渇く者』の中で、私もゴッホを引き合いに出していたからである。高見順が『敗戦日記』に、「島木君の小説を小説ぢやないといふのは、玄人小説家の間の定説となつてゐる。」と書いているのを受けて、私は、「たしかに、ゴッホが果して画家であったかという意味で、島木健作は果して作家であったか、ということはできるのであって、島木は『玄人小説家』になるのが目的であったのではない。」と書いた。

ゴッホの展覧会で島木を思い出す話を読んだとき、ふと思いついたのだが、小林の『ゴッホの手紙』のゴッホ像には、無意識的にせよ島木の影が入っているのではなかろうか。年譜を改めて見てみると、『ゴッホの手紙』の第一回は、「島木君の思ひ出」とほぼ同時期に書かれているのであった。

島木とゴッホは、たしかに似ているところがある。そういう点で、島木が昭和十一年に発表した「第一義の道」は、このタイトルそのものが島木の人と文学を象徴しているような中篇である。獄から出てきた島木その人と母親の生活を描いた、いわば私小説的なものだが、島木健作とは、いってみれば「第一義」を求めた人であった。もっと正確にいえば、「第一義」のみを求めた人であった。そこから、この暗い小説の、息苦しいほどの雰囲気が生まれてくるのである。

この「第一義」は、昭和初期には、圧倒的にマルクス主義の形をとって現れた。明治期に、キリスト教がそうであったように。そして、島木の「第一義の道」をよく理解するためには、島木や当時の日本のプロレタリア文学の作家たちにとって、マルクス主義とは一体どのようなものであったかを考えなければならない。

三島由紀夫は、島木の「癩」を論じて、「マルキシズムが、入獄のみならず、肺患や癩の極限状況の中にあつても、一つの救済原理として働くといふところに、島木及び、当時の日本のもつとも強烈なマルキシストの誠実の形があつたことも疑ひを容れない。そこでは、肉体と思想との相剋のドラマが極限まで追ひつめられて、そこで人間精神の一貫不惑が試された結果、実に日本的な形態において、マルキシズムは何かより高次の異質の信仰に変貌したのである。」と書いた。

これは実に鋭い指摘であって、マルキシズムは、島木健作に「信仰」のようなものとして受け入れられたのである。別のものを「実に日本的な形態において」「何かより高次の異質の信仰」にしようとした三島だからこそ、その本質が見えたのに違いない。

この、当時のマルキシズムの特質については、いくつも証言が得られるのであり、例えば昭和初期に彗星のように現れて消えた、伝説的な文芸評論家、井上良雄は、一九九五年、八十八歳になって刊行した『戦後教会史と共に』の『あとがき』に代えて」の中で、当時のマルキシズムは「私たちにとって単に社会変革の理論ではなかった。それは『われらいかに生くべきか』を私達に教えてくれる倫理的な規範であり、さらには宗教的な何ものかでさえあった。」と回想している。

島木の島木たる所以は、「第一義」を求めることを超えて、「第一義」のみを求めるところまで突き進んでいく点にあるが、三島は、その問題に触れて「かうした倫理化は、しかし、自己閉鎖的であつて、思想からいたづらにその求心性のみを抽出させ、遠心的なひろがりを失はせてしまふ。それでもなほ、『第一義の道』は、遠くから清冽な声を以て彼を呼ぶのである。マルキシズムが昭和初年代からの青年に、いかなるものを意味したかといふ、そのほとんど官能的な例証がここにある。」と書いている。

島木は、何よりも「遠くから清洌な声を以て彼を呼ぶ」ものを求めたのである。その求道性の激しさは、一面においてその北方性にも関係しているであろう。島木が昭和十七年に書き出して未完に終わった小説に、「北方の魂」というものがある。札幌に生まれた島木はやはり、北方の人であって、自らの精神の北方性に自覚的であった。それは、「黒猫」にもよく出ている。「ある博士の樺太旅行談」の中に書かれていた「絶滅せんとしつつある樺太オオヤマネコの話」に感動して、「私は思わず破顔した。オオヤマネコは孤独な病者である私に最大の慰めを与えた。私は凜とした、ひきしまった感じを受けた。殆ど精神的な感動とさえいってよかった。」と書くところなどである。精神の北方性は、「凜とした、ひきしまった感じ」を好むのである。

それはまた、「ジガ蜂」の末尾に書かれている「心身にしみとおるばかりの生の歓喜」の透明性にもあらわれている。北方性は、透き通ったものを愛するのである。亀井勝一郎は、島木のことを「生れながらのピューリタン」といった。

「黒猫」は、「へつらわぬ孤傲」の黒猫と「曾って主人持ちであった」「卑しい諂い虫の仲間」との対比において、当時の時局便乗者への嫌悪を暗示しているととれないことはない。「黒猫はいなくなって、卑屈な奴等だけがのそのそ這いまわっていた。それはいつになったらなおるかわからぬ私の病気のように退屈で愚劣だった。私は今まで以上に彼等を憎みはじめたのである。」というエンディングが、そういう想像をさせる。

「赤蛙」の中でも、宿の待遇を怒って、「軍需成金共が跋扈していて、一人静かに書を読もうとか、傷ついた心身を休めようとか、そういうようなものは問題ではないのだ。そうかと思うと一方にはまた温泉組合の機関雑誌というものがあり、『我々温泉業者も新体制に即応し、国民保健の担当者たることを自覚し……』などと書いて、我々の所へも送って来たりしているのである。」と「軍需成金共」や時局便乗者への嫌悪が書かれている。

島木の「彼等」への怒りは、大変激しいものがあり、河上徹太郎は、名著『日本のアウトサイダー』の中の最初の章「中原中也」のところで、島木のことに触れ、「妥協を知らぬ正義派型アウトサイダーであった。」と評している。これは、的確な表現であり、やはり身近にいた河上ならではであろう。

未完の長篇「土地」は、昭和二十年三月から執筆にとりかかり、四月には約二百枚に達したが、ついに未完に終わったものである。殁後、昭和二十一年十二月に発行された雑誌『創元第一輯』に掲載された。この『創元第一輯』は、小林の「モオツァルト」が載ったことで有名であるが、小林秀雄、青山二郎、石原龍一の編輯になっていて、島木の「土地」は、「絶筆」と注記され、一番最後に収められている。

当初、この『創元第一輯』には、吉田満の「戦艦大和ノ最期」が載る予定であった。その原稿を読んで感動した小林が、掲載を考えて、校正刷まで出来ていたが、GHQの検閲によって全文削除となった経緯については、江藤淳の大きな仕事である『閉された言語空間』に詳しい。

そのため、急遽、島木の「土地」に差しかえとなった。題名もなかったが、編輯の方で（恐らく、小林によって）「土地」と付けられた。この小説について、中村は、『文学回想　憂しと見し世』の中で、「平凡な一青年を主人公として、彼の正義感が役所の機構に衝突して行くという筋の小説でしたが、青年がこれまでの氏の作品にあるようなひたむきの求道者でなく、もっと欲望の血肉を備えた当り前の男で、背景の田舎町にも種々の人物を登場させて幅ひろい社会小説に仕上げるつもりと言っていました。」と書いている。

後で述べる「赤蛙」などの小動物短篇で見せた作風の深化が、長篇小説でも新生面をひらきかけていたということであろう。

いずれにせよ、「戦艦大和ノ最期」との奇しき縁は、ある意味では偶然にすぎないが、島木健作という、誠実な、そして時代と真正面から向き合って生きた人間には、そういう意味深い偶然が起きるものなのである。

島木が、昭和二十年八月十七日、敗戦の二日後に死んだことなどは、その最たるものである。島木は、その死まで事件となったのである。鎌倉養生院（昭和十二年には、中原中也が死んでいた）で死んだ島木の痩せた遺体は、防空演習の担架に横たえられ、小林秀雄、高見順、中山義秀、久米正雄によって扇ヶ谷の自宅に運ばれた。暗い夜で、川端康成が提灯を持って先導した。

この風景は、文学史に記憶されるべき光景であろう。そのとき、久米正雄が、ひとつの時代の死、そんな気がすると呟いたと高見順が書いている。たしかに、「ひとつの時代の死」であって、戦後も六十年以上経って、その長きにわたる「戦後民主主義」が、日本及び日本人をいかに大きく変えてしまったかを思うとき、島木健作は、戦前の日本のあるものを象徴的に背負って死んでいったようにも思われてくるのである。

「父・小林秀雄」の中には、島木の死をめぐって、「島木さんが亡くなられたのは、昭和二十年の夏でした。私にとって初めての、人が死ぬということの経験でした。終戦直後のことで、焼き場には薪をもって行かねばなりませんでした。薪の上に、島木さんのお棺を乗せた荷車が霊柩車でした。荷車の霊柩車は、ぎらぎらの太陽の下を、父たちに引かれて、小坪の焼き場にと出棺しました。その後父は何度も『島木は早死しちゃったなあ』と呟いていました。きっとお酒も覚えさせて、骨董友達にもなれたのにと思っていたのでしょう。」と書かれている。自宅へは担架で運ばれ、焼き場へは荷車であった。

「骨董友達」として、小林と島木はすでに親しくつきあっていたのであるが、何かというと観念的な文学と批判もされる島木文学が、最後の小動物短篇に至って、血肉を持ち始めた理由の一つ（恐らく、最大のもの）は、小林との交友であったのではないかという鋭い指摘をしたのは、やはり身近にいた林房雄である。林の直観の的確さは、改めて言うまでもあるまい。

林は、島木の中の観念的な志向と感覚的鋭敏さの矛盾の存在を指摘して、「この秘密を観破したのは、おそらく小林秀雄であらう。」といい、「島木君は、鎌倉扇ヶ谷小林君の向ひ側の家に引越し、ここで彼の『骨董学』研究が始まつた。（中略）その効果が早くも名作『動物短篇集』の中に現れたのかも知れぬ。」と書いている。

たしかに、「赤蛙」の中の、赤蛙は「血肉」を備えている。末尾の文章に「しかし波間に没する瞬間の赤蛙の黄色い腹と紅の斑紋とは妖しいばかりに鮮明だった。」とあるように、「妖しいばかりに」血肉を持っているが、この血肉も決して贅肉ではなく、ひきしまったものである。「厳粛な敬虔なひきしまった気持」という島木らしい特徴的な表現が、この作品のクライマックスで出てくる。「第一義」のみを求める「道」を歩んできたからこそ、この「赤蛙」に達したのである。そういう意味で、「赤蛙は、私だ」と島木健作は言い得たのである。

「何か眼に見えぬ大きな意志を感じてそこに信頼を寄せている感じ」に達した島木には、その後の「戦災見舞」では、その末尾で「過去長年の蓄積の結果が、立ちのぼる陽気のようなものとして、その前に来て坐る人を無言のうちに包み温めるほどのものとなってあらわれはじめたのであった。」とあるように、人間における「眼に見えぬ」ものも見えてくる眼ざしが磨き上げられたのであった。

「赤蛙」は、苦行僧のような歩みをつづけた島木がピークに達した作品であり、自らの宿命を描き切ったものである。たしかに、一代の傑作の名に恥じない。何故なら、傑作とは、宿命を表現したものに他ならないからである。

日本が忘れた義の心――島木健作没後六十年

島木健作は、昭和二十年八月十七日に四十二歳で死んだ作家である。敗戦の日の二日後のことであった。

戦後六十年、没後六十年の今日、島木健作はほとんど忘れられているといっていいであろう。戦前の大ベストセラー『生活の探求』は、かつて新潮文庫に入っていたが、三十年ほど前から姿を消した。「赤蛙」「黒猫」「むかで」「ジガ蜂」などの晩年の名作を収めた新潮文庫は、長らく品切れで、数年前に復刊されたきりである。

島木健作が、このように忘れられてきたのが、その文学が作品として低いものであったのなら、仕方ないことである。そういう作家は、文学史上いくらでもいる。

しかし、島木の場合、そうではなくて島木文学を理解できなくなった戦後の日本の虚しさを逆に照らし出すように思われる。

島木が敬服していた内村鑑三に、「デンマルク国の話」と題した講演がある。今日、「後世への最大遺物」と一緒に岩波文庫に収められているが、その中に「戦いに敗れて精神に敗れない民が真に偉大なる民であります。」とある。

戦後六十年経った今日の日本の惨状を眺めれば、日本が「戦いに敗れ」たばかりではなく、「精神」においても敗れたのだという思いを禁じえない。江藤淳は、「六十年の荒廃」といったが、多くの日本人は、今日、「国のかたち」が崩れていくことに茫然《ぼうぜん》自失し、自信も喪失している。日本が漂流しているのを感じ、亡国の予感を抱いている者も少なからずいることだろう。

これも元をただせば、戦後六十年の間、島木文学が表現しているもの——誠実、まじめ、ひたむきといった価値を軽んじてきたつけがまわったということである。

三島由紀夫は、「島木健作の諸作品を読み返してみて、むかし、誠実で『まじめな』純文学の典型とも思われていたその『まじめさ』が、花も実もあるまじめさだと改めて感嘆した。」と評した。さすがである。島木文学を「感嘆」する精神を日本人は失っていったのである。

私が、『島木健作——義に飢ゑ渇く者』という一冊の島木論を上梓したのは、もう十五年前のことである。この副題は、新約聖書の山上の垂訓の中の「幸福《さいわい》なるかな、義に飢ゑ渇く者。その人は飽《あ》くことを得ん。」（マタイ伝第五章六節）からとった。

島木健作という作家は、一言でいえば「義に飢ゑ渇く者」なのである。今日、深い倫理性から切り離された無秩序な「美」はあふれているが、「義」を求める心はほとんど見あたらない。それどころか、「利」を「飢ゑ渇く」ようにねらっている人間が増殖している。

河上徹太郎が「私は彼が生きていたら、一番現在の日本について何というか聞いてみたい。彼もまた妥協を知らぬ正義派型アウトサイダーであった。」と戦後十余年の時点で書いたが、六十年経った今日ではもう、私は聞かなくても分かる気がする。

島木健作の「復活」

今夏（二〇〇五年）、神奈川近代文学館で、「没後六十年島木健作展」が催されると聞いて、少し驚いた。もちろん、これはうれしい驚きである。

何故驚いたかといえば、普通、諸所の文学館でとりあげられる作家たちに比べて、今日島木健作は世に広く知られているとはどうみてもいえないからである。

私が書き下ろしで、『島木健作——義に飢ゑ渇く者』（リブロポート刊）を上梓したのは、一九九〇年七月のことで、もう十五年も前のことになる。この本の帯には、「戦前大ベストセラー『生活の探求』を著しながら、戦後『転向作家』として斬捨てられてきた島木健作。晩年の名作『赤蛙』へ向うひたむきな道程を、神への『転向』として把え直し、転向論に新たな視座を拓く云々」とある。

私が島木健作を書いたモチーフの一つには、今日振返ってみると、島木が戦後「斬捨てられてきた」ことに対する、いわば一種の義憤があったことがはっきりしてくる。

だから、私にとって島木健作が昭和二十年八月十七日、すなわち敗戦の日の二日後に死んだことがとても重要な意味を持っていた。たんなる偶然ではなく、宿命的なものと感じられたのであり、事実、拙著はその死から書きはじめたのであった。

それは、島木健作という、四十二歳で仕事半ばにして倒れた作家が、戦後において喪われたものを象徴的に体現しているということでもあった。帯文に「ひたむきな道程」とあったが、その「ひたむき」さというもの、それは「明治の精神」から受け継がれたものに他ならないが、戦前の日本人の中にまだ見られた、そういう「ひたむき」さを強く感じさせる人間が、島木健作という作家であった。それは、代表作「赤蛙」に見事に表現されている。

実は、没後五十年の一九九五年に「島木健作を偲ぶ会」を行ったことがある。八月二十六日の土曜日の午後、島木健作の墓のある北鎌倉の浄智寺に、わずかに二十人くらい集まった会にすぎなかった。実は、これは私が思い立ったもので、発起人に文芸評論家の富岡幸一郎、菊田均、川村湊、小林広一の諸氏になってもらった。浄智寺の朝比奈宗泉さんには、法事などを行う広間を使わせて頂いた。島木に対する敬愛の念から出たものと思われるが、有難いことであった。

札幌に住んでいた島木未亡人、朝倉京さんにこの会のことをご連絡したところ、私はもう年で参加することは残念ながらかなわないけれども、出席の皆様によろしくとの文面のお葉書を頂戴した。同じ札幌からは、前年の一九九四年に『島木健作論』を出された北村巌氏がわざわざ来てくれたのは、うれしかった。

しかし、出席者は、我々発起人が、声をかけられる範囲から集まったので、二十名程であった。恐らく、島木のことを余り知らないけれども、北鎌倉まで出向いてくれた人もあったと思う。この催しの記事は、大学時代の同級生で、当時共同通信社の文化部記者であった黒沢恒雄君が出席して書いてくれた。それ以外には、とりあげられなかったと思う。

暑い午後で、クーラーのない部屋だが、開け放した窓から吹いてくる風が気持ちよかった。あの、こぢんまりした、しかし打ちとけた会のことは、夏が来ると時々懐しく思い出す。これ以外に、没後五十年の年には、島木関係の催しはなかったに違いない。

戦後五十年、没後五十年の年は、こんなものであった。それが、戦後六十年、没後六十年の今年は、神奈川近代文学館で「島木健作展」が開かれるのである。私が、冒頭に、少し驚いたと書いたのは、この十年前のことがあったからである。

この十年間に、何かが変ったのだろうか？　江藤淳が「六十年の荒廃」ということを語ったことがある。あるとき、日本文学史の年表を漠然と眺めていた氏は、関ヶ原の合戦のあとの三十年間、文学史がほとんど空白になっていることに気づいた。そして、次のように考えていく。関ヶ原の役以後の三十年、あるいは六十年に何が起きたのか？　この戦争がもたらした政治的・経済的・社会的な変動は前代未聞のものであったに違いなく、文人墨客といわれる人々はその激しい影響を受けざるを得なかったのだ。そして、次の新しい文化が生まれてくるのに、六十年かかったのである。このように江藤氏は、関ヶ原の役のことを語りながら、もちろん先の戦争のことを暗示している。

戦後六十年は、「六十年の荒廃」の中にあったのである。例えば島木健作が「斬捨てられてきた」のも、そういう「荒廃」の中の出来事であった。

没後五十年は、まだ「六十年の荒廃」の最中にあったが、六十年の今日は、この「荒廃」から立ち直る様々な兆しが日本の中に見えてきているようである。島木の長篇小説に『人間の復活』というものがある。島木健作にも六十年経ってやっと、戦後的なるものの塵を払って、その本来の姿をあらわす「復活」の「時」がやって来たのであろう。この展覧会が、その復活劇の幕開きになることを心から祈念している。

「硬文学」としての島木文学

過日、神奈川近代文学館の新収蔵資料である、島木健作の書簡二通を見る機会があった。二通とも友人の阿部平三郎宛のもので、日付は、大正九年三月二十七日と大正九年四月九日（封筒は、この日付であるが、中身の書簡は、島木健作全集においては、大正八年八月三十日とされている）である。

昭和十六年五月出版の『新日本文学全集・第十九巻・島木健作集』（改造社刊）に付載された「年譜」（自撰）の、大正八年のところに島木は、「三月銀行を退き、苦学の目的をもつて上京した。Y・M・C・Aの職業紹介部の世話になり、医者、弁護士等の玄関番に住みこんだ。芝、神田、西大久保と転々した。夜学は正則英語学校に通つた。」と書いている。

大正九年三月二十七日付の書簡には、この「苦学」の様子が彷彿とするようなことが書かれている。

東京で苦学する、――一ヶ月三四十円の金を自分で得て学校に通ふ、といふことはあらゆる方面から見て僕はつく〴〵不可能のことだと思はざるを得ない。併し僕はやれるところまでやるつもりだ。学士製造所ばかりがものぢやない。学校等は此頃の僕にとつては些々たるものでどうだつていゝ、と思つてゐるが、併し、一旦志を立てたことだ。金がないからといつて引返すのは癪だ。僕は飽迄早稲田に入学するといふ目的を持続して行く。

（傍点原文）

この文面を、若き島木（このとき、まだ十六歳）の力強い筆跡をたどりながら、読んでいると、このような苦境に雄々しく立ち向かおうとする精神的エネルギーがにじみ出ているように感じられた。

このような苦難に立ち向かう勁《つよ》さは、島木文学のライトモチーフともいうべきもので、代表作『生活の探求』の主人公、杉野駿介の精神にも、晩年の名作『赤蛙』の一匹の赤蛙の姿にも鳴っているものである。

大正八年八月三十日付の書簡の中に「軟文学」という文字を見つけたときは、我が意を得たり、という思いがした。友人の阿部が書簡で「君がもし文学者となるもやはり君の想像は破壊さるるであらう」といってきたことに対する反論である。島木は、次のように書いている。

君は僕を見間違つては困る。僕は文学者の美くしい華やかな方面のみを知つてそれにのみ憧れて、その醜なる半面をまるで知らない様なその辺にゴロ〲転がつてゐる所謂文学青年なんぞとは口はばつたい事をいふ様だが全く趣を殊にした人間なんだ、徒に只軟文学にかぶれて何の主義定見なくガヤ〲騒いでゐる彼等よりは遙かに偉い人間なんだ、僕だつて相当に本もよんでゐる。日本の文壇の状況にだつて相当に通じてゐる。文学者の生活の醜なる半面だつてよく知つてゐるつもりだ、そしてこの醜い半面を改革し矯正しやうとさへ思つてゐる人間である。

（傍点引用者）

島木文学とは、いわば「硬文学」なのである。私が島木健作について一冊の本『島木健作――義に飢ゑ渇く者』（リブロポート刊）を書いたのは、平成二年のことで、もう二十年も前のことである。その中で、私は「硬文学」という言葉を使わなかったけれども、副題に「義に飢ゑ渇く者」としたとき、そこには当然、島木文学の特質が象徴されていたのである。

「義に飢ゑ渇く者」とは、新約聖書の「マタイ伝」第五章六節の「幸福《さいはひ》なるかな、義に飢ゑ渇く者。その人は飽くことを得ん。」からとった。「義に飢ゑ渇く者」の創作する文学は、「硬文学」にならざるを得ないのである。

「『生活の探求』について」（昭和十六年五月）の中で、島木は「私の文学が、人にとつても自分にとつても、アミユージイングなものではあり得ぬといふ性質は、最初から運命づけられてゐたのであつた。」と言い切っているが、すでに十五歳の島木の書簡に、まさに「最初から」、この「運命」を予言する文面が出てくるのは、感動的である。

島木と親しかった高見順が『敗戦日記』の中で、島木が鎌倉養生園に入院した日（昭和二十年七月十五日）のところに、「島木君の小説を小説ぢやないといふのは、玄人小説家の間の定説となつてゐる。」と書いている。島木が四十二歳で死んだのが、その一カ月後、敗戦直後の八月十七日である。たしかに、ゴッホが果して画家であったかという意味で、島木健作は果して作家であったか、ということはできるのであって、「玄人小説家」という「軟文学」の徒の眼から見れば、「島木君の小説」は「小説ぢやない」のである。

しかし、「硬文学」である島木文学は、今日、読み直される必要があるだろう。高見順の「描写のうしろに寝てゐられない」からヒントを得て、私が「軟文学の中に寝ていられない」という評論を書いたのは、『島木健作——義に飢ゑ渇く者』を上梓した翌年であったが、ますます溶けていく「軟文学」の中に日本人はもはや「寝ていられない」はずだからである。

『赤蛙』の復刊

新潮文庫の名著の復刊の、第六回目の配本に、島木健作の『赤蛙』が入っている。

島木について『島木健作――義に飢ゑ渇く者』（リブロポート刊）を書いた私としては、大変嬉しいことである。島木の「人と文学」の価値について、あるいは傑作「赤蛙」のすばらしさについては、拙著の中で充分論じたつもりなので、ここでは、復刊の予定をきいてから読み直してみて、気がついたことを書いてみる。それは作家のデッサン力の問題である。

「解説」の中で、中村光夫は（ちなみにこの「解説」はよく出来たもので、文庫の「解説」は本来こうあるべきものであることを示した見本のようなものであり、それに比べて昨今の「解説」はほとんど「読後感想文」に堕していると思われる）、「島木氏は一口に思想的作家と云はれ、氏の作品はよい意味でもわるい意味でも観念文学として分類されました。」と書いているが、代表作『生活の探求』などはその一例であろう（もう一つ、「ちなみに」を書けば、この『生活の探求』の新潮文庫も復刊されることを望んでいる）。

しかし、中村がいうように「氏の全作品を通じて、今後どう時勢が変らうと、もつとも評価の変動が少なく、氏の代表作として永く安心して読まれるのは」、私小説的な作品、例えば「赤蛙」であろう。

「思想的作家」であるはずの島木でさえ、何故私小説の名作を書けたかといえば、その要因の一つはやはり、戦前の作家にはデッサン力があったからである。デッサンは、美術だけではなく、文学にもあるのである。

描写力、ということがよくいわれるが、描写とデッサンは微妙に、しかし本質的には厳然と違う。デッサンとは、いわば描写の「骨」であり、この「骨」がしっかりあることで描写は立つのである。島木の「赤蛙」における、一匹の赤蛙の描写の的確さは、デッサンの手堅さから来ている。対象に、「もの」に即《つ》いたデッサンの力である。

翻って、すでに久しい小説の衰弱の一因を考えると、作家のデッサン力の弱体化が挙げられるようである。「戦後民主主義」の風潮の中で、想像力やその退廃した形態としての幻想力が異様に重視された結果、描写が、デッサンの「骨」を抜かれて、作家の、思想、幻想、宗教的神話的観念などの主観の「ふくらし粉」によって、荘厳なる客観と中身のないままにふくれ上り、小説の大量生産の現象が生じて、今日に至っているのである。

五　大佛次郎

おさらぎ・じろう（一八九七―一九七三）小説家。『鞍馬天狗』シリーズ、『パリ燃ゆ』『天皇の世紀』、『ノンフィクション全集』全5巻（朝日新聞出版）

「歴史」の使徒、大佛次郎――生誕一〇〇年を前に

来年は大佛次郎生誕百年にあたる。今年、生誕百年だった宮沢賢治は、常軌を逸したと思われるほどの騒がれ方であったが、大佛の場合には、そのような空しい現象はまず起きないであろう。しかし、日本人が今日、本当に深い畏敬の念をもって想起しなければならないのは、実は大佛次郎の方ではないか、と私は思う。賢治の人と文学は、たしかに貴重なものに違いないけれども、ブームとして取り上げられた賢治についていえば、それは今日の日本人の或る精神的性向――自然回帰や神秘主義へ傾きがちな面――を肥大化させてくれるのに好都合だったにすぎず、かえって賢治の本質は隠されてしまったようである。

大佛次郎の人と文学には、賢治の場合とは違って、今日の日本人の精神的性向に対する明晰な批評の眼がある。簡単にいえば、賢治では、人は快く、あるいはいぎたなく眠れるが、大佛によって、人は覚醒させられる。こういうものは、ブームにはならない。しかし、今日必要なのは、神秘めいた雰囲気のうちに陶酔させてくれる「童話」ではなく、人間と時代に対する透徹した眼差しによって書かれた「歴史」なのである。

大佛次郎といえば、人はすぐ『鞍馬天狗』を思い出す。あるいは『赤穂浪士』などの時代小説、『帰郷』『風船』などの現代小説、さらには『ドレフュス事件』『パリ燃ゆ』などの、いわゆる史伝ものが挙げられよう。実に多作な作家であったが、大佛次郎が大衆作家という世間のレッテルを突き破って、決定的に大佛次郎になり切ることができたもの、それは未完の大作『天皇の世紀』であり、大佛という画竜は、この最後の作品の点睛《てんせい》によって見事、完成したのである。

そして、この『天皇の世紀』こそ、近代日本において書かれた「歴史」の最高峰であり、今日に至るまで、これを超えるものは何一つ出ていないと断言できる。

小林秀雄、河上徹太郎、今日出海による「鼎談」の中で、『天皇の世紀』について小林は、「いま一番いい歴史」といい、河上は、「近代の名作」と評した。小林も河上も「歴史」の重要性を多く論じたが、大佛の作品にまさに「歴史」そのものが表現されていることに賛嘆したのであろう。この「歴史」そのものが書けたということが大事な点で、「歴史」談義、あるいは「歴史」に材をとった「夜咄《ばなし》」なのではない。これが、『街道をゆく』という「歴史」をめぐっての「詠嘆」を書きつづけた司馬遼太郎との決定的な違いである。今日、小説に限らず評論の世界でも歴史物が増えているようだが、それらは結局、「歴史」に関する「物語」、あるいは「感想文」にすぎない。

神に召される、という言い方を思い出すならば、「歴史」そのものは、「歴史」に召された人間、いわば「歴史」の使徒しか書くことができない。「歴史」を今日的な視点から解釈して、それを新しい見方などといっているのは、「歴史」を畏れたことがない証拠である。大佛は、『天皇の世紀』を書いているとき、それは周知の通り、癌との苦しい闘病のうちに書きつづけられたものだが、そのときまさに「歴史」の使徒だったのである。幕末維新期の「歴史」は、大佛という人間を呼び出した。小林は、「ああいう病をしょって、実に大変なことだな。また、大変な元気だと驚いている」といったが、「艱難」のうちにあっても「大変な元気」を維持できるのが、使徒というものであろう。

今年出版された、宮地佐一郎氏の大佛についての本の中に、長兄野尻抱影にあてた、死の二カ月前の手紙がのっていた。「仕事を続けられないのが　一番くやしいのですが　中村光夫がこゝまで書けば趣旨は明らかだしもういつまで続いても同じでせうと慰めてくれました（中略）小林河上など　機会ある毎にほめてくれてゐます　日本の小説家程度の頭では理解困難なのです　百年後には日本文学で太平記や平家物語より　上の扱ひを受けませう　かつてなかつたものなのです」。謙虚な人であった大佛が生涯の終わりに、肉親に対してだけ示したこの自信を、私は少しも不当だと思わないどころか、その予言を信じるものである。

大佛次郎『敗戦日記』と島木健作の死

近ごろ読んだ本のうちで、大佛次郎の『敗戦日記』が大変面白かった。昭和十九年九月から、敗戦をはさんで昭和二十年十月まで書きのこされた日記が、はじめて活字化されたもので、一般にも話題を呼んだようだが、私は敗戦に至る時代のドキュメントとして興味を懐《いだ》いたというより、歴史家大佛次郎の誕生が生き生きと感じられることに感銘を受けたのである。

『鞍馬天狗』で大衆小説家としてデビューした大佛次郎は、『赤穂浪士』など数多くの新聞小説を生み出した流行作家であったが、戦後、『パリ燃ゆ』を書き、未完の絶筆『天皇の世紀』に至って、昭和の、あるいは近代日本の最高の歴史家としての姿をあらわした。

歴史家と歴史学者は、違う。歴史学者という一種の職業人は、アカデミズムの中で養成される制度があるから、いつの時代にも存在する道理だが、歴史家は歴史に呼び出された人間しか、なることはできない。歴史学者は、歴史の或る部分を研究するにとどまるが、歴史家とは或る部分を書くことによって、歴史の全体というものを表現できる人のことである。歴史学者も通史を書くことがあるが、それは部分の総計としての全部であって、全体ではない。『天皇の世紀』は、幕末維新期の歴史の全体が、歴史家によって浮かび上がらせられた金字塔である。

敗戦をはさんだ数年は、日本の歴史において恐らく幕末維新期と並んで、たんなる時間の推移ではなく、全体としての歴史がはっきりとあらわれた数少ない時代である。その歴史が歴史家大佛次郎によって書きのこされたのは、偶然以上のものを感じさせる。昭和十九年九月に突然、書きだされているのも象徴的で、大佛次郎はここで歴史に呼び出されたのである。

この『敗戦日記』は、川端康成、里見弴、小林秀雄、高見順といった、いわゆる鎌倉文士の言動が誌されていることも興味をひくが、数年前、島木健作について一冊の本を書いた私としては、やはり島木についての記述に眼がいった。昭和二十年七月二十五日のところには、「小林秀雄が来る。何となく落着かず本も読めぬと嘆く。島木健作は喀血、呼吸困難となり清川病院に入っている。空襲で死ぬものなら家で死にたいと云いし由。」とある。そして、八月十八日には、「八時島木健作の通夜。雀草虎の尾などの花持ち月光を踏んで行く。朝比奈宗源の読経。ビールのむ。」と歴史家は美しい文章をのこしている。

十七日の夜、四十二歳で死んだ島木の遺体は、防空演習用の担架の上に横たえられて、小林秀雄、中山義秀、久米正雄、高見順の手によって運ばれた。川端康成が提灯を持って先導役に立った。そのとき、「ひとつの時代の死」と久米が呟いたそうだが、たしかに敗戦前後の日本の歴史の悲劇をあらわした一事件が、島木健作の死であった。

代表作『生活の探求』をはじめとする多くの長篇小説や『赤蛙』などの名品をのこした島木が、戦後五十年の中で忘れられていったのは、島木に象徴される或る倫理性が断ち切られたことを意味する。それは、三島由紀夫が、島木についていった「花も実もあるまじめさ」と通じているだろう。この葬送行進の暗さは、戦後生まれの私が戦後五十年を振り返る際の、いわば定点の一つになっている。この暗さをまたいでしまった戦後の明るさを、空虚な明るさと感じるのはその故である。そのうつろさは、今年になって、あまりにも急激に露呈してしまった。

つい最近も、いかにも戦後的な一知識人が「八月十五日」に「ああ終わった、おれの命は助かった」という解放感を味わったと或る雑誌に書いていた。それを読みながら、私は今、島木健作の死の情景の暗さに思いを致すばかりである。

歴史の「物自体」——『天皇の世紀』をめぐって

大佛次郎の未完の大作『天皇の世紀』は、奇蹟的作品である。これまで折に触れ、何回か通読したが、その度毎にますますその感を深くする。

死の二カ月前、長兄野尻抱影にあてた手紙の中に、「仕事を続けられないのが　一番くやしいのですが　中村光夫がこゝまで書けば趣旨は明らかだしもういつまで続いても同じでせうと慰めてくれました　頼山陽など蹴とばした仕事となり　父に見せられなかつたが　何よりも残念　『パリ燃ゆ』もやつと読んでわかるひとが出て来て　小林（秀雄）河上（徹太郎）など　機会ある毎にほめて

くれてゐます　日本の小説家程度の頭では理解困難なのです　百年後には日本文学で太平記や平家物語より　上の扱ひを受けませう　かつてなかつたものなのです」と書いている。

謙譲な人柄であった大佛が、生涯の終わりに肉親だけに示したこの自負は少しも誇大ではなく、たしかにこの大作は「かつてなかつたもの」である。中村光夫、小林秀雄、河上徹太郎などは、それがよく分かったが、「日本の小説家程度の頭では理解困難」なのである。三十年余り経った今日、この「理解困難」の壁は、打破されなければならないであろう。今回の復刊は、そのいい機会である。

この作品が、私小説を主流とする日本の近代文学の枠から遠く離れていることはいうまでもないが、いわゆる歴史小説といったものとも本質的に異なっている。『天皇の世紀』には、歴史というよりも何か歴史の「物自体」が表現されているといった趣があるのである。歴史の現象をあれこれ書いているのではなく、その作品の言葉の連なりの奥底に、歴史の「物自体」が鎮座しているような感じを深く受ける。

大佛次郎の『敗戦日記』は、戦後五十年の年に初めて出版されたものだが、その中の昭和十九年十月十九日のところに「阿片戦争を際物にせぬこと、それ自体として肉体を持つことと我も記したることとあり。」とある。An Sich（それ自体）のものたらしめん」とある。四十七歳の大佛のこの決意を日記の中に見出したとき、私は、ついに『天皇の世紀』の高みに至った大佛文学の最も根底にあるものに触れたような気がした。

たしかに『天皇の世紀』は、「それ自体として肉体を持」っている。それは、大佛次郎という人間において、歴史が血肉化していた結果であろう。『天皇の世紀』の連載は、明治維新百年を記念して朝日新聞が力を入れた企画であり、資料集めの体制は整えられていたが、大佛は執筆に際してほとんどそれに頼らずに、自分で集め、目を通したものだけで書けたという話はとても興味深い。幕末維新期に取材した小説を数多く書いてきた大佛には、歴史が血肉化していたのに違いない。

「An Sich のものたらしめん」という決意から、私は歴史の「物自体」(Ding an sich)というような、カントの哲学用語を借用したいい方を思いついたのだが、大佛は五十歳を前にして、歴史の現象をあれこれ書くだけでは歴史を書いたことにはならないということを思い知ったのであろう。戦時中の、いわばざらざらした歴史がむき出しになった時期に、歴史の「物自体」が現れてこなくては、歴史を書くことの究極的な意味が生まれないという啓示を得たようである。『天皇の世紀』に書かれているのは、歴史の現象ではない。現象の説明、解釈、評価などの「さかしら」な「頭」の所産ではない。そこに現れてくるのは、歴史の「物自体」である。畏るべき「物自体」の顕現である。

翻って思うに、今日普通、歴史を語るとき、歴史の現象を云々し、その解釈、評価を問題にしているだけではないか。また、歴史小説となると、歴史上の人物に、今日の人間観から感情移入しているだけではないか。

『天皇の世紀』には、史観というようなものすらない。そういう、結局は主観的なものなど吹き飛ばされてしまっている。あえていえば、荘厳なる客観がある。歴史について書かれた本を、自らの史観や歴史評価の型をあてはめて読むことしかできない、今日の多くの知識人の「頭」には、『天皇の世紀』は何ものも語らないであろう。逆に、資料の長い引用が多すぎると思われてしまうことが予想される。しかし、『天皇の世紀』の中では、歴史の「物自体」が、時々ささやくのである。

私はかねてより、日本の近代文学において、島崎藤村の『夜明け前』と大佛次郎の『天皇の世紀』が、もちろん、作風はずいぶん違っているが、歴史文学として双璧をなすと考えている。藤村は、『夜明け前』をめぐって、思想から作品が生まれるのではなく、作品から思想が生まれることもあるのだという意味のことを語った。作品から、歴史の「物自体」が現れる奇蹟もありうるのである。

大佛が苦心の末に案出した『天皇の世紀』という謎めいた題名は、あらゆる解釈を拒絶していて、歴史の畏るべき「物自体」の出現を象徴しているかの如くである。

大佛次郎の現代小説の真価

大佛次郎の現代小説は、時代小説やノンフィクションと並んで、大佛文学の重要な柱である。昭和六年の『白い姉』から昭和四十一年の『道化師』まで、長編だけでも三十編ほどの作品がある。朝日新聞社から出た『時代小説全集』と『ノンフィクション全集』が、それぞれ全二十四巻、全五巻なのに対して、『自選集現代小説』は全十巻であり、その比重の大きさが知られる。

時代小説の分野で、大佛次郎とともに昭和を代表する吉川英治は、現代小説を書いていない。その他の時代小説作家たちも、同じであろう。その点、大佛次郎が時代小説だけでなく、現代小説を生涯にわたって執筆したのは、大きな特徴であり、大佛文学の間口の広さを示している。

現代小説の中では、昭和二十三年に、『毎日新聞』に連載した「帰郷」がよく知られている。この作品は、第六回芸術院賞を受賞した名作で、天野貞祐は「読む人の魂を上品にし、明朗にし、健康にする」と評したが、この言葉は、大佛文学全般にあてはまるものである。

その他には、昭和三十年、同じく『毎日新聞』に連載した「風船」が、作者自ら、この一作こそ後世に遺したいとの意気込みでとりくんだ力作である。『風船』も、私の現代小説に共通する特質として、人物よりもその背景と成っている時代に特に比重が置かれている」と書いているが、いいかえれば大佛次郎の現代小説は、「時代」に対する文明批評という側面を強く持っているのである。

「私の小説は、私小説ではなく、種々なる人間の出て来る風景画に近い」とも言っているが、現代小説を数多く書き上げるという研鑽を経て、大佛次郎は、『パリ燃ゆ』や『天皇の世紀』といった「種々なる人間の出て来る風景画」の傑作を見事に描いたのである。

私の小説は、私小説ではない、という点に関していえば、私小説こそが純文学の真髄だと考えられてきた昭和の文学史において、大佛次郎の現代小説は、通俗小説と見なされ、余り重視されて来なかったのが実情である。

それに対して、死の半年前に大佛次郎は「実を言えば、私の小説は、真実の意味で、あまり理解されませんでした。面白過ぎたのと、新聞小説でしたので、読んでしまえば直ぐスクラップになるものと極められて、作者の慎重に隠して来た意図まで無視されて来たのです。これはただの小説ではなかったと、将来には誰かが気がついて下さるでしょう。芸術らしく勿体ぶって、わさと難解に仕向けたものよりも、軽いと見て、手にしていると持ち重りするような小説が、この世に在ってもよいのだと私は信じます」と書きのこした。

私は、「持ち重りする」大佛次郎の現代小説の真価を発見する「誰か」が近い「将来」、現われて来るような予感を抱いている。

大佛次郎とゲーテ——鞍馬天狗とエグモント

一

大佛次郎は、昭和十九年の九月十日から、突然日記を書き始めた。それは、敗戦をはさんで昭和二十年の十月十日までつづいている。

この日記は、平成七年（一九九五）、敗戦五十年の年にはじめて活字化され、『敗戦日記』と題して出版された。

日記は二冊に及んでいるが、一冊目の巻頭の空白部に、「物価、と云っても主として闇値の変化を出来るだけ書き留めておくこと。」と書かれている。しかし、実際には、「闇値」の記述はほとんどなく、戦争末期の日常生活や読書の感想などが詳細に記されている。大佛次郎という不世出の「歴史家」は、敗戦をはさんだ一年ほどの時期、いわば歴史が凝縮した日々を記録しようとしたのであろう。それとともに、自己の仕事と個性を確認していったようである。

日記の一日目、九月十日のところに、次のような記述がある。


正午近く門田君（勲。朝日新聞記者）が来る。その内木原君（清。東京新聞記者）次いで吉野さん（吉野秀雄、歌人、鎌倉在住）が結子ちゃんを連れて来る。秋晴れのさわやかな日曜、皆がなかなか帰らないので夫婦の午めしが二時近くになる。ゲエテの伊太利亜紀行を読み続ける。第二ロマ滞在の十月十一月、この辺のところはシチリヤの章と違い面白くない。紀行としては自分、それもあまり動かぬ自分をくどくど繰返していて退屈也。ミラノの女の挿話も序文に言われているような興味のあるものじゃない。三時に二十分ばかり午睡、起きてからエグモントにかかり夕食後読了。これは感心した。如何《いか》にも完成した作品と思う。当時のゲエテの友人があまり感心しなかったというのが不思議。またシルレルが非難したと云う主人公の性格の軽躁さもこれはエグモントの明るさに理解の足りぬ非難である。この性格はゲーテの気性がかなり入っているように考えられるし、それがよく判らなかったと云うのも奇妙である。ところどころのくだりにエグモントが実に見事に表現されている。人が見のがすのではないかと思う。雲が降りて来て天女（？）の現れる幻想的な部分、シルレルが非難しているらしいが、当時の劇術から云えば歌舞伎に不動明王が現れるのと同じことでそれほど可笑しいものではなかろう。鷗外のゲーテ伝の中から序に引用してある部分の非難ももとよりゲーテは承知のことであれを大胆にカットしたのでこれだけ切目の鮮やかな磨きのかかった作品となったのである。

このエグモントの明るさは鞍馬天狗にいつか写して見よう。鞍馬天狗はこう云う男の筈なのである。

（傍点引用者）

『エグモント』は、周知の通りゲーテの戯曲で、一七八七年完成の作品である。劇の筋は、エグモント伯爵が祖国ネーデルランドをスペインの圧政から救おうとして捕らわれ、死刑を宣告される。愛人クレールヒェンは彼を救い出そうとして失敗し、自殺する。しかし、彼女の幻影が自由の女神となって獄中のエグモントにあらわれるというものである。

大佛は、この頃、ゲーテを集中して読んでいる。日記から、ゲーテの名が出てくるところを拾ってみよう。次の日の九月十一日には、次のように書かれている。

年内を我慢してゲーテを読んでみようかと計画している。

九月二十二日には、ゲーテの戯曲『ギョッツ』を読了している。

涼しすぎるくらいの朝。ギョッツを読み了る。やはりいいものなり。シェクスピアなどに比べても淡々としていて現実の人間に近し。

十月十八日のところには、『親和力』が出てくる。

ゲエテの伊太利紀行を気まぐれに読み続け次いで新しく親和力に移る。六十才の作品のせいもあり思想を扱っているものだが、極端に云えば狂言か何かのような単純な調子が若い時代の贅物が多く読みづらい小説に比して甚しく目立つ。夜就寝前にも読み続け一〇〇頁あまり見たところでは何と云っても器械的な感じが膜となってかぶさっている。しかし少女との接近を叙するあたり自然で巧みなものである。(殊に detail が。)

十月二十一日のところには、ひきつづき『親和力』が触れられている。

朝起きて呆れたことはまた降っていることとである。「親和力」を読み続ける。流石と感心して来る。ただこれは人間の出来がよ過ぎる世界であって、これはほんとうの人間かなと思われる。会話も日常の人間のものでない。小説の展開の手段となっている。

十月二十七日には、かなり長くゲーテについて書いている。

雨の為に暗くて原稿を書く気にもなれぬ。親和力を読了。アウトイイリエ（オティーリエ）が追って来たエドゥアルドと宿で会うくだりにやはり動かされる。第二部に入って変な淀みを感じさせられていた流動がこのくだりで俄かにいきいきとしてしかも緊縮された姿で現れる。屋敷に帰ってからの二人がなおも宿命的に日常生活の間で自然に側へ寄らずにはいられないくだりも息が詰まるようである。訳者は序文で芸術智と云っているが細部が建築的な周到な用意の下に統《す》べられている点も深く感じた。やはり難点は第二部の初めの辺の奇妙な停頓であろう。時の経過を示す為に必要としても建築的な統一がここで乱れている。前半（第一部）があまり整いすぎて器械的な感じがある故にこれが実際以上に感じられるのだろうか。しかし面白かったしやはり大作だと思い「貝殻」の安易さが気になりいつか書きなおしたいと思った。

　だが何としても出てくる人間が人間以上である。「豪傑」とは云いにくかろうがこれに値する清潔な半神である。一番人間らしいのは一番悩む人たちだけである。［〇感動はこの人たちが不自由なくらいに一途と云う性質から来ている。］ギョッツやエグモントの方がもっと我々に近く感じられるのはどう云うわけか？

　予定どおり年内はゲーテを読んでいようと思う。単独では退屈するからトルストイかほかの何かと平行させる。十一月はウィルヘルムマイスター、十二月にファウストと取組むことに決めておく。


　このあと、ゲーテの作品を読んでいるという記述はなくなる。実際は読まなかったか、予定通り、年内に読んでしまったが特に感想は誌さなかったのであろう。昭和二十年に入って六月五日に、「ゲエテ伝を読みいるほか終日何もせず。」、六月六日に、「ギョオテ伝を読み続ける。」さらに敗戦後の八月二十九日に、「本はジュール・ヴァレスの伝記を読んでいる。シュアレスのゲエテと。ゲエテが芸術を過重せず生活者として芸術より上にあったと云う言葉考えさせられたり。」とあるくらいである。

　十月二十七日の記述に、「単独では退屈するからトルストイかほかの何かと平行させる。」とあったが、ゲーテの他に、トルストイの作品を『戦争と平和』をはじめとして読んでいる。その読書の熱意は、大変なものだが、これは十分意識してのことであり、晩年の『天皇の世紀』に至る大佛次郎の作家としての展開のエネルギーは、この敗戦直前の苦難に満ちた時期に養われたともいえるであろう。十月九日のところに、次のように書いている。

雨後の爽やかに晴れ渡った空、風もなく上天気なり。木犀の花もまだ咲いているし、朝から虫の声が一面にしている。青空を引き裂いて行く飛行機の爆音、書斎の窓を一杯にあけて日の光を迎えている。四十七回目の誕生日である。不満を云い得ない境遇にいる。はたから見たら幸福すぎるかもしれぬ。その責任は忘れてはおらぬ。酒を飲みすぎること、もう少し勉強が出来ていい筈だと云うこと、そのことも忘れてはいないのである。先日も記したように勝負はこれからであった。南方の旅行を境界として従前あったような己に対する不満なり不安は明らかに減じて来ている。自分の出来ることをすればいいのだと云う心の置き方が落着きと成って来ているように思われる。その出来得ることを怠りなく推し進めて行くのである。近頃になってから生きていることが楽しくなった。勉強特に読書に心のふるえると云ってもよいほどの喜びを感じる。誇張ではなく別の生き方が初まっているのである。どこまで行くか当分はこれを追って行くであろう。いい仕事も無論したいが、それよりも自分という人間の evolution である。

十月三十一日のところには、次のように書いている。

昨年の今日は南に向って羽田を立った日である。午後には沖縄にいた。（中略）

去年の出発前には随分荒れていた。それから南に飛ぶ空の上でつくづくと死ぬのだったら無念だな今ぐらい仕事が出来るような気でいる時はないと感じ、帰れたら本当に働いてやると繰返し考えたことを思い出す。目の前に乱立する雲の峰を見ていたことを思出す。帰ってからは取り立てて働いてはいないが日々が豊かになっていること、今は何もしていなくとも一歩一歩実現に近づいていると云う自覚はあり本を読み物を書くのにも嘗てなかった厚い味覚が動いているのである。周囲の状況が家居を已むなくしているせいもあるのだが初めて確信らしいものが生れ落着いた心持ちで、ゆったりと足を運び初めた感じである。これはいいことだ。出来ないことをしようとしてあせらぬと云う目の明き方もだが出来ることを従来のようによい加減にしておく愚劣さが漸く分って来たのである。年も追いかけて来ている。これからの勉強で何かに成るだろうと考えるのは嬉しい。僕は他の人間のように固って了ってはいない。いつまでも子供の皮膚をしている。酒も出来ればやめたく成っている。しかしやめなくてもいいとも考えている。自在に任せておくのである。労作が全部のことの中心だ。五十になろうとしてこう子供染みた初一念を持っていると云うのは恐らく他人にはないことらしいから心強いと思う。作家の経歴にはこれはいいことに違いないのである。これからの勉強で何とかなりそうな希望があるのだから幸福である。五十になると作家たちは同じことを繰返しているだけのように見える場合に僕のは何もかもこれからだから愉快なのである。

このような精神的姿勢をとりえた大佛次郎だからこそ、ゲーテの『エグモント』を読んで、冒頭に引用した九月十日の日記に書かれていたような、エグモントの「明るさ」を感じとったのである。

関東大震災という或る意味で偶然の出来事によって、生活のために『鞍馬天狗』を書き、「大衆小説家」として仕事をせざるを得なかった大佛は、この敗戦目前の期間に、自らを振返る時間を持てたのであった。

大佛は、ゲーテを戦前に出ていた改造社版の全集で読んでいる。『エグモント』は、木下杢太郎が訳している。解説も木下杢太郎である。

九月十日の日記に、「シルレル」の非難について触れているのは、杢太郎の解説の中の次のような記述に関連している。

此原稿はワイマルの交友の間には、ゲエテの期待したほどの好評を博しなかつた。他のイタリアで完成した作品と同じく、ゲエテの詩人的成熟に対して皆はまだ認識を有しなかつた。職業的批評家の声は区々であつたが、概して曰へば賞讃の方が多かつた。ゲエテは直ぐに実演せられることを望んだが、批評する方からは、ゲエテは舞台上の効果を眼中に置かずに之を作つたのだらうなどと評した。その間に尤も注意せられたのはシルレルの批評であつた。是はイエナ文学新聞に現はれた。シルレルは多くの美点を指摘したが、同時に主人公の性格が余りに軽率であることや、作品の終末部を急にオペラの形式に変へてしまつたこと、音楽の合奏でエグモントの夢中幻像を現はしたことなどをば手酷しく非難した。

（傍点引用者）

大佛は、シルレルが「軽率」といったのを「軽躁」といいかえている。これは、ほとんど無意識に行ったこととも思われるが、エグモントに何よりもまず「明るさ」を感じとった大佛は、「軽躁」と記憶したのである。たしかに、「軽率」では、「明るさ」に必然的にはつながらない。「軽躁」なら、「明るさ」につながる面を持っている。「軽躁」、軽はずみに騒ぐこと、なら「明るさ」にやや近づく。しかし、質的には違うもので、大佛は「シルレルが非難したと云う主人公の軽躁さもこれはエグモントの明るさに理解の足らぬ非難である。」とはっきり区別している。そこから、大佛の云う「明るさ」とは、「軽躁」のような浅いものではなく、もっと精神的な深さを持っているものであることが分かってくる。

また、日記の中に「鷗外のゲーテ伝の中から序に引用してある部分の非難」とあるのは、次のようなものである。

鷗外全集の「ギヨオテ伝」からまた少し引用して結辞としよう。「ギヨオテは生じさうな葛藤をわざと避けて生ぜさせずに、例の神異力の作用に一任してゐる。主人公は夜行病者のやうに恬然として死地に向かつて進む。マルガレエテ・フォン・パルマがエグモント、オラニエンの二人を調べるために会議を開く。此会議には戯曲として敷衍することの出来る余地が沢山ある。それをギヨオテは措いて用ゐない。マルガレエテは竊かにエグモントに恋をしてゐる。矢張事端を生ぜしむるに便利な事実である。それをもギヨオテは措いて用ゐない。群衆が三度使つてある。初めはエグモントを引き出す背景になつてゐる。中ごろは煽動者に煽動させてある。後にはエグモントの情人クレエルヘンがエグモントを救はうとして、群衆に訴へることにしてある。中ごろと後との場合では、群衆の上に何らか反響が生じさうである。それもギヨオテは生ぜさせない。主人公が既に獄に下つてから、アルバの息子が獄中に尋ねて来る。救援の手段か何かが講ぜられさうである。それをもギヨオテは棄てて顧みない。」

鷗外は、エグモントの行動について「夜行病者のやうに恬然として」と評している。「シルレル」の非難や鷗外の評を考えると、大佛次郎の、エグモントの「明るさ」という感じとり方は、やはり大佛の個性を反映したもののように思われる。もちろん、この「明るさ」は、大佛のいうごとく「ゲーテの気性がかなり入っているように考えられる」ものであるが、それを「明るさ」といって大きくつかみ出し、それを自分の「鞍馬天狗」に「いつか写して見よう。」とまで考えるのは、大佛の「気性」である(1)。

また、「ところどころのくだりにエグモントが実に見事に表現されている。人が見のがすのではないかと思う。」と書かれているが、大佛がそう思ったと思われる「くだり」は、例えば以下のようなところであろう。

鷗外は「群衆が三度使つてある。」といっているが、その「初め」のところで、「ゾオスト」という男は、次のように語る。

ゾオスト（中略）みんながあんなにエグモント伯爵をお慕ひ申して、下にも置かずにちやほやするのは、あれや一体何故だと思ふえ。それやエグモント様がおれたちをかはいがつて下さる事を知つてるからさ。自由、闊達、お慈悲の相がお目元に見えるからさ。

「マッキアヱル」という摂政の臣が、エグモントについて、摂政に次のように語る。

マッキアヱル　失礼ではございますが、あの人の率直な性質、それからむづかしい事をもやすやすとやつてのける幸福な天分をそんなに危険なるものにお考へになるには及びませんと思ひます。

エグモント自身は、自らの言動に対する忠告の手紙を読んで次のように語る。

エグモント（中略）くだくだと書いてあるが要点は一つだ。おれが欲しないやうな生活をおれにしろといふのだ。おれがかう愉快にやつて行つて、物事を気楽に扱ひ、何にも拘泥しないで生活してゐるなあ、おれに取つて何より幸福だ。それと墓穴のやうな安全と取りかへつ子ができるものか。おれの血管の中の血の一滴だつてあんな窮屈な西班牙風の処世術には合ひはしないのだ。此頃のすましこんだ宮廷振りに歩調を合はせるなんざあいやな事だ。命の安全ばかり気にして生きて行けるかい。次の瞬間の安全の為に、現在の瞬間を楽しんぢやいけないのかい。そしてその次の瞬間をも案じて、くよくよ云つて暮してしまへと云ふのかい。

また、次のようにも語る。

エグモント（中略）人生をそんなに几帳面に取つたらしやうが無いぢやないか。朝は新しい喜びに励まされて目を覚し、夕方は夕方でまた楽しみがあると云ふのでなかつたら、人生なんぞは着物を着たり脱いだりするだけの値打ちさへないぢやないか。

また、次のようにも語る。

エグモント　おれは高い処に立つてゐる。だがもつと高い処にも登れるぞ、また登らなくてはならないのだ。希望も有る、元気も有る、力も有る。おれはまだ成長の頂上に達しては居ないぞ。

この最後の引用に見られるエグモントの言葉などは、先きに引用した大佛の十月三十一日の日記に書きしるされた所感を思わせる。というよりも、この大佛の姿勢は、エグモントの言葉、「明るさ」から触発されたものといってもいいであろう。

さて、「このエグモントの明るさは鞍馬天狗にいつか写して見よう。」という計画についてであるが、大佛次郎が、この思いを抱いた昭和十九年九月十日以降に執筆した『鞍馬天狗』は、戦後昭和二十二年の『鞍馬天狗　新東京絵図』、昭和二十七年の『鞍馬天狗　青面夜叉の巻』、昭和二十八年の『鞍馬天狗　雁のたより』、昭和二十九年の『鞍馬天狗　夕立の武士』、昭和三十年の『鞍馬天狗　影の如く』、昭和三十二年の『鞍馬天狗　女郎蜘蛛』、そして鞍馬天狗シリーズの最後となった、昭和四十年の『鞍馬天狗　地獄太平記』である。

戦後第一作の『鞍馬天狗　新東京絵図』は、明治維新直後の東京を舞台にしたもので、敗戦後のアメリカ軍の日本占領を諷したともいわれ、「明るさ」は前面に出ていない。

ここでは、『鞍馬天狗　雁のたより』を例として見てみよう。「鞍馬天狗にいつか写して見よう」の「いつか」は、このときやっと来たように思われる。冒頭から、「明るい」が出ている。

　春昼。ひと雨あった昨日あたりから向島の花が見ごろだと伝えられる好く晴れた日の昼ちかく、江戸の柳橋の橋の上から明るい川をのぞき込んでいた女がある。

　舟宿の並んだ河岸には、雨傘がひろげて干してあって、女持ちの蛇の目もあり、路地の明るい彩となっていれば、これも昨日雨に濡れた舟を、客を乗せてすぐにも出せるように、若い男たちが掃除しているのが、川筋のどこにも見出せる。橋をくぐって、すぐに出た大川で、白魚がとれたくらいなのである。

（このころの神田川の水は、きれいであった。

川水は、晴れた空の色をうつして、舟や石崖の影を伸び縮みさせている。風もない静かな昼は、まったく、花日和の名にふさわしく、橋を渡って来る女たちの下駄の音も明るい。

（傍点引用者）

この「明るい」情景の描写からはじまって、鞍馬天狗の人柄の「明るさ」を語るくだりが頻出するのである。「いや味のない明るい人柄であった。」「どちらかというと、口数の多い方でないが、多勢いる中でなにか、ひとこと発言してもそれがいかにも所を得たぴたりとした言い分となりながら、人柄に似つかわしい穏やかで明るい調子なので、」「鞍馬天狗は、明るい声で答えてから、」「さっぱりしたご気性の」といった具合である。

そして、鞍馬天狗は、次のように述懐する。

「私の流儀が、いつも、それなのでね。取越し苦労という奴、これは、どう考えてもためにならぬから、いっさい、せぬことにしている。すべては、物事がはっきりとわかって来てからのことだろう。その前に心配するのも無駄、ついでのことに、その後にも、あまりいつまでも悦んだり悲しんだりすることも、やめることにした」
「これは、男と違って、女には無理であろうが、それにしても、人間って奴は、思ったより強いものだし、たいていのことは、時さえ経てば、だんだんと、あまり心を苦しめぬように遠ざかって行く。よく出来ていると申すのかね。おれなどは、物を早く忘れるのが好きなのだ。くだらぬことは、なるべく、その場で、なかったことにしてしまうから、人間が狡い方なのだろうな」

また、鞍馬天狗は実によく「笑う」のである。(2)「微笑した」「にこにこして」「にこりとした」という表現も多い。こういう鞍馬天狗の性格づけは、『エグモント』によって一段と強められたのは間違いないところであろう。

二

大佛次郎の『敗戦日記』の中には、「明るさ」という言葉が、大佛独特のニュアンスで使われている。昭和十九年の十月のところに、次のような「理解」に関連して用いられている。

十月一日
雨の中を七時の電車で上野へ行き高岡へ乗る。同行文報（大日本文学報国会）の橋本、国文学者の筑土

鈴寛。筑土と云う人初めて会ったが理解の明るいひとである。（傍点引用者）

昭和二十年の四月のところには、「美」と「明るさ」がつながってくる。

四月十五日（中略）
小川氏がくれたマヤ夫人（ブロボドゥール）の浮彫実に明るい。美しいものはいいものである。（傍点引用者）

昭和二十年の五月のところには、フランス文学に関して、「明るさ」がいわれている。

五月二十四日（中略）
ヴォルテール「カンディド」を読む。無邪気可憐である。アナトール・フランスなりその他の仏人の作家に流れる明るいverve（才気）の源流を感じること切なり。二度読む気はしないが読んでいいことをした。こういう文学は日本にはない。黄表紙は諷刺がもっと歪んでいて透明でない。社会状勢にも依ろうがより国民性に依るものと見よう。アランの文学語録を拾い読みする。何ものにも驚かぬ明るい人間精神、これを養い得た仏文人伝統とはいえ羨ましいのである。この件については別に書こう。（傍点引用者）

このあと、『敗戦日記』の中には「別に書」かれることはなかったが、この「国民性」についての問題は、阿部次郎の『徳川時代の芸術と社会』を読むことによって、深められている。昭和十九年十月十九日の日記に、次のようなくだりがある。

十月十九日（中略）
夜阿部次郎の「徳川時代の芸術と社会」を引出して来て再読す。前に読み方を知らざりしと云うにや。読みし記憶残っておらず。しかしこれはなかなか面白い本にて十二時近くまで読みふける。

この読書の中から、次のような永井荷風論と日本人論が生まれてくる。十月二十八日のところである。

十月二十八日（中略）
○好色大鑑やひとり寝など読むと荷風の因って来たった脉《みゃく》が明瞭である。そのことはいよいよ荷風の文学が日蔭の芸術だと云う感じを証明するだけである。その荷風が当代（戦時下）の無二の人気を読書家に持っていると云う事実は、政治が人を日蔭に追込めている現状を一番強く示しているのだ。未来に希望を持たせる文学と云うのはこの日本にはなかなか生れ得ないのである。何が人々の力となり光明となるのだろうか。横行する戦争ものが士気を鼓舞する力さえ持ち得ぬか、稀にあっても百に一つである。この奇怪さに世の所謂指導者が気がつかぬ。

　力にならぬが荷風には人が慰められるのである。この場合、書く側にも読む側にも意志はない。（傍点引用者）

これに対して、次の日の十月二十九日には次のような比較論が書かれている。

○常盤津角兵衛をかけて聞く。この軽い明るさの底に投げたものあり。次いでビゼエ[3]のアルレジェンヌ（アルルの女）を聞く。この明るさは透明である。主人公の運命を感じさせる展開の部分も透明なるに於いて変りなし。ミディ（南フランス）の陽光がさしているものとは限られず、楽の本質に依る問題である。（傍点引用者）

「常盤津」を聞いてみたりしているのは『徳川時代の芸術と社会』を読んでいる最中だからであろうが、この「徳川時代」の芸術の「明るさの底に投げたもの」があるという指摘は、北村透谷の「徳川氏時代の平民的理想」（明治二十五年七月）を思い出させる。その「第一」は、次のように書き出される。

焉馬《えんば》、三馬《さんば》、源内《げんない》、一九《いっく》等の著書を読む時に、われは必らず彼等の中に潜める一種の平民的虚無思想の絃に触るゝ思いあり。就中《なかんずく》一九の著書「膝栗毛」に対してかく感ずるなり。戯文戯墨の毒弊は世俗の衆盲を顚堕《てんだ》せしのみかは、作者自身をも顚堕し去んぬ。然れども其罪は之を独り作者に帰すべきにあらず。当時の時代、豈《あに》作者の筆頭を借りて、其陋醜を遺存せしものにあらずとせんや。

そして、次のようにこの「第一」を閉じている。

民友子先つ頃「俗間の歌謡」と題する一文を作りて、平民社界に行はるゝ音楽の調子の低くして険なるを説きぬ。民友子は時勢を洞察して、嘆慨の余りに此語を吐けり、われは日本の文学史に対してこの一種の虚無思想の領地の広きを見て、痛惻《つうそく》に勝《た》へざるなり、彼等は高妙なる趣致ある道徳を其門に辞《こば》み、韻調の整厳なる管絃を謝して容れず、卑野なる楽詞を以て飲宴の興を補ひ、放縦なる諧謔を以て人生を醜殺す。三絃の流行は彼等の中に証をなせり、義太夫常盤津より以下短歌長歌《はうたながうた》ことぐく立ちて之れが見証者たるなるべし。われは彼等の無政府主義なりしや極端なる共和主義なりしや否やを知らず、然れども政治上に於て無政府主義ならずとも、共和主義ならずとも、思想上に於ては彼等は純然たる虚無思想を胎生したりしことを疑はず、あはれむべし人生の霊存《スピリチュアル・エキジスタンス》を頭より尾まで茶にしてかゝりたる十返舎も、一個の傲骨男児なりしにあらずや、青山を抱いて自由の気を賦せしシルレルと、我好傲骨男子と、其揺籠の中にありし時の距離何《いくばく》ぞや。

女学子は時勢に激するところありて「膝栗毛」の版、を火《や》かんと言《いえ》り。われは女学子の社界改良の熱情に一方ならぬ同情を有つものなり。然れどもわれは寧ろ十返舎のために泣ざるを得ざる悲痛あり、彼の如き豪逸なる資性を以て、彼の如きゼヌインのウイットを以て、而して彼の如くに無無無の陋巷に迷ひ、無無無の奇語を吐き、無無無の文字を弄して、ついに無無無の代表者となつて終らしめたるもの、抑も時代の罪にあらずして何ぞや。（傍点原文）

この透谷の文章の中にも、「常盤津」や「シルレル」が出てくるのは注意をひくところだが、大佛次郎のいう「明るさ」が、こういう透谷の文明批評にも通じる深い背景を持ったものであることは重要な点である。さらに、それが、「何ものにも驚かぬ明るい人間精神、これを養い得た仏文人伝統」を視野に入れたものであること、また『エグモント』のゲーテにあらわれた全人性、ヨーロッパのヒューマニズム、高い人間性といったものにつながるものであることも、大事な点である。[4] いわゆる大衆小説的な浅薄な「明るさ」ではなかった。ここにも大佛次郎が、大衆小説家を突き抜けて行く動力があったのである。

だから、大佛次郎のいう「明るさ」は、もちろん表面的な「明るさ」でないことはいうまでもないが、次のような昭和十九年十一月四日の日記の記述に見られる、或る意味で荘厳ともいえる高みにまで達していたのである。

十一月四日（中略）

○関大尉の家では若い同期生がかわるがわる弔問に来て、玄関でこの度はお目出とう御座いますと挨拶する。主人の父親がまるでお正月が来たようでと笑って話したと吉野さんの話。これは明るいものである。（傍点引用者）

戦時中の、この『敗戦日記』の期間において、「明るさ」という言葉がこのように多く使われていることの、或る意味でのすごさを感じざるを得ないが、いずれにせよ、大佛次郎が、この苦難の時期にかえって、自らの向日性とも云うべき「明るさ」を明確に意識したことは、その後の文学的展開に大きく作用したに違いない。『天皇の世紀』は、たしかに「未来に希望を持たせる文学」であった。「明るさ」は例えば、『天皇の世紀』の中の、吉田松陰の描き方にもあらわれているように思われる。「大獄」の巻の中で、次のように「明るい」という言葉が出てくる。

その前の吟味（十月五日）の後には、松陰は死罪とは考えず、重ければ他家預け、軽い時は故郷萩の城下に帰って、これまでのように蟄居の生活をするものと見越した。明るい気性が太陽の方を向かせるのである。吟味役が寛容だったのは、彼の無垢で正直な態度が原因で、これに反映したものだったとは感じなかった。また彼は生きて、命の或る限り出来るだけのことを尽くす熱意で一杯だし、それを思って心は楽しかった。（傍点引用者）

この重要なキイワードになる「明るさ」が、ゲーテの『エグモント』に触発されたものだったことは、興味深いもので、鞍馬天狗という幕末に活躍する主人公は、「徳川氏時代」の武士であったのではない。実は丁髷をつけたエグモントだったのである。

注

(1) ゲーテの『エグモント』についてはベートーヴェンの、序曲ヘ短調作品八十四が有名である。この曲は、悲愴で重厚な音楽であり、エグモントの性格をベートーヴェンがどのようにとらえたかが分かる。そういう点からいっても、エグモントに、「明るさ」を見た大佛次郎の把握は、ユニークなものといえるであろう。

(2) 二十世紀最大のプロテスタント神学者カール・バルトについて、「笑うバルト」といわれることがある。神への信仰にしっかりと立ち、その向日性の裡に「笑う」バルトと、「笑う鞍馬天狗」とはもちろん同じではないが、この「笑う鞍馬天狗」の「笑い」も、たんなる「笑い」ではなく、「笑う大佛次郎」の「笑い」も性格や気質を越えた次元の何ものかであるように思われる。

(3) ここでビゼーの音楽が出てくることは、発狂直前のニーチェが『ヴァーグナーの場合』の中でヴァーグナーの音楽の暗鬱を非難して、ビゼーの『カルメン』の「明るさ」を絶賛した故事を思い出させる。

（4）この点から思い出されるのは、『天皇の世紀』を昭和四十七年七月に休載したときの「休載にあたって」の中の次のような文章である。「お休み中は、ここのところ永い間捨てて顧みなかったフランス文学のおさらいに戻ります。『天皇の世紀』とはまったく異質のものですが、実を申しますと、『天皇の世紀』が人並みのものとして読まれたのは、私の若い時のフランス文学の勉強が下地となっていたのです。杖を曳いて、そこへ戻るわけで、楽しくないことはありません。」

II

一　江藤淳

えとう・じゅん（一九三二―一九九）文芸評論家。『小林秀雄』『成熟と喪失』『漱石とその時代』『閉された言語空間』、『江藤淳著作集』全6巻・続5巻（講談社）

最後の「文芸評論家」

私が、江藤淳氏の自殺を知ったのは、北欧の旅に向う飛行機の中であった。前日、成田空港近くのホテルに泊まり、ニュースも見ず新聞も読まないままに慌しく搭乗手続をすませ、座席に着いて一息ついたとき、斜め前の男性が読んでいる新聞の一面に、江藤氏の死が顔写真入りで大きく報じられているのが見えた。

驚いて、客室乗務員に新聞を持って来てもらい、その記事を一気に読んだ。その間の、実に複雑な気持ちをうまくいいあらわすことはどうも出来そうにない。ただ、そのとき、かつて二葉亭四迷が川上眉山の自殺を聞いて、妻宛ての手紙の追伸に洩らした述懐を思い出したことはよく覚えている。

眉山が三十九歳で自殺したのは、明治四十一年六月十五日である。丁度ロシア行きの船中でこの悲報を耳にした二葉亭は、十八日付の書簡の「二白」に、「眉山の自殺には一驚を吃し申候　これにつけても文士生活はいやなものに候」と書いた。私は、ついに自殺に終わった文芸評論家「生活はいやなもの」だとつくづく感じた。自分も「文芸評論家」であるから、他人事とは思われなかった。

北欧に旅する目的は、フィンランドの作曲家シベリウスについて批評文をいずれ書きたいと思っているので、一度その風土を知っておきたいということだった。月刊誌『発言者』に連載することになった、「国のさゝやき」と題したクラシック音楽をめぐっての批評文にとりかかった頃で、丁度第一回目の「序章」が載った八月号が七月十五日に出たばかりだった。その発売後、一週間ほどで旅立ったのである。

一九八七年秋から一九八九年夏まで『三田文学』に八回連載し、一九九〇年に一冊として上梓した『内村鑑三』以来、「文芸評論家」と名乗っていることからまわってくる「現代文学」の小説を「時評」する仕事に、私はもうずいぶん前から愛想が尽きていた。

そんなとき、クラシック音楽という「芸術」を対象とする批評文を書く機会が与えられたので、私は何か新しい批評のスタイルが発見できるような予感がして、その方向に思いきって一歩踏み出したのだった。もうこれで、「現代文学」という「いやなもの」とは、お別れだ、という思いで北欧への旅を計画したのである。これからの批評文の対象は、もっと堅いもの、にもかかわらず、ではなくそれ故に、批評の即興を可能にするものになるはずだった。

そういうことを考えていた私にとって、江藤淳氏の自殺は、「現代文学」離れを加速させるものとなった。北欧を旅行している間、折に触れ、江藤氏の死について考えをめぐらしたものだが、その死は「文芸評論家」の終焉を象徴しているという思いがだんだん濃くなっていった。

文学者の自殺は、眉山の他にも、北村透谷、芥川龍之介、太宰治、三島由紀夫、川端康成などがすぐ思い浮かぶが、事情はそれぞれであり、理由は個人的なものであったとしても、文学者の自殺は、不思議と時代思潮の動きを反映しているものである。

江藤氏の自殺は、「文芸時評」を中核とする「文芸評論家」という仕事がもはや社会的にも、さらには文学的にも意味を持たなくなったことを象徴するものであったように思われる。氏の死ぬ十年前に、二十年に及ぶ「文芸時評」が集大成されて『全文芸時評』と題した大部な上下二冊が刊行されたが、これらの文章は、時代と「相渉」り得た最後の「文芸時評」に他ならなかった。そういう意味で、江藤氏は最後の「文芸評論家」であったといえるであろう。

江藤淳氏の自殺は､私に「文芸評論家」の晩年の難しさという問題も考えさせるものだった。「六十年の荒廃」について語った氏の死後、この五年間の「現代文学」の「荒廃」は、ついに来るところまで来た感がある。私は、こういう「いやなもの」とつきあって人生の晩年を無駄にすることをやめた決断を、間違ってはいなかったと信じている。二週間の北欧の旅から帰ってから、私ははっきり意識して「文芸批評家」を肩書に使うようになった。

二　福田恆存

ふくだ・つねあり（一九一二―一九九四）評論家、劇作家、演出家。『作家の態度』『人間・この劇的なるもの』、『福田恆存全集』全8巻（文藝春秋）

福田恆存と「絶対神を必要としなかった日本人」

小林秀雄が、坂口安吾との有名な対談「伝統と反逆」（昭和二十三年）の最後のところで、福田恆存のことが話題になったとき、「福田という人は痩せた、鳥みたいな人でね、いい人相をしている。良心を持った鳥のような感じだ。」と語ったことはよく知られているが、小林秀雄の「真贋」を見抜く批評の眼力がここでも発揮されていて、さすがといわざるを得ない。「良心」という言葉が使われている点が、画期的である。

福田恆存というと、その頭の良さが云々されることが多いが、福田は「知性」の人というよりも「良心」の人なのである。「知性」の人ではあるが、その「知性」は「良心」に根差しているといってもいいかもしれない。いずれにせよ、福田において、特筆すべきなのは「良心」なのである。

このことをまずいっておきたいのは、近代日本において「良心」を持たない「知性」(これは本来の「知性」ではないが)が跋扈していたからである。これは、現在も何ら変わっていないどころか、もっと悪化している。「知性」がほとんど「情報力」と違わないものとなっていけば、「良心」など消え去ってしまうからである。

福田の近代日本の知識人に対する批判の核心は、この「良心」の欠如である。今日では、「良心」なき「知の巨人」なる化物が、肯定的に評価されるまでに人間観は倒錯している。

その「知性」から生まれた福田の言説を学んでいる日本人が今日でも多くいるのは、河上徹太郎や中村光夫がほとんど忘れられている現状からすれば喜ばしいことに違いないが、その「良心」を学んでいる人は少ないであろう。福田を学ぶとは、実は「良心」を学ぶことであり、自分に「良心」があるかを振り返ることなのである。

福田の思想の最も奥の源泉

福田は、晩年にいたるまで「良心」を持ち続けたが、特にその「良心」が強く発揮されたのは、小林が「良心を持った鳥」と評した年の前年昭和二十二年に書かれた「近代の宿命」であろう。ここには、近代の日本に対して「良心」ある「知性」が真剣に対峙したとき、どのように思考したかが見事に表現されている。まさに、「良心を持った鳥」の思考である。

この長篇評論は、福田恆存の中核であり、かねてより私は福田の思想の最も奥の源泉はここにあると思っている。福田自身、晩年に出た『福田恆存全集』の巻末に付された「覚書」の中で「晦渋な文章であるが、私としてはこれを逸するわけにはいかない。」と書いている。

この「晦渋な文章」の中には、「今日ぼくたちは近代の確立をなしえなかつたことを反省してゐるが、そのまへにぼくたちはぼくたちの中世をもちえなかつたことについて悔いるべきではなからうか――ぼくたちがぼくたちの神をもちえなかつたことを。日本の近代に対する反省がただ近代にのみとどまり、中世にまで想ひ及ばぬとすれば、ぼくたちは依然としてヨーロッパと日本との落差についてなにごとをも知りえぬままにとどまるであらう。」というような言説がある。日本の近代は、西欧の近代を学んだだけだから、「近代の確立をなしえなかつた」のであり、実は西欧の中世をも学ばなければならなかったのである。

この福田の卓見に、私は虚を衝かれたように感じた。今から十年ほど前、五十歳の頃に、英国の中世の古都、カンタベリーに半年滞在したのも、この福田の言葉の影響だった。その半年間、中世の歴史書や神学書ばかり読んで、いわば中世漬けになってみたのである。そのとき、「ぼくたちがぼくたちの神をもちえなかつたこと」の「悔い」が痛切に感じられた。

また、福田恆存といえば、保守ということがすぐいわれる。保守にもいろいろあるから、正統的な保守と呼んだりされる。確かに、保守という言葉は、近代の日本においては曖昧であり、混乱した概念だが、しかし、保守というと大体のイメージはあるであろう。そのようなイメージと、福田の次のような「近代の宿命」の中にある言説とは、ずいぶんと違っている。ここで、「ぼくたちがぼくたちの神をもちえなかったこと」が問題にされている。

明治におけるぼくたちの先達が反逆すべき神を持つてゐなかつたこと、そのことのうちに日本の近代を未成熟に終らしめた根本の原因が見いだせよう。なぜなら神といふひとつの統一原理はその反逆において効力を失ふものではなく、それどころか反逆者の群と型とを統一しさへする。ひるがへつてぼくたちは近代日本にいかなる統一原理を見いだせようか。また近代を過去のアンチテーゼとして成立せしめる歴史的一貫性をどこにみとめえようか。答へは、なにも、どこにも、である。ところで、つぎに、近代日本ははたしてなにもどこにも見いだせぬ空虚のうちに絶望を体感したであらうか。その空虚に堪へたであらうか。いや、けつしてさうではなかつた。明治政府の指導者たちは、自分たちも、また国民も、絶対にそのやうな空虚に堪へえぬことを知つてゐた。天皇の神格化とはこの空虚感を埋めるためにもちだされた偶像以外のなにものでもない。それは復古ではなく、日本の近代を日本流に成立せしめるための指導原理であり統一原理であつたにすぎぬ。天皇制によつて近代の確立が未熟に終つたなどといふのはまことにあやふやな観念論である。むしろ日本の近代がさほど混乱を惹起せずにすんだのは天皇制の支へがあつたからにほかならぬ。ぼくはその事実をもつて天皇制を擁護しようとするのではもちろんない。むしろそれゆゑにこそ天皇制の虚妄なることを立証したいのである。

ここにはっきりと見てとれるように、福田恆存は、世上で云々される保守とは、全く違うのであって、その思想の源泉はもっと深いのである。そこから生まれたものが、昭和三十二年に集中して発表された「個人主義からの逃避」「西欧精神について」「絶対者の役割」の三編である。これらは、「近代の宿命」で論じた、近代と神の問題から生み出されたものであるが、近代日本における「クリスト教」、あるいは「絶対者」の問題を真正面から論じた、日本の文芸批評の世界では実に貴重なものである。「絶対者の役割」の中では、次のように書いている。

「和魂洋才」をいふ文化主義者は、精神と物質とを器用に腑分けして、西洋人とつきあひ、文明の利器を輸入してもクリスト教は断らうとした。なるほど、現代の日本にクリスト教勢力は大してのびてゐないかもしれませんが、文明の利器をどんどん輸入し、その技術まで立派に身につけるにいたつて、私たちはやうやく何かが不足してゐることに気づきはじめた。ひよつとすると、クリスト教を受けいれなかつたことがまづかつたのではないか、さう思はれるのです。

また、「個人主義からの逃避」は、次のように結ばれている。

神のない日本、絶対神を必要としなかつた日本人、さういふ主体の分析にまで迫らなければ、どうにもなりません。さらに、それをみごとに分析しえたところで、それだけでどうなるといふものでもない。が、その自覚なしに、近代文学がどうの、近代精神がどうのといつても、いたづらに混乱をまきおこすだけで、すべては無意味であります。個人主義といふこと一つを採りあげても、それは神といふ前提なくして生じえないし、それに徹しようとすれば、どうしても神の問題にぶつからなければならないはずです。個人主義ばかりではない。民主主義にしても、自由にしても、平等にしても、すべてが神の問題に結びついてゐる。

ただ、神などをもちだすのは、私も日本人の一人として、いかにも大仰で照れくさい。が、それを照れくさいとして避ける気もちが、あるいは、それを「観念論」として軽蔑する態度が、ますます私たちをして西欧の精神と文学とを理解せしめなくしてゐることだけは事実です。その意味では、もう一度、明治の精神に立ちかへつてみる必要がありはしないでせうか。クリスト教に真向うからぶつかつてみる必要がありはしないでせうか。

このような福田の言説は、「和魂洋才」を良しとしている「文化主義者」が跋扈している現代の日本では、あえていえば封印されているものであり、福田を、保守派の論客の中の偶像として崇めている人たちからも、避けて通られているものである。何故なら、彼らは「神のない日本」「絶対神を必要としなかつた日本人」で、何が問題なのだ、それでいいじゃないかと考えているからである。

しかし、そういう浅い認識では、福田がいうように、日本の近代の問題を論じたところで、「いたづらに混乱をまきおこすだけで、すべては無意味」なのである。この「混乱」を豊かな多様性であるかのように錯覚しているという「無意味」な知的風景が、今日の日本に覆っている。

今日、福田恆存という近代日本における稀なる「良心を持った鳥」の本質を衝いた思考から学ぶべきものは、この「もう一度、明治の精神に立ちかへつてみる必要がありはしないでせうか。クリスト教に真向うからぶつかってみる必要がありはしないでせうか。」という根本的な問いかけである。この二つの問いかけは、実は一つである。というのは、「明治の精神」とは、「クリスト教に真向うからぶつかつ」た精神だからである。今や、福田恆存から、「保守派の論客」という無意味なレッテルをはがすべきときであろう。自ら「カトリックの無免許運転」と語ったことの意味は、普通に考えられているよりも深いのである。

「それだけでどうなるといふものでもない」

「近代の宿命」は、次のように結ばれる。

いまや、ぼくたちはぼくたちの立つてゐる位置をはつきりと見きはめてゐる。神と理想人間像となくして、個人の確立もその超克もありえぬことを。また肯定すべき、あるいは否定すべきなにものもありえぬことを。そして獲得すべき、あるいは抛棄《ほうき》すべき、いかなる夢もありえぬことを。ぼくたちはなにを目標にして刻苦するのか、またなにを基準としてそこから堕落するのか。しかもなほ確立と超克と――そしてそれがどこへ道を通ずるか、なんでぼくたちがそれを知らう。が、ぼくは知つてゐる、唯一のことを知つてゐる――すなはち文学者としてのぼくたちにとつて、この絶望と希望との交錯のうちにただ静止する以外に方法のないことを。

福田は、「静止」した。ここに福田の個性があり、さらにいえば宿命がある。近代日本における神の欠落を、福田自身がいったように「みごとに分析しえたところで、それだけでどうなるといふものでもない」からである。戦後の平和論や進歩的知識人、あるいは国語問題についても同様である。「みごとに」批判しえたところで、「それだけでどうなるといふものでもない」。

福田の精神の特徴として、エラン・ヴィタールが希薄なように感じられる。福田のあの、静力学的な文体は、それを象徴している。それに比べると、小林秀雄の文体は、動力学的であるといえるであろう。

無論、むやみにエランしても無意味である。ろくな結果が生まれもしまい。確かに、福田が「静止」した地点をはっきりと認識しなければならない。しかし、「それだけでどうなるといふものでもない」。

福田が晩年、「言論の空しさ」という、ある意味で衝撃的な文章を書いたのも、深い原因はそういうところにあるのかもしれない。「言論は空しい、いや言論だけではない、自分のしてゐる事、文学も芝居も、すべてが空しい。」と福田は嘆息した。「すべてが空しい」、やはり「静止」した「精神」には、エラン・ヴィタールが到来しないからである。

だから、「明治の精神に立ちかへつてみる」「クリスト教に真向うからぶつかつてみる」ということも、「静止」した認識にとどまっていては、「すべてが空しい」であろう。「すべてが空しい」というところに至った福田の「静止」した精神の行程を振り返るとき、今日の日本で必要なのは、「明治の精神」「クリスト教」にエラン・ヴィタールの充溢の中で、エランすることである。

三　小林秀雄

こばやし・ひでお（一九〇二—八三）文芸批評家。『無常といふ事』『モオツアルト』『本居宣長』、『小林秀雄全作品』全28集・別巻4（新潮社）

透谷・小林・モーセ

一

内田魯庵の『罪と罰』が刊行されたのは、巻之一が明治二十五年十一月、巻之二が明治二十六年二月のことである。この翻訳は、周知の通り、大きな反響を呼び、多くの批評が書かれたが、それらの中でも、北村透谷のものが時流をはるかに超えた、画期的な批評であったことも、今日では既に常識に属する。

透谷の二つの文章からは様々な批評の契機が引き出され得るが、ここでは後に執筆された『罪と罰』の殺人罪」の中の次のような一節をとりあげたいと思う。

何が故に私宅教授の口がありても銭取道《ぜにとるみち》を考へず、下宿屋の婢に、何を為《し》て居ると問はれて、考へる事を為《し》て居ると驚かしたるや。

この「考へる事を為て居る」という特徴的な表現は、魯庵訳の次の箇所から来ている。ラスコーリニコフが、「下宿屋の婢」ナスターシャに、「貴君はお金子の取れる事を何にもしないぢやアありませんか」と責められる場面である。

『自己だツて為てゐる事がある』無愛想に苦々しげに答へた。
『何を？』
『何をツて、或る事をサ』
『どんな事？』
暫らく黙して躊躇《たゆた》ツてゐたが、思切ツて威勢能く『考へる事！』

ここで注意すべき点は、「為てゐる」と「考へる事」から、「考へる事を為て居る」としたのは、透谷であるということである。この表現は、透谷の精神の奥に突き刺さる力を持っていたに違いない。「考へてゐる」と「考へる事を為て居る」の本質的な差異を鋭敏に感じとったのであろう。この「名訳」には、二葉亭四迷の影が射している。魯庵は「例言」の中に次のように書いている。

一余は魯文を解せざるを以て千八百八十六年板の英訳本（ヴヰゼッテリィ社刊）より之を重訳す。疑はしき処は惣て友人長谷川辰之助氏に就て之を正しぬ。本書が幸に英訳本の誤謬を免かれし処多かるは一に是れ氏の力に関はるもの也。

英訳では、エブリマンズライブラリー、ペンギンブックスともに、"I am thinking"となっている。魯庵が使った「ヴヰゼッテリィ社刊」のものは、ただ"Thinking"のみとなっている。また、今日、行われている日本訳をみてみると、「考えてるのよ！」（米川正夫、新潮文庫旧版）、「考えごとをよ。」（中村白葉、岩波文庫旧版）、「考えごとさ」（工藤精一郎、新潮文庫）、「考えてるんだ」（江川卓、岩波文庫）、「考えごとさ」（池田健太郎、中公文庫）といった具合である。ドストエフスキイの原典のロシア語にも、「考へる事を為て居る」というようなニュアンスはないということである。

魯庵・二葉亭の「名訳」が、いかにユニークかがわかるし、それをもたらしたのは、『浮雲』において内海文三という典型を創造し得た二葉亭の力であろう。「考へる事を為て居る」ということは、二葉亭においては或る意味で、近代知識人に共通するネガティヴな一面としてとらえられていたが、透谷の場合は、ポジティヴな意味を持っていた。

島崎藤村が、『春』の中で、青木・透谷に次のように語らせたのはよく知られている。

「内田さんが訳した『罪と罰』の中にも有るよ、銭取りにも出掛けないで一体何を為て居る、と下宿屋の婢《をんな》に聞かれた時、考へることを為て居る、と彼《あ》の主人公が言ふところが有る。彼様《あゝ》いふことを既に言ってる人が有るかと思ふと驚くよ。考へることを為て居る——丁度俺のは彼《あれ》なんだね。」

これは、藤村の透谷理解が、いかに深いものであったかをを示しているが、『桜の実の熟する時』の次のような、透谷の発言はさらに重要である。

「僕は単なる詩人でありたくない、thinker と呼ばれたい」とか、左様いふ言葉が雑談の間に混って青木の口から引継ぎ〳〵出て来た。沈思そのものとでも言ひたいやうな青木は、まるで考へることを仕事にでもして居る人物のやうに捨吉の眼に映つた。

この「thinker」は、思想家というよりも思索家と訳した方が正確である。近代日本においては特に、思想家とは、西洋の出来合の思想を覚えて適当に塩梅する人間にすぎなかったからである。自分の頭で思索することは稀であった。「まるで考へることを仕事にでもして居る人物」こそ、思索家である。思索そのものが目的なのである。思想家は、「考へてゐる」ところまでは行く。しかし、真の思索家は、「考へる事を為て居る」という境地にまで達するのである。

一方、小林秀雄は、思索家と呼ばれるにふさわしい人間である。山本七平は、小林のことを「不世出の思索家」と呼んだ。高橋英夫は、「根源的思索者」といい、「有史以来二千年におよぶ日本人の精神史を見渡したときに、小林秀雄はその中で最も大きな十人のうちの一人であっただろう。」と断言した。

この「根源的思索者」の風貌について、例えば大岡昇平は、「彼は昭和三年に初めて会った頃と同じように、頭の横っちょの髪を指でつまんで、まるめながら、（これは彼の考える時の癖である）うつむき加減に前方の地面を真直に見詰めながら、疾風のように過ぎた。（中略）私達は声を掛ける隙もなかった。また掛ける気にもならないくらい、真剣な思い詰めた顔だった。」と書いている。小林秀雄の有名な表現をもじっていえば、思索する小林秀雄がいる、小林秀雄の思想というようなものはない。

これに類した証言は、他にも多くのこっているが、小林秀雄も「考へる事を為て居る」人間であった。「考へてゐる」程度の人間は、いくらでもいる。「考へる事を為て居る」というところまで突き抜けた人間が、稀なのである。昭和十三年の「雑記」の中で、小林は「手際のよい解決乃至は解説を書くことが論文を書くことになつて了つてゐる。疑問が問題を提出するのには独創性が必要だ。はげしく考へる事が必要だ。併し解決するのには、模倣か整理で屢々事が足りるのである。」と書いた。小林はまさに「はげしく考へる」人である。この引用につづけて、田辺元の『哲学と科学』について、「一読し何故こんな本が有難がられるのか解らぬ気がした。本を沢山読み、ものを整理する術を知つた人の書で、ほんたうに物を考へた人の書ではないと思つた。」と書いているが、日本では今日もまだ田辺元的知識人が横行している。

中村光夫は近代日本における、真の批評家は、透谷と小林の二人だけだといったが、それは、この二人だけが、「考へる事を為て居る」という境地から、言葉を引き出していたということに他ならない。そして、この二人の批評において、批評が詩になるということが起きた。それは、小林が「作家の顔」の中で引用したフロベールの言葉「極度に集約された思想は詩に変ずる」ということが実現したということである。「考へる事を為て居る」とは、或る意味で思想を「極度に集約」することだからである。

二

「考へる事を為て居る」思索家は、「心宮内の秘宮」に達する。「各人心宮内の秘宮」の中で、透谷は次のように書いている。

心に宮《みや》あり、宮《みや》の奥に他の秘宮あり、その第一の宮には人の来り観る事を許せども、その秘宮には各人之に鑰《かぎ》して容易に人を近《ちかづ》かしめず、その第一の宮《みや》に於て人は其処世の道を講じ、其希望、其生命の表白をなせど、第二の秘宮は常に沈冥《ちんめい》にして無言、蓋世《がいせい》の大詩人をも之に突入するを得せしめず。

今の世の真理を追求し、徳を修するものを見るに、第一の宮は常に開《あ》けて真理の威力を通ずれど、第二の宮は堅く閉ぢて、真理をして其門前に迷はしむるもの多し。第一の宮に入るの門は広けれども、第二の門は極《きはめ》て狭し。

「考えている」というのは、この「第一の宮」の世界であり、「考へる事を為て居る」ことによってはじめて、「第二の宮」に達することができるのである。透谷と小林は、この「秘宮」に突入した人間であり、その批評は、そこからくみ出されたものである。それが、世の多くの「評論」、この「第一の宮」の中をあれこれと歩きまわっているものとの決定的な違いである。

ちなみに、この「各人心宮内の秘宮」は、「内部生命論」の前提とも見なされる論文（勝本清一郎）といわれることがあるが、私見によれば、前者の方がはるかに本質的で、重要であると思われる。「内部生命論」は、その「内部」を「第一の宮」ととらえれば、知識人、文化人にも抵抗感がなく理解され易いのである。「内部生命論」では、「秘宮」がはっきりと打ち出されていないからである。これは、発表の場も作用しているかも知れない。「内部生命論」は、『文學界』であり、「各人心宮内の秘宮」は、『平和』なのである。

小林の批評にも、「秘宮」の消息を感じさせるものが少なくない。例えば、「モオツァルト」の中で、ベートーヴェンの音楽に対するゲーテの反応について、次のような個性的な表現をしている。

恐らくゲエテは何もかも感じ取つたのである。少くとも、ベエトオヴェンの和声的器楽の斬新で強烈な展開に熱狂し喝采してゐたベルリンの聴衆の耳より、遙かに深いものを聞き分けてゐた様に思へる。妙な言ひ方をする様だが、聞いてはいけないものまで聞いて了つた様に思へる。ワグネルの「無限旋律」に慄然としたニイチェが、発狂の前年、『ニイチェ対ワグネル』を書いて最後の自虐の機会を捉へたのは周知の事だが、それとゲエテの場合との間には、何か深いアナロジイがある様に思へてならぬ。それに、『ファウスト』の完成を、自分に納得させる為に、八重の封印の必要を感じてゐたゲエテが、発狂の前年になかつたと誰が言へようか。
二人とも鑑賞家の限度を超えて聞いた。

「聞いてはいけないもの」とは、「秘宮」の消息であり、「鑑賞家」とは、「第一の宮」までのものを聞いて満足している人のことである。この「秘宮」に対して、小林も極めて敬虔であって、「聞いてはいけない」といったような「禁止」の言葉が使われるのである。

「ランボオⅢ」においても、ランボオの「アフリカの砂漠」行について、「何が彼を駆り立てたのか。恐らく彼自身、それを知らなかつた。僕等も知らぬ。恐らく知つてはならぬ。」と書く。「知つてはならぬ。」、この「禁止」は何故か。これが、ランボオの「秘宮」に関することだからである。

そして、また、「僕等」の「秘宮」に関わることだからである。「考へる事を為て居る」透谷と小林は、「秘宮」の消息に「推参」している。その批評の言葉は、そこから洩れてくるのであり、「鑑賞家」にとどまる批評家の群れの中で、二人が質的に傑出していた所以もそこにあるのである。

三

「考へる事を為て居る」批評家は、「秘宮」に達し、「文化」の外に出る経験を有する。「緑雨・コロッケそば・荷風」と題した文章（『批評の時』所収）に書いたことだが、緑雨の批評は、いわば「文化内」批評であり、透谷の批評は、究極的に「文化外」からの批評である。「批評は『文化』を超越したところに視点を究極的に置いていなければ、深遠なものにはならない。この点が、緑雨の批評に透谷の批評の持つ根源性が欠けている大きな理由であろう。」と私は書いた。

透谷は、「各人心宮内の秘宮」の中で、「蛮野より文化に進みたるは左《さ》までの事にあらず、この霊能霊神を以て遂には獣性を離れて、高尚なる真善美の理想境に進み入ること、豈《あに》望みなしとせんや。」と書いている。「文化」は、「左までの事にあらず」なのである。だから、透谷を、「文化内」でとらえようとすることは、結局「左までの事にあらず」なのである。浪漫主義、自由民権運動、恋愛論、平和主義などの「近代」の価値観からの透谷評価に、私が余り興味を感じないのは、それらが所詮、「文化内」のものだからである。

小林秀雄は、河上徹太郎との対談「白鳥の精神」の中で、次のようなことを言っている。

でも僕はあれだな、批評なんか書いているせいもあるけれども、正宗さんというのは、書いているものを重んじないだろう、ちっとも。書いてるものを重んずる人は、僕には面倒臭いのだな。だから正宗さんみたいにぜんぜん重んじない人にはね、まだもう一つ先きがあるのだ。文学よりもう一つ先きのものがある。それがいつも頭にあってね、文学なんてものは手前のものでね、別にどうということもないと考えがいつもあるだろう。

ここで、「文学」は「文化」といいかえてもよい。「文化よりもう一つ先き」、この「文化外」のヴィジョンが、白鳥にあり、それを指摘する小林にも強くあるのである。それは、「ランボオIII」の中の、次のような告白に通ずるものである。ランボオの詩の一節を引用したあとで、小林は書いている。

——或る全く新しい名付け様もない眩暈が来た。その中で、社会も人間も観念も感情も見るうちに崩れて行き、言はば、形成の途にある自然の諸断面とでも言ふべきものの影像が、無人の境に煌き出るのを、僕は認めた。而も、同時に自ら創り出したこれらの宝を埋葬し、何処とも知れず、旅立つ人間の、殆ど人間の声とは思へぬ叫びを聞いた。生活は、突如として、決定的に不可解なものとなり、僕は自分の無力と周囲の文学の経験主義に対する侮蔑とを、当てどもない不幸の裡に痛感した。

「社会も人間も観念も感情も」とは、いわば「文化」であって、それが「崩れて行」って、「無人の境」という、いわば「文化外」につれ出されたのである。「文学の経験主義」とは、「文化内」に安住している作家たちの所産にすぎない。

「生活は、突如として、決定的に不可解なもの」となったということ、これは、「文化内」で営まれている「生活」が「決定的に不可解」になったということである。中村光夫は、「この告白は重要です。」といい、『生活』が不可解になつたとは、逆に云へば氏に何か別のものが『決定的』に解つたといふこと」だと書いている。「何か別のもの」とは、「文化外」に、「文化よりもう一つ先き」にあるものに他ならない。

日本は、「文化内」のもので自足している傾向が強い国である。そういう精神風土にあって、波多野精一は、『時と永遠』の中で次のように「文化」を根源的に批判した。

文化的生は自然的生を又歴史的時間は自然的時間を基体としてその上に立つものであり、従ってそれを担ふ地盤の制約と影響とを脱し得ない。一切を担ふ「現在」は依然絶え間なき移動転化を示す現在である。無の中より浮び上る如く見える過去はただ絶えず無の中に沈み行く現在によってのみ支へられる。生は滅びることを知らぬであらうが、それは現在が持続する限りといふ条件の下においてに外ならぬ。その恒常性は結局瀧つ瀬を彩る虹のそれ以上のものではあり得ぬであらう。（中略）過去と将来とのいつも新たなる色彩華やかなる交互聯関は、結局絶えず壊滅の中に消え失せて行く自己の姿を蔽ひ隠さうとするはかなき幻の衣にすぎぬであらう。文化主義人間主義世俗主義は畢竟かくの如き自己欺瞞の所産でなくて何であらうか。

「文化主義人間主義世俗主義」こそ、日本の近代を支配した「主義」である。思潮として圧倒的であったのは、自然主義、マルクス主義、そしてヒューマニズムであろうが、これらすべてはまさに、「文化主義人間主義世俗主義」以外の何物でもないであろう。この精神風土から、脱出《エクソダス》し得た数少ない、近代の日本人の中に、批評においては、北村透谷と小林秀雄が数えられるのである。この日本の精神風土では、例えばチャイコフスキイの音楽が愛好される。しかし、小林は「モオツァルト」の中で、モオツァルトのクワルテット（K. 465）の第二楽章について「若し、これが真実な人間のカンタアビレなら、もうこの先き何処に行く処があらうか。例へばチャイコフスキイのカンタアビレまで堕落する必要が何処にあつたのだらう。」と書いた。この断言が持つ潔癖さから、「出エジプト」は開始されるのである。

四

中村光夫は、昭和五年の秋、小林秀雄にはじめて会ったときのことを語って、「これまで会つたとのある先輩の、文学者や芸術家とはまるで別種の人がここにゐる。」と感じたと書いている。島崎藤村が、北村透谷について、同じようなことを書いたとしても少しもおかしくはない。透谷も、小林も、日本の精神風土において、「まるで別種の人」に他ならなかった。

山本七平が『小林秀雄の流儀』と題した小林論を書いている。山本は、代表作『空気の研究』で、「日本に潜在する伝統的発想と心的秩序、それに基づく潜在的体制の探究を試み」、「空気《プネウマ》」が日本人および日本社会を支配していることを明るみに出してみせた。

山本七平が、小林秀雄を高く評価したのは、小林がこの「空気」から脱出《エクソダス》し得た人間ととらえたからであろう。本来、文化は文化外のものに支えられることによって、真の文化であるのだが、日本においては、特に近代日本においては、文化は、文化内だけのものになっており、そういう自閉した文化は、山本のいう「空気」を醸しだすのである。

中村光夫は、「否定の情熱の強さは、氏の初期の評論の大きな特色をなして」いるといい、「氏が批評家として登場した当初、否定の精神の権化のやうに見られたのは当然です。」とも書いている。

小林が「ランボオⅢ」の中で書いた「言はば、形成の途にある自然の諸断面とも言ふべきものの影像」は、たんなる自然ではない。小林は「大自然」といういい方をしているが、透谷の「美妙なる自然」を連想させる。たんなる自然を、透谷は、『力』としての自然」と呼んだ。

この「大自然」「美妙なる自然」は、いわば文化外のものである。だから、中村は、「氏の自然が人間の知性と、その所産である文化に対立するものであることは明か」であるといって、次のようにつづける。

この立場から、氏はしばしば「歴史」「文化」「科学」「芸術」などを否定する野人として振舞ひます。芸術家も、氏にとつては選ばれた少数の天才（すなわち精霊）をのぞけばすべてランボオのいはゆる普遍的知性に目かくしされ、歴史の柵のなかであぐらをかいた豚どもにすぎないのです。（中略）事実、氏は、その孤独な野生が培つた「自然」の感覚に照らして、時代の文化を——むろん文学をも含めて——裁断し否定することからその批評家としての仕事をはじめたのです。

この「否定する野人」という表現は、透谷にもいえるものであるし、「時代の文化を——むろん文学をも含めて——否定することから批評家としての仕事をはじめた」ということも、透谷の「当世文学の潮模様」や「時勢に感あり」などを読めば、共通している点である。透谷の、元禄文学や紅露に対する激しい批判も、明治浪漫主義からの批判のようにとらえるのは皮相な見方であって、もっと根源的な批判、文化外に出た「野人」の「裁断」であり「否定」なのである。

中村がいうように、「小林氏の初期の評論がその特異な表現形式にかかはらず、同時代の作家をはじめ、文学の周囲に集まつた青年たちに強い影響を及ぼした」のが事実として、同様なことは透谷にもいえるのであるが、透谷と小林という「特異」な批評家が、これだけの、強い影響を及ぼした」のは、この二人が近代日本において、その「空気」からの脱出《エクソダス》を呼びかける、一種のモーセの役割を果したからではないか、と私は考えたいのである。

中村光夫は、『日本の近代小説』の中で、佐藤春夫が武者小路実篤の出現は「近世思想史の上のルツソオに匹敵する」といっていることを紹介した上で、「武者小路はこの点から見ると、二葉亭の後継者ともいへるので、逍遥も二葉亭を『日本のルソー』とよんでゐます。一人のルソーのかはりに幾人かの小型のルソーの出現によつて、わが国の小説の近代化は、なしくずしに、うらはらな方向に行はれたのです。」と書いたことを思い浮べつついうならば、近代日本において、一人のモーセのかわりに幾人かの小型のモーセの出現があったことはあったのである。透谷も小林も、この「小型のモーセ」であった。

透谷は、「主のつとめ」の中で、「この事に就きては吾人之を出埃及記《しゅつエジプトき》に録《しる》さるゝを読めり。」といい、「イスラヱルの子供等が斯の悲境に沈淪《ちんりん》してありし時、神はモーセを遣はして彼等を囚禁より放ちて、カナンの陸に至らしめたり。」と「モーセ」の名を出している。

さらに重要なのは、「明治文学管見」の中で、「モーゼ《ママ》なきイスラヱル人」といういい方をして、明治維新後の近代日本における日本人の状況を、「イスラヱル人」になぞらえていることである。近代の日本人がまだ「エジプト」にのこっていること、「文化内」にいること、「空気」の中に閉じこめられていることを示唆しているし、真の思想家はモーセの役割を求められていることを意識している。透谷は、自分がその役割を果たさなくてはならないという「召命」を聴いたと思ったこともあったに違いない。「三、変遷の時代」に、次のような文脈でモーセは出てくる。

　福沢諭吉氏が「西洋事情」は、寒村僻地まで行き渡りたりと聞けり。然れども泰西の文物を説教するものは、泰西の機械用具の声にてありき、一般の驚異は自からに崇敬の念を起さしめたり、文武の官省は洋人を聘《へい》して改革の道を講じたり、留学生の多数は重く用ひられて一国の要路に登ること丶なれり、而して政府は積年閉鎖の夢を破りて、外交の事漸く緒に就くに至れり、各国の商賣は各開港場に来りて珍奇実用の器物をひさげり、チヨンマゲは頑固《がんこ》といふ新熟語の愚弄するところとなれり、洋服は名誉ある官人の着用するところとなれり。天下を挙て物質的文明の輸入に狂奔せしめ、すべての主観的思想は、旧《ふる》きは混沌の中に長夜の眠を貪り、新らしきは春草木未だ萌え出るに及ばずして、モーゼ《ママ》なきイスラヱル人は荒原の中にさすらひて、静《しずか》に運命の一転するを俟《ま》てり。

「モーゼなきイスラヱル人は荒原の中にさすらひて」とは、明治維新によって日本人が一たんは、「出エジプト」したということではないか。幕末維新期は、やはり一種の「出エジプト」であったのである。しかし、今や明治二十年半ばになって、「モーゼなきイスラヱル人」の状態におちいってしまったのである。この引用の少し先きのところでは、「敢《あえ》て国民を率ゐて或処《あるところ》にまで達せんとする的《てき》の預言者は、斯かる時代に希《ねが》ふべからず」と絶望的な観測を、透谷は吐いている。

聖書学の出版社「山本書店」の独力経営者であり、自身聖書に深い造詣を持つ人であった山本七平が、次のように書いている。

小林秀雄がどれだけ徹底的に旧新約聖書を読んだか、といった研究があれば、一度、読んでみたいという気がする。彼は大変な「聖書読み」であったに相違ない。たとえば前に引用した彼の文章の中に「ヱホバの言葉、我心にありて、火のわが骨の中に閉ぢこもりて燃ゆるが如くなれば……」「天よきけ、地よ耳をかたぶけよ」「静かなる細微き声」「賢者なんぞ愚者に勝るところあらんや」が聖書のどこからの引用でだれの言葉か即座にいえる人は多くないであろう。細かい点は略すが、最初がヱレミヤ、二番目がイザヤ、三番目がエリヤ、四番目がコーヘレスだが、その選択は預言者なるものの特色と知恵文学なるものの特色を実によくつかんでいる証拠といわねばなるまい。

こう書いた山本は、小林の『ゴッホの手紙』の冒頭の「旧約聖書の登場人物めいた影」という一節にこだわっている。周知の通り、ゴッホの絶作「鳥のいる麦畠」の前で、「しやがみ込んで了つた」小林は、次のようにその画について書いている。

熟れ切つた麦は、金か硫黄の線條の様に地面いつぱいに突き刺さり、それが傷口の様に稲妻形に裂けて、青磁色の草の線に縁どられた小道の泥が、イングリッシュ・レッドといふのか知らん、牛肉色に剝き出てゐる。空は紺青だが、嵐を孕んで、落ちたら最後助からぬ強風に高鳴る海原の様だ。全管絃楽が鳴るかと思へば、突然、休止符が来て、鳥の群れが音もなく舞つてをり、旧約聖書の登場人物めいた影が、今、麦の穂の向うに消えた——僕が一枚の絵を鑑賞してゐたといふ事は、余り確かではない。寧ろ、僕は、或る一つの巨きな眼に見据ゑられ、動けずにゐた様に思はれる。

山本七平は、この「旧約聖書の登場人物めいた影」について、小林がどの預言者を思い描いていたかという興味深い問いを立て、ゴッホの「深い真面目な愛」から、ホセアを考えて、「ホセア書の中から、ゴッホの行為を連想させるところを引用」している。

しかし、私は、この「旧約聖書の登場人物」は、モーセではないかと推測している。「或る一つの巨きな眼」は、ホセアには余りピンと来ないし、やはりモーセにこそふさわしい。そもそも、ランボオとは大「脱出」者であったし、小林は、ゴッホにも、モーセの「脱出」への呼びかけを聴きとったのではないか。そして、「僕は、或る一つの巨きな眼に見据ゑられ、動けずにゐた」のは、この時期あたりから、小林秀雄が、「エジプト」に、「日本」に戻ろうとしていたからではないか。その気持ちに、突き刺さってくるものだったのではないか。

北村透谷は、砂漠で一人で死んだモーセであり、小林秀雄は、砂漠から戻ってきたモーセである。

山本が、小林にも「分らぬ対象」があったとして、「まず砂漠だ」といっているのは、興味深い指摘である。初期小林秀雄が終わって、中期、さらに後期にさしかかってきて、小林秀雄の胸の中に、自ら訳したランボオの「あゝ……／――おれもやがては慣れるのか。／これがフランス人の生活というものなのか、あゝ、名誉への道とは。」という詩句が蘇ったことであろう。そして、小林は『本居宣長』で戻ったつもりであったが、絶筆の正宗白鳥論でまた、最後の力をふりしぼって、また、出ていこうとしたのであろう。しかし、途中で倒れたのである。白鳥論の紆余曲折ぶりはトルストイの野垂れ死を連想させる。

透谷というモーセの声に従って立った人間に、島崎藤村を考えるとしたならば、小林というモーセの声に従って立った人間に、中村光夫を当てることができよう。「当時の僕が氏にたいして抱いた感情は友情といふよりむしろ恋愛に近かつたと思ひます。」と中村は、回想している。

藤村は、透谷について、「エジプト」の縁までは行った。しかし、それ以上行かなかったように思われる。そして、藤村は、一人で歩いていく透谷を、深い理解と愛情をこめた眼差しで見送ったのである。しかし、自分は踏みとどまった。それが、藤村という人であった。「エジプト」の縁にいつづけて、成熟しながら、『春』を書き、ついに、『夜明け前』を完成させた。これらの作品が、透谷への深いオマージュでもある所以である。

初期小林について行った中村は、或る意味で、小林・モーセよりも、先きに出たといってもいいかもしれない。「否定の精神の権化」小林でさえ、志賀直哉は格別であって、賞讃したし、谷崎潤一郎も認めたのであったが、中村は、周知の通り、『志賀直哉論』、『谷崎潤一郎論』において、完膚なきまでに批判したのであった。その否定において、あの「です、ます」の文体は有効であった。小林は中村光夫全集に寄せた文章（昭和四十六年）で、「中村君が、文芸評論の世界に、言文一致の独得な文体を導入したのは周知の事だ。」といい、「私が感受するところでは、中村君の文体は、かう言ってゐるやうに思はれる、自負心と依頼心とから思ひ切つた離脱を行つてみなければ、自分に本当に批評といふものが出来るかどうか解らないではないか、と。」と書いている。「自負心と依頼心」は「エジプト」のものであり、中村はそれらから「離脱」、すなわち「出《しゅつ》」したのである。

そして、小林が戻り出した頃から、中村は小説を書きはじめ、或る意味で混迷していったのである。ついていけばよかったから、中村は二十三歳という若さでデビューできてしまった。しかし、小林が戻るのを見て、中村には、『わが性の白書』や『贋の偶像』に書かれるような「エジプト」の諸問題が、噴き出してきたのである。これらの小説群は、中村光夫の名声に何一つ、つけ加えるものではあるまい。

北村透谷と小林秀雄が、近代日本における傑出した二人の批評家であったのは、一種のモーセの役割を果たしたからであり、その批評の営為は、このような精神的な劇を孕んでいたのである。しかし、透谷は、一人足早に出ていって死んでしまったし、小林は途中で戻ってきてしまった。ここに、極めてクリティカルな課題が、今日の我々日本人にのこされているのである。

透谷と小林という、偉大な二人の先達の足跡を踏まえたとき、批評家として生きる道は果たしてどのようなものが可能であろうか。「ゆっくりと出て行く」ということがあり得るのではなかろうか。透谷や小林のように、アレグロではなく、アンダンテで。「出エジプト」をすでに精神の中で充分経験した上で、精神の羅針は、しっかりと「出エジプト」の方向を保ちながら、一本の細い道を、「エジプト」の誘惑を絶えず退けつつ、アンダンテで歩いて行く。そのとき、「批評」とは、一本の細い道を確認し、見失わないための営為であり、また、「エジプト」を批判する作業でもあるであろう。「批評」とは、ついに「出エジプト」の道である。

「空気」から脱出《エクソダス》する「流儀」

一

山本七平の代表作『「空気」の研究』が刊行されたのは、昭和五十二年である。その本で、山本氏は、「日本に潜在する伝統的発想と心的秩序、それに基づく潜在的体制の探究を試み」、「空気《プネウマ》」が日本人および日本社会を支配していることを明るみに出してみせた。

青年時代から、軍隊生活を経て、戦後社会を聖書学の出版社「山本書店」の独力経営者として生きてきた、それまでの「実生活」で違和感を抱きつづけていた、日本人と日本社会を拘束している正体が、「空気」であることを発見したとき、恐らく、山本七平の思索の「流儀」は定まったのである。

昭和五十八年三月一日に小林秀雄が八十一歳で死んだ直後から、『新潮』誌上に書かれた六つの文章をまとめた本書(『小林秀雄の流儀』)も、この「流儀」が、背景としてあるように思われる。例えば、第四章「小林秀雄と『悪霊』の世界」の中で、小林がドストエフスキーの『悪霊』についての批評文を、「未完」のままにしたことに触れて、その理由は日本とロシアの文化の違いが、書きすすめるうちに小林に明らかになっていったからであるとして、日本にこの小説執筆の直接の動機となった「ネチャーエフ事件」と似たような事件が起きてもロシアの悪霊は登場しないと指摘している。そして、「だがおそらくそれとは違った何かが、『空気《プネウマ》』が存在するであろう。」と書いているところに、山本氏の「流儀」があらわれている。「空気」とは、いわば日本の悪霊なのである。

第一章「小林秀雄の生活」の中で、「三十数年前に出た創元社版の小林秀雄全集」を「徹底的に読み返し読み返し、暗記するまで読んだ」と告白する山本氏は、それによって小林の「生き方の秘伝」を学ぼうとしたのだという。その「秘伝」とは、何か。

人がもし、自分に関心のあることにしか目を向けず、言いたいことしか言わず、書きたいことだけ書いて現実に生活していけたら、それはもっとも贅沢《ぜいたく》な生活だ。そういう生活をした人間がいたら、それは、超一流の生活者であろう。もう四十年近い昔であろうか、私が小林秀雄の中に見たのはそれであった。そして私にとっての小林秀雄とは、耐えられぬほどの羨望《せんぼう》の的であった。

小林秀雄に「超一流の生活者」を見てとる、この山本氏の眼が、全篇を貫いていて、小林の「作品」を分析、解釈するだけの多くの小林論と比べて、本書をユニークなものにしているが、何故《なぜ》「耐えられぬほどの羨望の的であった」かといえば、「空気」が支配している日本の社会、文壇、論壇の中で、このような「自分に関心のあるものにしか関心をもたず、言いたいことしか言わず、書きたいことしか書かず、また出したい本しか出さないで、しかも破綻《はたん》なき生活者であること」が、如《い》何《か》に困難かを山本氏は知り抜いていたからである。それが、どれほど難しい生き方かということは、日本においてはノーベル賞を受賞しようと文化勲章をもらおうと、依然として「空気」を意識しつづけている「文化人」がほとんどであることからも分かるであろう。山本氏は、小林秀雄に、「空気」から脱出《エクソダス》し得た、稀《まれ》なる日本人を見たのである。

小林が福沢諭吉を論じた文章から、山本氏は「一身両頭人間」「一身一頭人間」という造語をひき出し、「小林秀雄は徹底した一身一頭人間だ。」といっている。明治以降、日本には「一身両頭人間」が輩出した。「右の明治頭が左の幕藩頭を批判しようと、同じように右の戦後頭が左の戦前頭を批判し反省を要求しようと、不毛のことだ。それは思索ではない。」と書いた山本氏が、小林が「一身一頭人間」であることを示す一例として挙げているのが、小林の「ヒットラー観」である。昭和十五年に書かれた、ヒットラーの『我が闘争』の書評と、昭和三十五年に執筆された「ヒットラアと悪魔」を比べて、「小林秀雄は戦前と戦後で、『ヒットラー観』を変える必要が少しもなかった。」と山本氏は指摘して、「世人はこのことをどう評価するか知らないが、当時の記憶が鮮やかに残っている私には不思議である。というのは昭和十四、五年の、日独伊防共協定からさらに軍事同盟へと進んで行くころの日本の『ヒットラー熱』を覚えている者には、小林秀雄の嗅覚《きゅうかく》の正確さは少々信じがたい気持さえする。」と回想している。

小林のこの「嗅覚の正確さ」、あるいは曇りのない眼は、「空気」を脱出し得た人間のものに他ならないが、では小林が「空気」から脱出したのは、如何なる「流儀」によるのであろうか。

二

「流儀」という言葉は、最終章「小林秀雄の『流儀』」の中で引用されている、小林自身の文章（『本居宣長補記』）の中の、「めいめい自分の流儀でこれを切り抜けた」からとられているが、小林秀雄の「流儀」とは何かについて、山本氏は、「トルストイの家出問題」をめぐっての、正宗白鳥と小林秀雄のいわゆる「思想と実生活論争」から読みとろうとしている。

その「流儀」とは、「あらゆる思想は実生活から生れる。併《しか》し生れて育った思想が遂《つひ》に実生活に訣別《けつべつ》する時が来なかったならば、凡《およ》そ思想といふものに何んの力があるか」であると山本氏は、小林の発言の核心部分を引用して述べている。

「実生活」信仰というものが、「空気」の支配の温床であり、一方「実生活から生れ」ない、あるいは試されない「思想」というものも、「空気」を醸成する働きをするに過ぎない。近代の日本が、今日に至るまで、素朴なる「実生活」信仰が変らない一方で、「様々なる意匠」としての「思想」が手を変え品を変え、外国文化の「輸入業者」に他ならない研究者、知識人によって絶えず、日本という国に、持ち込まれている。「明治以降の日本、特に戦後の日本は、あらゆる『社会的理想に関する抽象的公式』を輸入して分配してきた」のであり、小林秀雄は、「戦中・戦後の、日本的な悪霊の跳梁《ちょうりょう》の中に、伝統の喪失による」精神の「空白」を見てとったのである。

この「日本的な悪霊」、いわば「空気」の中に生きながら、小林は「思想」と「実生活」の緊張関係を強く持続することによって、それを発条《ばね》として、「空気」を脱出した。「思想」と「実生活」の、いわば「接線」から、その「批評」の言葉を発していたのである。

小林自身の「見る事と生きる事との丁度中間に、いつも精神を保持する事、どちらの側に精神が屈服しても、批評といふものはない。これは理智《りち》の上の仕事といふより、寧《むし》ろ意志の仕事である」という言葉が引用されているが、ここで「見る事」は「思想」、「生きる事」は「実生活」に読み変えられてよい。「丁度中間に、いつも精神を保持する」という緊張感が、「批評」を成立させるのである。「実生活」の「側」に「精神が屈服」すれば、「実生活」信仰が生まれ、「思想」の「側」に「精神が屈服」すれば、「思想」の「様々なる意匠」の中に埋没して、出口を知らないという状態になる。

前者の場合は、「精神が屈服」しているという感覚を抱く者は少なくはないだろうが、後者の場合は、「精神が屈服」しているとは、当人も周りもなかなか気がつかない、あるいは一端《いっぱし》の「思想家」だと自惚れてしまうという悲喜劇が現出する。

それと、「批評」が「理智の上の仕事といふより、寧ろ意志の仕事である」という、或る意味で意外な見解も、充分噛みしめるべき言葉である。平たくいえば、ただたんに「頭のいい」人間は、実は「批評」を書くことが出来ないということである。そういう人間は、恐らく「一身両頭人間」、さらには「一身多頭人間」になることであろう。しかし、「批評」とは、「意志の仕事」なのである。では、どういう「意志」か。それは、「空気」から脱出せんとする「意志」に他ならない。

山本氏は、「小林秀雄の言動がなぜ社会に衝撃を与えたか」という面白い視点を提出しているが、私は、小林の「批評」が、「精神」の「屈服」しない姿をみせていたからだと思っている。「様々なる意匠」として、外国の「思想」が輸入される一方の、近代の日本においては、凡《およ》その知識人というものは、「思想」の「側」に「精神が屈服」していた。「実生活」から生まれず、あるいは試されたものでもない「思想」を云々していれば、「実生活」の「側」に「精神が屈服」していないという自惚れくらいは持てたのである。しかし、「思想」の「側」に「精神が屈服」してしまっているという、自覚は稀薄であった。あるいは、気づかないふりをしていたわけである。そういう知識人たちの「空気」の中で、小林の「批評」が、「いつも精神を保持」していた、その「流儀」に、「小林秀雄の言動がなぜ社会に衝撃を与えたか」の秘密がある。

山本氏は、小林のことを「不世出の思索家」と呼んでいるが、この「思索家」が山本氏をはじめ、中村光夫、福田恆存、井上良雄、その他多くの後続する優れた精神に「衝撃」を与えることになったのは、小林が近代日本の「空気」からの脱出を呼びかける、一種のモーセの役割を果したからではなかろうか。ここで、「出エジプト《エクソダス》」を導いたモーゼを連想するのは、山本氏が旧約聖書に深い学識を持っていた人であり、小林秀雄は「大変な『聖書読み』であったに相違ない。」と評しているからである。それに、ランボオとは大「脱出」者ではなかったか。

小林秀雄が、ドストエフスキーの『死人の家の記録』について、この作品で「作者は何かを故意に隠したのである。」として、「たゞ、私は、こゝで勝手に少々危険を冒してみたいだけだ、作者の隠したのは、聖書熟読といふ経験であつた。」と書いたのはよく知られているが、山本氏は、「さらに、私も、小林秀雄のまねをして『勝手に少々危険を冒して』みるならば、聖書の中で、ドストエフスキーに最も強い衝撃を与えたのは使徒パウロのはずである。だがドストエフスキーは、それを隠した。」と書いている。もう一度「さらに」変奏して、私も「勝手に少々危険を冒して」みるならば、聖書の中で、小林秀雄に最も強い衝撃を与えたものの一つは、「出エジプト記」のはずである。だが小林秀雄は「それを隠した」のである。それが、「生き方の秘伝」というものであった。

小林秀雄の文学的出発——「血肉化」の問題

一

生誕百年（二〇〇二年）を記念して刊行された、新しい小林秀雄全集は、はじめての編年体である。小林秀雄の文学的出発というテーマを考えるために、第一巻を通読したが、これまでのものと違って、ランボオの翻訳などが一緒に入っていて、新鮮であった。

前回の全集では、第一巻は、「様々なる意匠」と題され、昭和九年までの「文芸評論家」としての仕事が収められている。そして、第二巻は、「ランボオ・Xへの手紙」と題され、初期小説やランボオの翻訳、ランボオ論、さらには中原中也関係のものなどが収録されている。「ランボオⅢ」や「中原中也の思ひ出」のような、戦後の作品まで入っているが、いわば、第二巻は、小林の文学的青春の記念碑であり、第一巻はそれをくぐり抜けて「文芸評論家」として文壇にデビューしてからの著作が並べられている。

それに対して、今回の編年体の全集では、第一巻には大正十一年（二十歳）の「蛸の自殺」から、昭和五年（二十八歳）の「翻訳／ランボオ詩集」までが収められ、初期小林秀雄の文学的展開が、見てとれるように思われる。あらためて小林秀雄におけるランボオの影響の決定的重要性が分かってくる。

今度、新しい全集の第一巻を通読して、極めて強く印象にのこったのは、ライトモチーフのように、この巻を通じて（いいかえれば、初期小林秀雄において）、くりかえし執拗に鳴っている「血肉化」とかそれに類した言葉であった。この「血肉」「肉」「肉体」等は、重要なキイ・ワードである。小林というと、よく「自意識」とか「知性」とかいわれるが、実は小林は「血肉」なのである。そして、「自意識」とか「精神」とか「知性」とかを突き破らせて、「血肉」に至らしめたのが、他ならぬランボオなのである。

そもそも、ランボオとの出会いにおいて「肉」が出てくる（以下、傍点は、特に断わらない限り引用者による）。

> ランボオ程、己れを語つて吃《ども》らなかつた作家はゐない。痛烈に告白し、告白はそのまゝ、朗々として歌となつた。吐いた泥まで晃《きらめ》く。彼の言葉は常に彼の見事な肉であつた。（「ランボオII」）

そして、ランボオの影響を受けるとは、精神の上のことではなかった。

いろいろな場所で、いろいろな瞬間に私の心がいろいろな格好をしてゐる時に、ランボオが明かしてくれた様々な秘密は、私の肉体に沈澱して、はや、ときほぐす術さへ見当たりませぬ。

（「アルチュル・ランボオ」）

「文芸」とは、何かという問いに対しても「血肉」がもち出される。

私は、こゝで精密な議論をしようとは思はぬが、文芸とは飽くまで血肉の科学であつて、世の転変と共に、文芸がその意匠を異にしたといふのも、その時々を生きた肉体に即した表現であつたが為だ。

「精神は文体《スチル》を持たぬ」、これは、文芸の道を最も逆説的に洞見したヴァレリイの名言である。精神が肉体に比べて、遥かに自由に、神速に運動し、平然と人々の脳中に浸透して安住し、人々も亦、外来の精神をわが物顔に振り廻せるのは、これが為だ。幾千年の伝統も、僅か数年の風潮に姿をかくすと見えるのもこれが為だ。

文体をもつものは肉体だけだ。芸術の秘密は肉体の秘密である。人々は、泉鏡花氏の作品に、今日最も忘れられた肉の匂ひを、血潮の味を認めないか。

（「文学と風潮」）

後の方のものは、極めて重要な文章であって、ほとんど同じ趣旨の事が、次のように言われている。

「精神は文体をもたぬ」とあるフランスの偉い人が言ひました。文体をもつのは肉体だけです。事、芸術に関する限り、私は、この偉い人の言葉を信じてをります。芸術の秘密は肉体の秘密であります。血の秘密であります。異人の精神なら電波に乗つても到来します。ですが、血肉は汽船に積んでも到着いたしません。（「新しい文学と新しい文壇」）

ここでいわれている「血肉」が、「汽船に積んでも到着」しないということは、単なる肉体のことを指していないことを明らかにする。小林のいう「肉体」とは「秘密」のこめられた「肉体」なのである。「血肉化」については、「葉緑素的機能」といいかえている。

芸術家は生命を発見しただけでは駄目である。発見した生命が自身の血肉と変じなければならぬ。芸術家の真の苦悩とは、この葉緑素的機能の苦悩である。（「測鉛Ⅱ」）

作家の制作理論には単なる学的思惟のみでは足りないであらう、そこにはあらゆる種類の熱情の参加が必要であらう。批評家が己れの鑑賞を点検する時だつて同じ事だ、この点検には彼の全肉体を要するではないか。

（「新興芸術派運動」）

一方、「精神」についても、次のような把握をしている。

若し人間の精神が、人間共有の物差に過ぎぬのなら話は楽だ。だが精神とは、われわれの頭の中に棲んでゐるやつぱり心臓をもち、肉体をもつたもう一つのわれわれだ。（「批評家失格Ⅰ」）

精神と肉体といった区別が、そもそもなされていないのである。以上に見られるような、小林秀雄の「肉体」観、「精神」観は、近代日本の文学史、あるいは精神史を見渡すとき、極めてユニークであるといえるであろう。自然主義文学に見られるような、精神と肉体の分離、あるいは対立といったものは、ここにはない。肉体が、肉欲の源として軽視されるようなものはない。一方、仏教哲学者清沢満之の「精神主義」に見られるような精神観もない。精神もまた、「肉体をもった」ものとされているからである。

このような肉体観を抱くにいたったことに、ランボオの深い影響を見てとるのは、恐らく間違ってはいまい。戦後の「ランボオⅢ」の中で、次のようなことを書いている。

マラルメはランボオを語り、ランボオが詩にもヨオロッパにも別れを告げるところに来て、こんな事を言ふ。「こゝに不思議な時期が来る。尤も、次のことを認めるなら、何も不思議ではないのだが。自分の方が間違つてゐたか、それとも夢の方に誤りがあつたか、いづれにしても、夢を放棄して、生き乍ら詩《ポエジイ》に手術されるこの人間には、以後、遠い処、非常に遠い処にしか、新しい状態を見付ける事がかなはぬ事を。忘却が砂漠と海との空間を包む」。こゝで、マラルメが使つてゐる詩《ポエジイ》といふ言葉が、あれこれの詩的作品を意味するものではなく、凡そ文学といふものが目指す、或る到達する事の出来ぬ極限の観念を意味すると考へてよいならば、マラルメも亦、生き乍ら、詩《ポエジイ》に手術された人間ではなかつたであらうか。

小林秀雄「も亦、生き乍ら、詩《ポエジイ》に手術された人間」だったのである。それが、ランボオという事件の意味である。そして、「様々なる意匠」の中で、「マラルメは、決して象徴的存在を求めて新しい国を駆けたのではない、マラルメ自身が新しい国であつたのだ、新しい肉体であつたのだ。」と書いていることに倣うならば、小林秀雄自身が新しい肉体であったのである。(1)

そして、「あゝ、肉は悲し、すべての書は読まれたり」というマラルメの絶唱が、小林の歌でもあった。この絶唱が、「モオツァルト」の中で引用されているのも、偶然ではない。この「肉」、悲しい「肉」の所有が、「知性」や「自意識」、あるいは「精神」をいじくりまわしている他の文学者たちから、「遠い処、非常に遠い処」への文学的出発をもたらしたのである。

当然であろう。

このような芸術観、あるいは文学観を所有した小林秀雄に、次のようなアフォリズムがあるのは、

立派な芸術は必ず何等かの形式ですばらしい肉感性をもつてゐる。（「測鉛Ⅰ」）

初期小林秀雄において、はっきりと見えるのは、志賀直哉に対する絶讃と芥川龍之介に対する批判である。そして、その評価の基準が、やはり「肉体」なのである。「志賀直哉」の中から、そのような「肉体」的表現を拾ってみよう。

氏の作品は、チェホフの作品の如く、その作品に描かれた以外の人の世の諸風景を、常に暗示してゐるが如き雰気《ふんき》を決して帯びてはゐない。強力な一行為者の肉感と重力とを帯びて、卓《すぐ》れた静物画の様に孤立して見えるのだ。

氏の神経は氏の肉体から遊離しようとする、だが肉体は神経を捕へて離さない。氏の神経は氏の肉体を遊離するのだが、理智はこれに何等観念の映像を供給しない、そこで神経は苦しげ

に下降して実生活の裡にその映像を索《もと》めねばならないのだ。

私は眼前に非凡な制作物を見る代わりに、極めて自然に非凡な一人物を眺めて了ふ。これは私が氏に面識あるが為ではは断じてなく、氏の作品が極端に氏の血肉であるが為だ。氏の作品を語る事は、氏の血脈の透けて見える額を、個性的な眉を、端正な唇を語る事である。

氏の文体の魅力は、これを貫くすばらしい肉感にあるのである。

小林にとって、「文体」とは「肉体」から生まれるもので、ほとんど同意語といっていい。一方、「芥川龍之介の美神と宿命」の中では、芥川は「この神経的存在」と呼ばれている。

芥川氏は見る事を決して為なかつた作家である。彼にとつて人生とは彼の神経の函数としてのみ存在した。そこで彼は人生を自身の神経をもつて微分したのである。

結論として、次のように書く。

斯《か》くして彼の個性は人格となる事を止めて一つの現象となつた。

その他に、初期小林が高く評価した、数少ない作家の一人、瀧井孝作についても次のように書くのである（「アシルと亀の子Ⅲ」）。

瀧井氏は、文体で認識する。何んと正確な格調をもつた撥刺たる文体であらう。

今日の若い作家で豊富な影像群を持つた人は沢山ゐるが、見事な文体《スチル》をもつた人はまことに稀である。今日のような解体期に、多彩な影像を所有する事は容易な事であらうが、これを一つの息吹きで立派な文体に統一する事は人並みな苦労では足りぬであらう。

氏の近作の「ゲテモノ」「養子」「大阪商人」等（平凡社出版、新進傑作全集）の傑作の素朴と健康と重厚とは無類である。嘘つき共には真実すぎる、病人共には健康すぎる作品だ。そこに描かれた平凡な人々の肉体は、正にげて物の肉体である。（「げて物」の傍点は原文）

終生、関心と敬愛を抱きつづけた正宗白鳥についても、次のように書いている（「文字は絵空ごとか」）。

正宗氏の作品で、私が動かされるのは、氏独特の文体である、調子である。[2] 氏の文体は、匆論豊かでもなければ、軽快でもない。併し又、素朴でもなければ、枯淡でもない。氏の字句の簡潔は、磨かれた宝玉の簡潔ではなく寧ろ、捨てられた石塊の簡潔だ。私は、氏の文体の強い息吹きに統一された、味も素気もない無飾の調子に敬服するのである。

「生ま生ましい」という形容詞が、小林が認める芸術、文学に使われるのは、この「肉体」把握からして納得できることである。

「ドン・キホオテ」は人間性といふ象徴的真理の豪奢な衣を纏《まと》つて、星の世界までも飛んで行くだらう。然し私には、檻《おり》に入れられたドン・キホオテと、悲しげに従つて行くサンチョとの会話が、どんなにすばらしい生ま生ましさで描かれてゐるかを見るだけで充分だ。「神曲」が、どんなに生身のダンテの優しい、或は兇暴な現実の夢に貫かれてゐるかを見るだけで充分である。

（「様々なる意匠」）

如何に末梢的に見える氏の神経でも、丁度ショパンの最もさゝやかな装飾音符が、歯痛が臍《へそ》の辺りまでひゞいて来る様な生ま生ましい効果を持つてゐる様に、常に一種の粘着性を持つてゐる。

（「志賀直哉」）

三

周知の通り、ランボオの『地獄の季節』の最後の章「別れ」の末尾は、「扨《さ》て、俺には、魂の裡にも、肉体の裡にも、真実を所有する事が許されよう。」（小林秀雄訳、この傍点は原文）であるが、これは「ランボオI」の中でもランボオの詩行として一番最後に引用されている。

この一行が、小林にとって「肉体」に突き刺さる言葉であったことを想像させるが、この詩行の中で、「肉体の裡にも」と言われていることは充分注意されていいことである。普通、「魂の裡に」「真実を所有する」という発想を人間は（あるいは日本人は）するものであろう。

しかし、小林がランボオから学んだものは、「魂の裡にも、肉体の裡にも」なのであった。この重要な発想が、ヴァレリーの「テスト氏」の翻訳の中の「発見は何物でもない。困難は発見したものを血肉化するにある。」という文章につながっているのである。[3]

そこから、小林の人間や文学に対する「真贋」の基準が、「血肉化」に置かれるのは当然である。プロレタリア文学の中でも、中野重治を、シュルレアリスムの中でも、滝口修造を例外として認めたといわれるのは、この二人がプロレタリア文学を、あるいはシュルレアリスムを「血肉化」していたからであろう。

いずれにせよ、初期小林秀雄によって「所有」された「肉体」観は、その後の作品にも一貫して見られることになるであろう。例えば、「モオツァルト」の中の、次のような一節である。これは、これまで述べて来た、小林の「肉体」観を理解していなければ、実に奇怪としか思えない文章である。

この六つのクワルテットは、凡そクワルテット史上の最大事件の一つと言えるのだが、モオツァルト自身の仕事の上でも、殆ど当時の聴衆なぞ眼中にない様な、極めて内的なこれらの作品は、続いて起つた「フィガロの結婚」の出現より遥かに大事な事件に思われる。僕はその最初のもの（K. 387）を聞くごとに、モオツァルトの円熟した肉体が現れ、血が流れ、彼の真の伝説、彼の黄金伝説は、こゝにはじまるといふ想ひに感動を覚えるのである。

モーツァルトの「精神」でも「心」でも「魂」でもない。普通、モーツァルトの音楽を聴く人は、その「魂」を感じることに思いを到すなら、この小林の感受がいかにユニークかが分かるであろう。また、「無常といふ事」の中で、「鎌倉時代」を「実に巧みに想ひ出してゐた」というのも、「鎌倉時代」の「肉」を「想ひ出してゐた」ということなのである。これについては、「批評の抒情」という文章（『正統の垂直線——透谷・鑑三・近代』所収）に書いたので、ここではこれ以上触れないが、この「肉体」観が、晩年の本居宣長についての批評文にも当然流れていることはいうまでもない。例えば、宣長の「姿ハ似セガタク、意ハ似セ易シ」という言葉をめぐっての文章を挙げることも出来よう（『考へるヒント』の中の「言葉」）。「姿」は「肉体」であり、「意」は「精神」なのである。「精神は文体を持たぬ」というヴァレリーの言葉を小林が引用していたのを思い出してもよい。そして、

「文体をもつものは肉体だけだ。」と初期小林秀雄は書いていた。全く変わっていない。『考へるヒント』には、「考へるといふ事」という文章が入っているが、その中で宣長をめぐって次のようなことを書いている。

> 彼の説によれば、「かんがふ」は、「かむかふ」の音便で、「か」は発語であるから、考へるといふ言葉は、もともと、むかへるといふ言葉なのである。物を対ふ、物を向ふといふ意味合ひで使われて来た言葉なのだ。「むかふ」の「む」は身であり、「かふ」は交ふである。従って考へるとは、単に知的な働きではなく、基本的には、事件に身を以って交はる事だ。物を外から知るのではなく、物を身を感じて生きる。その経験をはっきり意識するといふ事だ。実際、宣長は、さういふ意味合ひで、一と筋に考へた。「玉勝間」などで、所謂「世の物しり」をしきりに嫌ひだと言ってゐるのも、彼の学問の建前からすると、物しりは、まるで考へるといふ事をしてゐないといふ事になるからだらう。

ここで、「身」を「肉体」に書きかえてみるならば、ランボオと本居宣長というふうに対象が全く変わっているにもかかわらず、初期小林秀雄が全く変わらずにいることにあらためて気づいて、深い感銘を受けるであろう。

四

小林秀雄の批評の魅力、あるいは魔力は結局、この「血肉化」したものだけを書くところから来る。これが、「世の物しり」との決定的な違いである。

しかし、これは一方では、「血肉化」できないものは、切り捨てるということでもあった。この潔さが、また小林秀雄の誠実さでもあったが、重要な問題を孕んでもいるといえるであろう。

小林秀雄が、江藤淳との対談「歴史について」（昭和四十六年）の中で、次のように語ったことは、よく知られている。

小林　（中略）僕は、いろんなこと考えましたが、結局キリスト教というのはわからないと思った。わかりません、私には。宣長のいっていることは、私にはわかるんです。

「キリスト教というのはわからないと思った」から、小林はドストエフスキー論を中途で放棄したのであった。いいかえれば、「血肉化」した部分だけは、書いたということであろう。

『本居宣長』の連載は、昭和四十年からはじまった。六年後に、江藤淳に対して語った、この発言は、「いろんなこと考えました」といったときの「考える」とは、どういう意味かを思えば、また「わかる」というのが小林の場合、「血肉化」を意味していることを思えば、決定的な発言である。

第一巻に収められた『悪の華』一面」は、昭和二年、小林、二十五歳の時のものである。その中に次のような一節がある。

キリストにとつて見神は一絶対物であつた。然し創造ではなかつた。彼は見神を抱いて歩かねばならない。一絶対物を血肉の行為としなければならない。

（「歩かねばならない」に付された傍点は原文）

これは、キリストの「受肉」の転倒した把握であり、[4] この初期小林秀雄の「キリスト」観は、晩年の「結局キリスト教というのはわからないと思った」という発言につながっているといえるかも知れない。

同じ年の「測鉛I」には、小林は次のようなアフォリズムを書いていた。

人間には見るだけしか許されてゐない。真理といふものがあるとすれば、ポールがダマスのみちでキリストを見たといふ事以外にはない。

青年時代、このアフォリズムに見てとれるように、キリスト教の近くにいた小林は、結局、キリスト教を「見た」が、キリスト教を「血肉化」することはなかったのである。それが、「美神」に「推参」した小林秀雄の「宿命」であった。究極的にいって、「義」ではなく、「美」の人間であった小林秀雄の「宿命」であった。キリスト教は、「義」だからである。

注

（1）このような、「肉体」観は、或る意味で「ミスチック」のものといえるであろう。小林秀雄は、「クロオデルは、ランボオの独創性を、非常に的確に“un mystique à l'état sauvage”と言った。」と書いている（「中原中也『ランボオ詩集』」）。

小林秀雄自身が、「ミスチック」といえる人間であったことは、「透谷・小林・ミスチック」と題した文章（『批評の時』所収）で、私は、北村透谷と並べて論じた。

（2）小林秀雄、中村光夫、福田恆存の鼎談「文学と人生」（昭和三十八年）の中に、次のようなやりとりがある。

中村 小林さん、いろいろ文章を見ていて、文学者に一番大切なことというか、本質的なことって何だと思いますか。

小林 トーンをこしらえることじゃないかなあ。

中村 そうだね。

小林 あんなおもしろいものはないんじゃないか。僕らが何ももう言うことないなと思う時は、それが聞こえている。いろいろなものを見たり考えたりしているうちに要求が贅沢になるでしょう。だから確かにあの人のトーンだというものがあるやつとないやつと見分けがつくようになるわけだね。それを見つけることだよ。トーンがあるやつの安心がこちらに伝わるのだな。

ここの「調子」とは、この「トーン」のことであり、小林が「文体」「調子」「トーン」をいかに重要視しているかが分かる。

（3）ランボオやヴァレリーの他に、ジイドの影響も考えられることである。「様々なる意匠」のエピグラフにジイドの言葉を使ったことからも分かるように、初期小林秀雄にとってジイドは大きい存在であった。そして、ジイドの影響は当時広いものがあった。一例として、井上良雄の「片岡鉄兵『発端』」（昭和六年九月）の中から引用しよう。

この様に考へる時、芸術家にとつて思想と呼ばれるもの、主義と呼ばれるものは何であらうか。「思想は厳密に一つの肉体を以つて編成されるにあらざるよりは、重きをなさない」とは近ごろ度々引用されてゐるヂ《ママ》イドの言葉だが、正しく芸術家にとつては、思想とは肉体それ自身の、生それ自身の、別の名であり、それ以外のものではないであらう。

このジイドの思想が、「近ごろ度々引用される」ものであったとしても、それを「血肉化」するかどうかは、また別の問題である。

（4）「受肉」については『新約聖書』の中の、例えば次のような箇所が参照されよう。

実に大なるかな、敬虔の奥義『キリストは肉にて顕《あらは》され、霊にて義とせられ、御使たちに見られ、もろもろの国人に宣伝へられ、世に信ぜられ、栄光のうちに上げられ給へり』（テモテ前書第三章一六節）

凡そイエス・キリストの肉体にて来り給ひしことを言ひあらはす霊は神より出づ、なんぢら之によりて神の御霊を知るべし。

（ヨハネ第一書第四章二節）

小林秀雄の「モオツァルト」と吉田秀和の「モーツァルト」

一

小林秀雄の「モオツァルト」（昭和二十一年十二月）は、「小林氏の批評美学の集大成という観を呈する」（江藤淳）と評されるほどに小林の批評作品の中でも傑作とされている。しかし、その「傑作」たる所以は、批評の対象が文学ではなく、音楽であることもあり、文芸評論の分野でそれほど明らかにされているとはいえない。「現実には『モオツァルト』論はさして行われていない。」と高橋英夫は『疾走するモーツァルト』の中で指摘している。そんな中では、高橋氏のこの著作は、小林の「モオツァルト」について、かなり具体的に論じている稀な例である。

さて、今年（二〇一二年）の五月に、音楽評論家の吉田秀和氏が、九十八歳で亡くなった。吉田氏の音楽評論について、改めて考える機会が生まれたが、その「モーツァルト」についての評論（吉田氏には、「モーツァルト」と題した論はないが、「モーツァルト――出現・成就・創造」をはじめとする一連の著作を仮に吉田氏の「モーツァルト」と呼ぶことにする）を読み直してみると、小林秀雄の「モオツァルト」の特質も見えて来るように思われる。

小林秀雄は、一九〇二年生まれ、吉田秀和は一九一三年生まれである。中村光夫が、一九一一年生まれ、福田恆存が一九一二年生まれであることを考えると、吉田は中村や福田と同じ世代であり、小林秀雄の出現に彼らと同じく決定的な影響を受けた人であることが分かる。

吉田は、昭和四十二年小林秀雄全集の月報に書いた文章（それは、「演奏家で満足です」と題されている）を次のようにはじめている。


小林秀雄の《モオツァルト》が〈創元〉という雑誌に発表され、それを読んだ時のショックは一生忘れないだろう。

昭和二十年の夏、太平洋戦争が日本の完敗に終ると間もなく、私はそれまでのつとめをやめた。食べるあてがあったわけではない。ただ、戦争が深刻化するにつれて毎日つのってきた想い、何時死んでも後悔しないような生活を送りたいという熱望、それに自分を全部投げ入れることにしたのである。それはわたしが今直ぐ全くひとりではじめられることでなければならなかった。私は、家に坐って、毎日毎日、音楽のことを、音楽と音楽家についてのことを、書きはじめた。もちろん、書いたものを売るあてがあってのことではない。ただ、やたらと書いていたのである。そうして書くにつれて、音楽について書くというのはどういうことか、だんだんわからなくなっていった。難問がつぎからつぎに出てくるのだった。

（中略）

そういう時に、私は、小林秀雄の《モオツァルト》を読んだのである。それは、一方では自分のできることすべてをその中に投げ入れる方法の啓示であり、一方では、どうやって、すべてを書きつくさないで、たくさんのものを与えるかという問題への答えであった。

そして、「ともかく、この《モオツァルト》は、私には啓示だった。」と決定的な影響を受けたことを告白している。その後の吉田秀和の音楽評論家の道程は、中村光夫や福田恆存が文芸評論家として小林のエピゴーネンにならないために努力したのと同じく、小林の音楽評論のエピゴーネンにならないという意識的な工夫を重ねることであった。

もちろん、小林と中村や福田、あるいは吉田の間には、自ずから個性の違いがあるが、そういう持って生まれた個性の違いを一段と意識して書くことが、後輩三人の重要な営為となった。小林秀雄と坂口安吾の有名な対談「伝統と反逆」の中で、安吾は福田について「あいつは立派だな、小林秀雄から脱出するのを、もっぱら心掛けたようだ。」と言っている。

小林の「モオツァルト」に「啓示」を受けた直後に書かれた「モーツァルト――出現・成就・創造」（『音楽芸術』昭和二十二年四月、五月号）は、しかし、まだ啓蒙書、あるいは解説書の域をあまり出ていないし、個性的なものでもない。「出現・成就・創造」という風に、モーツァルトの生涯と作品をたどったものだが、特に鋭い批評があるものではない。小林の「モオツァルト」に出てくるゲーテの言葉やゲオンの評語（小林が有名な「疾走する悲しみ」と訳した言葉を、吉田は「歩む悲哀」と訳しているのでも、その論文の凡庸さが窺われるであろう）、そしてモーツァルトの手紙（有名な一七八七年四月四日のもの）なども引用されているが、通り一遍の扱いである。

吉田本人も、自分の全集第一巻の解題に付せられた「著者付記」の中で、次のように回想している。本人も「出来はよくないと思っている。」と告白している。

これはおそらく私が一番先に書いたものの一つで、『主題と変奏』に載っていたモーツァルトものと相前後しているはずである。しかし『主題と変奏』が本になったとき、こちらを本に入れなかったのは、それだけの理由がある。それは、これはまだ未熟だという感じがとても強かったのと、もう一つもっと本質的な理由は、これは戦後の自分の生活感情の——一生懸命隠したというのでもないけれども、間接的な形にしようとは思ったのだけれども、そういう反映なのである。

これは『音楽芸術』に、モーツァルトをめぐって、思いのたけを何枚でもいいから書くようにといわれて書いたものである。だからモーツァルトにかこつけて、ほかのことをつめ込みすぎた結果になったかもしれない。それだけに、特殊な愛着はあるけれども、やはり出来はよくないと思っている。しかし、おかげで勉強になった。つまり、自分がどんなに苦しんでいても、あるいはどんなに喜んでいても、そんなことでいいものが書けるわけではないということである。

これは、「つまり」小林秀雄のやり方では、自分は書けないということを「勉強」して思い知ったということに他ならない。「自分が」「苦しんで」いること、「あるいは」「喜んで」いることから、小林の批評は生まれてくるものだからである。小林と吉田の違いは、小林と中村との間、あるいは小林と福田との間にある相違よりもはっきりしていて、小林の個性を浮き出させるのに好都合かもしれない。小林が、鋭角的だとしたら、吉田は鈍角的であり、前者が、求心的だとしたら、後者は遠心的である。小林の文体が、アレグロ、さらにはプレストだとしたら、吉田のそれは、アンダンテである。小林秀雄が、男性的とすれば（中村光夫は、「小林秀雄論」の中で志賀直哉の文学を「牡」の文学だといい、小林もそれに近いと評している）、吉田は女性的ともいえるであろう。あの、「何々かしら？」で終わる特徴的な文体を思い出してもいい。この「かしら」については、三木卓が「吉田秀和さん」と題した追悼文で、「吉田さんは、わが家では、〈かしらん〉という愛称で呼ばれていた。」と書いている（『かまくら春秋』二〇一二年七月号）。NHK FMの「名曲のたのしみ」の中での吉田の「ではないかしら」という「女性風の語尾で終るやさしい話し方」が印象的だったからという。

小林の「モオツァルト」が、短調（特にト短調）の楽曲を多く取り上げ、長調の曲はあまり論じることがなく、短調のモーツァルトを強調したことは、周知のことだが、一方、吉田は「モーツァルトへの旅」（昭和四十四年）の中で、「ニ短調、ハ短調。モーツァルトの短調の曲を嫌うのではけっしてないけれども、モーツァルトでは長調に傑作が特に多い。短調が悲しく深刻で、長調が明るく陽気などというのは、まったくの出鱈目であって、モーツァルトの音楽には初めから終わりまで陽気な明るい曲――というより楽章一つとっても、そういうものはないのである！　これが文学趣味のディレッタンティズムだなどというのは、モーツァルトをきいたことのない人間の寝言である。」と書いている。

二

「モーツァルト――出現・成就・創造」の失敗の経験から、小林と自分の個性の違いを自覚して、自らの批評を探究して行った結果、吉田は一九九〇年、喜寿を迎えたとき（このころから、吉田の世間的な評価は俄然高まっていくが）、月刊『音楽現代』の十一月に行われたインタヴューで次のように語るようになる（このインタヴューは、『音楽現代』の一九九一年一、二、三月号に掲載された）。

誰かが批評を書いたのを読むと、この言葉を使いたくて書いているな、とよく分かるということもあります。そういう言葉がなくては、何を書いているのか分からないことがある。それは誉めているとか、けなしているとかが分からないんじゃなくてね、その曲なり、その演奏と対決して、それを要約して、一番重要な性格を定義づけているという言葉がない、そういう批評はね、僕は生きた批評とは思わないんだ。（中略）

でもね、やっぱりその言葉に到達するためには、どのくらい自分が作品なり演奏なりの、音楽から感じられるかということと同時に、その感度がシャープでなければいけない。ある時期僕は、言葉だけは実際に感じたよりももっと鋭い言葉で言っちゃっているということを自覚するようになったけれども、それもいけないね。

僕が「正確にものを言わなければいけない」ということはそういうことです。言葉としての正確さ、つまり一プラス一は二だというような正確さじゃなくて、自分が感じたこと、そのことが正確に伝わるようにすることが必要なんです。そのためには、こちらの感じ方が言ってみれば正確じゃなくちゃいけないわけです。

そして、結論的に、「自分の感じたこと、考えたことを正確に表わすと同時に、それが向こうに正確に伝わる、ということが批評だということが僕の終の目標になりましたね。」といっている。このように、吉田は「正確」というものに最も価値を置くようになる。これは、フランス文学を学んだことが作用しているであろう。吉田が多くを学んだに違いないヴァレリーなどは、この「正確」の権化のような知性である。そして、ヴァレリーは、ある意味で最もフランス的である。小林も、もちろんフランス文学から深い影響を受けたが、小林の場合は、周知の通り、ランボオである。ランボオは、リヴィエールもいったように、神秘家（ミスティック）なのである。晩年になって吉田の評価が高まったことを考えると、精神の在り方として吉田は晩年の批評家であり、小林は青春の批評家といえるであろう。「正確」な知性は、晩年に叡智に成熟していったのである。吉田は、最晩年の『永遠の故郷』に達するまで成熟したが、小林は前述の対談の中で坂口安吾に「俺はほんとうは円熟したいんだ」といっていたにもかかわらず、最後のライフワーク『本居宣長』にあるものは、成熟とは違うもののように思われる。

小林秀雄は、その人生のピークを青春に持った人なのである。小林の「モオツァルト」が、青春の「乱脈な放浪時代」に、大阪の道頓堀でモーツァルトの「ト短調シンフォニイの有名なテエマが頭の中で鳴つた」ことから始まるのは、当然なのである。吉田の批評の魅力が「正確」に由来しているのに対して、小林の批評の魔力は、「正確」よりも「空想」に根差している。それは、例えば、ランゲの未完のモーツァルトの肖像画について、「原画はザルツブルグにあるのださうだが、一生見られさうもないものなど、見たいとも思はぬ。写真版から、こちらの勝手で、適当な色彩を想像してゐるのに、向うの勝手で色など塗られてはかなはぬといふ気さへもして来る。ともあれ、僕の空想の許す限り、これは肖像画の一傑作である。」と書いているところなどによく出ている。もっと、「正確」を凶暴に乗り越えていくものを挙げてみよう。ランゲの絵に続いて、ロダンの彫刻を引き合いに出しているところである。

もう一つ僕の好きなモオツァルトの肖像がある。それはロダンのものだ。こゝには一見して解る様なものは何一つない。言はれてみなければ、誰もこれがモオツァルトの首だとは思ふまい。恐らくバルザックやボオドレエルの肖像に見られると同様に、これは作者の強い批評と判断の結実であり、さういふ能力を見る者に強要してゐる。僕は、はじめてこの写真を友人の許で見せられた時、このプルタアクの不幸な登場人物の様に見えるかと思へば、数学とか電気とかに関する発明家の様にも見える顔から、モオツァルトに関する世間の通説を凡そ見事に黙殺した一思想を読みとるのに、よほど手間がかゝつたのである。もはやモオツァルトといふモデルは問題ではない。嘗てあつたモオツァルトは微塵となつて四散し、大理石の粒子となり了り、彫刻家の断乎たる判断に順じて、あるべきモオツァルトが石のなかから生れて来る。頑丈な頭蓋は、音楽を包む防壁の様に見える。痩せた顔も、音楽の為に痩せてゐる様に見える。ロダンの考へによれば、モオツァルトの精髄は、表現しようとする意志そのもの、苦痛そのものとでも呼ぶより仕方のない様な、一つの純粋な観念に行きついてゐる様に思はれる。

見事な「空想」の名文である。しかし、このロダン製作の首は、今日では、作曲家マーラーとされている。かつて、モーツァルトの首といわれていたことがあったものなのである。「言はれてみなければ、誰もこれがモオツァルトの首だとは思」わないのは当然なのである。それなのに、ロダンの「天才」を「天才」なるが故に疑うことをせず、「嘗てあつたモオツァルト」を強引に無視し、「あるべきモオツァルト」の「精髄」に小林の「強い批評」は驀進するのである。

さて、吉田は、かつて「啓示だった」小林秀雄については、以下のような発言をしている。吉田が、小林秀雄の本質を見極め、それと自分の個性との違いを意識して、ついに自分の批評の道を見出したことが示されている。「先生のお宅の前に住んでおられた小林秀雄さんの批評は、モーツァルトに関したものを初めとして、ずいぶん我々も影響を受けていますが、小林秀雄さんは、モーツァルトもゴッホも自分を語るための一つの材料であるというふうに言われていましたが、彼の音楽論について吉田先生はどのように受けとっていらっしゃいますか。」という編集者の質問に対して、次のように答えているのである。

それは今あなたのおっしゃったとおりでしょう。やっぱり自分を語ることに終始した人でしょうね。ただし、何を通じて、何に即して自分を語るかという、その選択はやはり非常にすぐれていました。何について書いてもつまらないものは一つもなかったですね。ただ、そういうところから出発しながら、あの人はいつも「無私の精神」というか、自分にとらわれてはいけないと思っていたことはおもしろいところですね。

批評とはなんだ、というと、トピックをだしにして、対象をだしにして自分を語ることだ、というアンドレ・ジードの言葉を彼は実践したわけです。けれども一方では、自分というものにとらわれている限り、ものは見えてこないということを強調・力説している。その矛盾が小林秀雄の批評家としての急所じゃないでしょうか。それがまた彼のおもしろさでもあるわけでしょう。

僕はやっぱり、結果として自分が出てくるものだろうと思う。小林秀雄が「批評とは自分を語ることだ」と言ったのは結論として言ったのかもしれない。僕は自分というもののない、蒸留水のような批評は好きじゃないし、あまり高く評価しません。だから、僕は「僕が聴いた時はこうだった、僕はこう聴いた」ということは書きますけどね。

でも、以前バーンスタインのワーグナーを聴いた時、――「トリスタンとイゾルデ」ですが――僕はそれまでワーグナーをさけてきたけれども、バーンスタインの演奏を聴いてあんまりすごいのでびっくりした。そのびっくりしたことは書くけれども、でもそれによって自分を語ろうとは夢にも思わない。やはりそこに出てくるのはバーンスタインですよ、私ではない。

バーンスタインがいつどこでどういうふうな転機があったかを知らないけれども、それがここに表われている。批評とはそれを書くことです。それはさっき言ったようにその気がついたことについて正確にそれを書いて、それが読者に伝わって、聴いてわくわくしたことが、読者のほうでもそれを読んでわくわくするようになればいい批評が書けたということになる。読者は私の批評をそういうふうに読んでくれて、そして手応えがあって、ということになると、私は読者をもてた幸福な批評家になったと思いますよね。

ここで、吉田が小林の批評について語っていることは、実に「正確」である。小林がデビューした直後に「批評するとは自己を語る事である、他人の作品をダシに使つて自己を語る事である。」(「アシルと亀の子Ⅱ」昭和五年)と書いたことは、今日よく知られたことだが、吉田は、批評はそのようなものではないと確信するに至ったのである。「自己」は「結果」として出てくるものだという。小林は、「結果」ではなく、最初から「自己」を出してくるのである。

確かに、小林の「モオツァルト」の中でも、印象に強く残る箇所というのは、前述したように、大阪の道頓堀で「ト短調シンフォニイ」の一節が頭の中で鳴ったというような、小林の「自己」が前面に出てくるところである。その他、ランゲの絵筆によるモーツァルトの未完成の肖像画の写真を大事にしていたとか、「今、これを書いてゐる部屋の窓から、明け方の空に、赤く染つた小さな雲のきれぎれが、動いてゐるのが見える。」と書いて、「三十九番シンフォニイ」の最後の楽章の楽譜が引用されているような箇所が、小林の批評でしかありえない魅力を持った文章となっている。

三

だから、そもそも小林秀雄の批評というものは、普通の意味では（例えば、吉田秀和の批評を標準的な批評と考えてみるならば——そして、そのような普通の批評を書くことで「幸福な批評家」になるとするならば）「批評」ではないのではないか、と思い至るのは自然であろう。批評という言葉に拘るならば、「私小説」という言葉にならっていえば、「私批評」と呼んでもいいであろう。近代日本の小説が、様々な理由により「私小説」になったこと、そして、いろいろな欠陥を持ったことは、中村光夫により明らかにされたとはいえ、にもかかわらず、「私小説」がいわゆる「本格小説」よりも近代日本においては、リアリティーがあったことを考えるならば、小林秀雄の批評は、「私批評」と呼ぶべきものかも知れないが、単に「正確」を目指した批評よりもリアリティーを持ったのである。この事情を言い換えるならば、批評の歴史上、本来ならば、吉田秀和が、小林秀雄より前の世代であるはずであるということである。吉田の「モーツァルト」が出てから、小林秀雄の「モオツァルト」のような独創的な批評が書かれるのが、本来の健全な文化の展開というべきであろう。それが、逆であったことは、近代日本の精神史の宿命ということである。それは、文学の批評であれば、中村光夫の近代日本文学史が書かれてから、小林の批評が登場すべきであったということにも通じている。

あるいは、小林の批評は、「詩人」の批評といってもいいだろう。ボードレールの批評（詩人の批評の最高の例である）の傑作「ウージェーヌ・ドラクロワの作品と生涯」と「リヒァルト・ヴァーグナーと『タンホイザー』のパリ公演」は、美術と音楽を批評した批評文学として、小林にとって模範（「御手本」）のように感じられていたに違いない。「様々なる意匠」の中で、次のように書いている。

嘗て主観批評或は印象批評の弊害といふ事が色々と論じられた事があつた。然し結局「好き嫌ひで人をとやかく言ふな」といふ常識道徳の或は礼儀作法の一法則の周りをうろついたに過ぎなかつた。或は攻撃されたものは主観批評でも印象批評でもなかつたかもしれない。「批評になつてゐない批評」といふものだつたかも知れない。「批評になつてゐない批評の弊害」では話が解りすぎて議論にならないから、といふ筋合ひのものだつたかもしれない。兎も角私には印象批評といふ文学史家の一術語が何を語るか全く明瞭ではないが、次の事実は大変明瞭だ。

所謂印象批評の御手本、例へばボオドレエルの文芸批評を前にして、舟が波に掬はれる様に、繊鋭な解析と潑剌たる感受性の運動に、私が浚はれて了ふといふ事である。この時、彼の魔術に憑かれつゝも、私が正しく眺めるものは、嗜好の形式でもなく尺度の形式でもなく無双の情熱の形式をとつた彼の夢だ。それは正しく批評ではあるが又彼の独白である。人は如何にして批評といふものと自意識といふものとを区別し得よう。彼の批評の魔力は、彼が批評するとは自覚する事である事を明瞭に悟つた点に存する。批評の対象が己れであると他人であるとは一つの事であつて二つの事ではない。批評とは竟に己れの夢を懐疑的に語る事ではないのか！

結局、小林秀雄の批評とは、ボードレール（詩人）の批評なのであって、「彼の批評の魔力」とあるが、小林の批評も「魔力」を持っている。「この時、彼の魔術に憑かれつゝも、私が正しく眺めるものは、嗜好の形式でもなく尺度の形式でもなく無双の情熱の形式をとった彼の夢だ。」というのは、ほとんど小林の批評、例えば「モオツァルト」を読んだ人の「印象」ではあるまいか。小林は、『悪の華』を書かなかった、あるいは書けなかった（ここに、近代日本の宿命がある）ボードレールとして、ボードレールが批評を書いたように、批評を書いたのである。

『近代絵画』の第一章は、「ボードレール」と題されて、その中でボードレールのドラクロワ論が引かれているのも納得できることである。また、同じ『近代絵画』の「セザンヌ」の章の中で、ボードレールのヴァーグナー論の中の一節「批評家が詩人になるといふ事は、驚くべき事かも知れないが、詩人が、自分の裡に、批評家を蔵しないといふ事は不可能だ。私は、詩人を、あらゆる批評家中の最大の批評家とみなす」が論じられているのも同じようなことである。この一節は、小林が何回も引用しているものだが、小林は、自分の批評を「批評家を蔵し」た詩人の作品と「みな」していたのであろう。

デビュー作「様々なる意匠」の中で、次のように小林は書いていた。

扨て今は最後の逆説を語る時だ。若し私が所謂文学界の独身者文芸批評家たる事を希ひ、而も最も素晴しい独身者となる事を生涯の希ひとするならば、今私が長々と語つた処の結論として、次の様な英雄的であると同程度に馬鹿々々しい格言を信じなければなるまい。

「私は、バルザックが『人間喜劇』を書いた様に、あらゆる天才等の喜劇を書かねばならない」と。

確かに、小林秀雄の「モオツァルト」は、「天才等」の『人間喜劇』の高みに達している。特に、その第一節など、モーツァルト、ゲーテ、ベートーヴェン、メンデルスゾーン、ニーチェ、ヴァーグナー、トルストイ、などの「天才等」が登場する見事な『人間喜劇』の一場面になっている。

四

吉田秀和の「正確」を最も重視する批評にとって、「演奏」というものが批評の対象として、重要なものとなる。全集第一巻に収められているモーツァルト関連の論文は、これまでとりあげた「モーツァルト――出現・成就・創造」に続いて「モーツァルト――その生涯・その音楽」「手紙を通じてみるモーツァルト」「モーツァルトのコンチェルト」「モーツァルトへの旅」が入っていて、最後が「モーツァルトの演奏をめぐって」である。この「演奏」をめぐって批評をするようになると、吉田の筆は俄然、生き生きとして来るように感じられる。

「モーツァルトの演奏をめぐって」は、「ヘルベルト・フォン・カラヤン」「ダニエル・バレンボイム」「カサドシュとブレンデル」「ジョージ・セル」「マリナーとバルシャイ」「ハスキルとヘブラー」「ディヴェルティメント三曲」「《ハイドン・セット》の弦楽四重奏曲」「モーツァルトの音楽はどんな響きがしていたのか?――一七九〇年のハンマーフリューゲルによる演奏」「かけがえのないモーツァルトのレコード」から成り立っている。これらの指揮者やピアニストの「演奏」を吉田の耳は「正確」に聴き取る。そして、その特徴や他の演奏家との違いについて、「正確」な文章で批評するのである。前述の追悼文で、三木卓が「吉田秀和さんは、いつも先にすばらしい音楽体験をして、それを語ってくれ、それをどう感じとったかを、精細・確実に示してくれた。それ以前の音楽評論とは段ちがいの、焦点の合い方であり、緻密な分析は、豊かな感知力に支えられていた。」と評しているが、これは、吉田の批評が「正確」だったことをいっている訳である。死後、月刊『レコード芸術』に連載していた「之を好む者に如かず」が単行本になって、刊行されたが、この毎月、新しく出る様々な演奏家のレコード（CD）について、批評を続けたのは、吉田の本領を発揮したものであった。しかし、この手の演奏評は、えてして音楽についての「グルメ評論」になりがちなのに対して、吉田の批評は、そういうものには堕さなかった。それは、もともとの素質やフランス文学の批評精神についての教養とかが作用しているであろうが、小林秀雄の「モオツァルト」の「啓示」から出発したということも大きいかも知れない。小林は、若き日の中村光夫（『文學界』の「文芸時評」を小林が依頼した頃）に「時評は、文壇的問題を捕えて、それを文学的問題に還元する術だ。」といったということを、中村は『今はむかし　ある文学的回想』の中で、書いている。その助言は、若き日の吉田が聞いたとしてもおかしくはない。吉田のレコード批評が批評になっているのは、その時評（レコード批評）が、演奏界という「楽壇的」問題を捕えて、それを「音楽的」問題に還元しているからである。この巧みさが、吉田の真骨頂であろう。

「かけがえのないモーツァルトのレコード」の中で、ピアニストのゼルキンの演奏による「ピアノ協奏曲変ロ長調」（K. 595）のレコードについて、次のように書いている。演奏を語ることで、モーツァルトの本質にまで達するという吉田の批評の方法が、よく出ている箇所であろう。

ゼルキンの演奏を「理想的なもの」と呼ぶことは、たぶん、できないだろう。演奏にはもっときずの少ない、バランスのよりよくとれた、響きのより澄んで充実したものが今日でも、ありうるだろう。だが、本当をいえば、この曲はそれだけが揃っていても、まだ、足りないのである。これはピアノを超越した音楽なのだ。ベートーヴェンには、ときどき、そういう時のあったことは、誰でも知っている。後期のソナタや四重奏曲、あるいは「第九交響曲」にさえ、そういう個所がある。モーツァルトの場合は、そういうことはあんまりなかった。彼は、人の声や楽器の《自然》にさからうような書き方はしなかった。しかし、そういうモーツァルトだって、その《自然》から、少し遠ざかって、自分の中の《自然》あるいは《より深い真実》に近づいた時期もあったのである。この協奏曲は、そのまれな例の一つである。というのは、この曲のピアノの書き方が、ピアノとして不自然だというのではない。ピアノとして充分な、正しい響きをもってひいただけでは、この曲にもられたものの全部は出きらないということである。

ゼルキンは、そういう曲をひいて、理想的なものが、どこにあるか、それに、いちばん肉薄しているというのも、ここでのゼルキンの演奏は、その本質を、一口でいえば作品に対する謙虚、率直、作曲家に対する畏敬の念につらぬかれたものになっているからである。だからこそ、第二楽章の目立って遅めのテンポに運ばれた、あの簡潔なピアノがまるで嵐の前の静けさか何かのように、息苦しいほどの緊張を孕んだ音楽になったのだし、だからこそ、また、それに続く終楽章の、あの解放の歓喜が生まれてくるのである。ここには、何の誇張も劇化もない。すべては表現の真実につながっている。

いま気がついたが、ゼルキンには、同じ曲でオーマンディ＝フィラデルフィア・オーケストラという組合わせのレコードもある。しかし私の持っているのはコロンビア交響楽団をA・シュナイダーが指揮した古いモノーラル盤である（米国コロンビアML五〇一二）。これは「ハ長調協奏曲」（K四六七）とのカップリングになっている。これがまた素晴らしいのだ。この曲の第二楽章。あのオーケストラの三連符の伴奏に、ピアノがひとりで歌う音楽。モーツァルトの音楽に「憧れる時」、私が即座にイメージするものの最高の瞬間の一つがここに凝集している。

一方、小林秀雄は、「演奏」というものに吉田のように拘ることはなかった。もちろん「名演奏」というものを重んじなかった訳ではない。その音楽生活において、様々な演奏家を聴き、その個性や特徴について、対談などでは、語ったりしているが、本質において、小林はレコードに収録されているほどの演奏家の演奏であれば、モーツァルトの、あるいはベートーヴェンの芸術の神髄は聴き取れると考えていたようである。「演奏」を突き抜けて、本質に達するというのが、小林の批評の覚悟であった。その辺の事情を感じさせるのが、「蓄音機」（昭和三十三年）の中の一節である。

其後、私は絵の世界に没頭する様になつた。長年使つてゐた電蓄も破損したまゝ放つてあつたし、SPレコードは、書庫の一隅に、埃をかぶり、瓦石の小山となつて、何んとかして下さいよ、屑屋も持つてかないんですか、と家内がこぼす始末になつてゐた。最近になつて、やつと絵画に関する積年の想ひを吐露してみると、しばらく絵とはお別れだといふ気になつた。と思つたら急に音楽が恋しくなつた。（中略）生れて初めて、ＬＰレコードを、銀座に買ひに出かけた。可愛らしい小娘が控へてゐる。「ラズモフスキイをくれ」「何番ですか」「三つともくれ」「演奏者は何にいたしますか」「それが、わからないのだが、なにがいゝんだね」「お好き好きです」「新しい奴ほど音がいゝだらう」「はあ、録音はよろしくなつてをりますが、演奏には少し癖がございます」「では、その癖がある奴をもらつとかう」。

小林は「モオツァルト」の中で、ゲーテとトルストイは「鑑賞家の限度を超えて聞いた」と書いたが、吉田秀和という最上の「鑑賞家」の批評の在り方とこのように対比してくると、小林の「モオツァルト」が如何に異常なる燃焼をした詩的散文であることが、改めて分かってくるであろう。吉田秀和の「モーツァルト」は、近代日本における「文化」的業績であることは間違いない。しかし、小林秀雄の「モオツァルト」は、「文化」の「限度を超えて」創造された批評文学という、近代日本文学における奇跡的達成であった。

鎌倉妙本寺の海棠《かいどう》

今年（二〇〇七年）、生誕百年を迎える詩人の中原中也の故郷、山口市湯田温泉にある中原中也記念館では、様々な催しが行われるようであるが、そこに事務局を置く「中原中也の会」の大会が、九月八日の土曜日の午後、近くのホテルの会場で開かれる。大会のテーマは、中原中也と小林秀雄の交友を軸にしたもので、私は当日のシンポジウムに出席することになっている。

中也の詩は、多くの青年と同じく私も若い頃に愛読したが、編集と解説を担当した集英社文庫『汚れちまつた悲しみに……　中原中也詩集』が出たのが、平成三年（一九九一）のことである。もう十六年も前のことになる。「海ゆかば」の作曲家、信時潔についての本を上梓したのが二年前、まさに「思へば遠く来たもんだ」である。

小林秀雄は、何といっても私が文芸批評の道に進むのに決定的な動力を与えた人であり、これまで折に触れていろいろと論じて来たが、この二人のこととなるとまず私の頭に浮かぶのは、小林の「中原中也の思ひ出」である。中也が死んでから十余年経った、戦後まもなくに書かれたものである。「鎌倉比企ケ谷妙本寺境内に、海棠の名木があつた。」と書き出され、中也が死んだ年の晩春、この海棠の散るのを一緒に見たときのことが印象深くつづられている。その名木はその後枯死したが、その前年の満開は見事であったとつづけた上で、小林は「成程、あれが俗に言ふ死花といふものであつたかと思つた。中原と一緒に、花を眺めた時の情景が、鮮やかに思ひ出された。」と書いている。

私が浅草の吾妻橋畔から鎌倉に転居したのは、十一年前の初春のことだが、たまたま妙本寺から歩いて数分の所であった。その春に早速、そこの海棠を見に行った。その後、樹勢が衰えて、ずいぶん枝を落とされて小さくなっているが、境内には他にも海棠が何本もあり、桜も美しい。

妙本寺は、鎌倉でも観光客が余り多くない所で、季節を問わず私はよく散歩する。特に夕方近くなると、ほとんど人がいなくなり、実に広々として静かな空間である。日蓮宗のお寺で祖師堂という大きな瓦屋根が美しい建物が建っている。

「晩春の暮方、二人は石に腰掛け、海棠の散るのを黙つて見てゐた。」と小林は書いているが、恐らくこの「石」と思われるものが今ものこっている。散歩に来て、時々私は、この「石」にすわって、海棠をしばらく眺めていることがある。花の季節でないときでも、花が咲き、風に散るのが見えてくるような錯覚に襲われたりする。

二人の人間の精神の劇が行われたその辺りが、深々として何かトポスのように感じられる。歴史の奥にある、ざらざらしたものに触れて、ひりひりするような気がする。

書斎で仕事をしていて、ふと観念的に考えが空回りしているように感じられるとき、私は、ここに散歩に出て、何かリアルなものに触れに来る。妙本寺のこの空間には、歴史の重石《おもし》がたしかに存在しているように感じられるからである。私にとって、歴史に対する畏れのようなものを回復する貴重な場所なのである。

中也の死と「中原中也の思ひ出」の執筆の間、戦時中の昭和十七年（一九四二）に発表された有名な「無常といふ事」の中で小林は、「思ひ出が、僕等を一種の動物である事から救ふのだ。記憶するだけではいけないのだらう。思ひ出さなくてはいけないのだらう。多くの歴史家が、一種の動物に止まるのは、頭を記憶で一杯にしてゐるので、心を虚しくして思ひ出す事が出来ないからではあるまいか。」と書いた。

歴史が論争の材料となり、さらには政争の具とされる今日、歴史は様々な邪心をもって弄りまわされている。そんな中で「心を虚しくして思ひ出す事」は、実に難しいことに違いないが、「一種の動物」ではなく、真に「人間」になるには必須なことなのであろう。妙本寺の海棠は、私にそのことを思い出させてくれる「名木」である。

小林秀雄の三つの言葉

「善良な不平家というのが一番嫌いだ。一番救われない様な印象を常に受ける」

（『道徳について』一九四〇年）


今日の日本には、このような「不平家」があふれているのではないか。

自民党の時代には、その政治に「不平」をいい、その「不平」の欲求不満から政権交代を求め、いざそれが実現してみれば、民主党政権にも「不平」をつぶやいている。

この小林の言葉は、昭和十五年の「道徳について」の中にあるが、戦後の「モオツァルト」においては「不平家とは、自分自身と決して折合わぬ人種を言うのである。不平家は、折合わぬのは、いつも他人であり環境であると信じ込んでいるが」と書いている。

そして、ベートーヴェンは「己れと戦い己れに打勝《うち》ったのである」とつづく。

「善良」さとは、「己れと戦い己れに打勝」とうとする意志がないからにすぎない。だから、現在の日本の社会にも何か「一番救われない様な」閉塞感が漂っているではないか。

一人一人が「己れと戦い己れに打勝」とうとすることが、独立自尊の精神を日本に再建する道である。

「乃木将軍という人は、……明治が生んだ一番純粋な痛烈な理想家の典型だ」（『歴史と文学』一九四〇年）

司馬遼太郎の『坂の上の雲』が、NHKでドラマ化されたりして、いろいろと話題になっている。この日露戦争を中心に描いた大作でよく問題となるのは、乃木大将の評価である。『坂の上の雲』執筆開始の前年に刊行された『殉死』で司馬は「乃木ほど軍人の才能の乏しい男もめずらしい」と書いたが、この見方は『坂の上の雲』でも変わっていない。

小林のこの言葉は、真珠湾攻撃の半年余り前に発表された。まさに、戦時中の緊張感の中でのものである。

「……」には、「内村鑑三などと同じ性質の」と入る。「軍神」乃木大将と近代日本の代表的基督者、内村鑑三を並べてみせるところに、小林の曇りのない批評眼があらわれている。

「痛烈な理想」を欠いた「戦後民主主義」的な価値観では、乃木大将の真価と悲劇をとらえることができない。今日の日本人に回復されるべきは、平板な人間主義を超える深い人間観と悲劇の感覚であろう。

「いま一番おもしろいと思って読んでいるのは、大佛次郎の『天皇の世紀』だよ」
（『新潮』十一月号「鼎談」一九七一年）

NHK大河ドラマ「龍馬伝」がきっかけとなって、坂本龍馬ブームが起きているが、きっかけが何であれ、幕末維新期の歴史や人物に対する興味が若い日本人の間で高まるのはよいことだと思う。

小林は、戦時中に維新史料編纂事務局発行『維新史』という大部な専門書を読んで「僕等の先達の鮮血淋漓《りんり》たる苦闘の跡を、つぶさに辿ることが、一体何が専門的読書であろうか。それは、殆ど僕等の義務のように思う」と書いた。

たしかに、幕末維新期の歴史の激動やそこに登場する人物たちの生き方には、今日の日本人が「義務として」学ぶべき実に多くのものが含まれている。

小林が、その時代を描いた大作として高く評価したのが『天皇の世紀』である。作家の死によって未完に終わったこの史伝は、文春文庫でこの一月から刊行されている。

歴史の魂が書かしめたような、こういう「本物」で歴史の神髄を知るべきであろう。

「上手に思ひ出す事」の難しさ

この大部な郡司勝義著『小林秀雄の思ひ出――その世界をめぐって』を読み終えたとき、小林秀雄の「上手に思ひ出す事は非常に難かしい。」(「無常といふ事」)という名言が、頭に浮んだ。というのは、ここで小林秀雄が「上手に思ひ出」されているとは思えなかったからである。

小林秀雄その人は、「思ひ出」の達人であった。「富永太郎の思ひ出」「中原中也の思ひ出」「島木君の思ひ出」「菊池さんの思ひ出」など「思ひ出」と題されたものはいうまでもなく、「嘉村君のこと」や「大佛次郎追悼」のような内容的には「思ひ出」を語ったものも、皆すばらしい文章である。それぞれの作品で、「思ひ出」されている人間の本質を感嘆するしかないスナップショットで実に的確に浮び上がらせている。

一例を挙げれば、「島木君の思ひ出」の中で、小林と島木健作の「二人はよくのん気な旅行をした」といい、次のような情景を描いている。

宿屋に着いて手酌で一つぱいやる毎に、杯を伏せた彼の膳を眺め乍ら、こいつもせめて一本くらゐはいける様にならぬものかと思つた。遂にさういふ事にはならなかつたが、幾時だつたか、伊豆をぐるぐる廻り、熱川温泉での晩飯の折、彼がはじめて、どうだ一杯注がうかと酌をしてくれたのをよく覚えてゐる。生れてはじめて酌といふものをするといふ恰好であつた。

この島木の「恰好」は実に鮮やかで、刻苦精励の人であった島木という「作家の顔」が「上手に思ひ出」されているのである。

このように、小林が書く「思ひ出」が心を打ち、普通の作家論のスタイルで書いたものよりもかえって、鋭く本質を衝き、或る美しさが立ち上がっているのは、「他人の作品をダシに使つて自己を語る」とした小林が、その「思ひ出」においては、「自己」の強さがおのずと薄れ、「他人の作品をダシに使つて他人を語る」ことへと転向しているからである。いいかえれば、自己表現から他者表現へと、死者を「思ひ出」す過程において、重点がシフトしているのである。さらにいいかえれば、文章を書く上での動力が、決定的にまず「思ひ出」される他者の方にあり、自己はその動力につき動かされている。自己が動力ではない。これが、小林がレクイエムの大家たりえた秘密である。

翻って、本書の「思ひ出」の透明度の低さを思うとき、これは一体どこから来るものだろうかと考えざるを得ないのだが、それはまず、自己表現と他者表現の観点からすれば、自己表現の残滓が多く残っているからだと思われる。自己の臭みが、本書には強くただよっていて、それは読者がすぐ気がつくほどのものである。だから、ここには他者表現の美しさがあらわれていない。『小林秀雄の思ひ出』ではなく、『小林秀雄の側近くにゐた私の思ひ出』といった趣なのである。実に「思ひ出」としては、理解に苦しむ構成である。いろんなものが詰めこんである。逸脱だと思われるものも多い。話もあちこちに飛ぶ。小林秀雄の「思ひ出」を語る上で、はたして必要なものか疑問のように思われるものもある。この混乱は、「本舞台」と「楽屋落ち」の二つの方法の混在から来ているように思われる。

小林秀雄について書くとなれば、私にとっては、やはり本舞台をつとめなくてはならない。楽屋落ちに堕してはならない、といふ禁忌が、長い間、私を呪縛してゐた。本舞台を常に務めなければ、何を言ってみたところで所詮は犬の遠吠えにしか過ぎないからである。

だが、本舞台をつとめるとあらば、大所高所からの本格的な論をなさなくてはならない。そのやうな論をなすなど、私にはまったく能力がない、それをなし遂げるだけの根気がない、それ以上に人間の大きさの問題があるから、到底及ぶべくもない。

この「本舞台」をつとめなくてはならないという気持ちとそれができないのではないかという恐れとの葛藤が、本書から統一性と透明度を失わせた最大の原因ではなかろうか。しかし、「楽屋落ち」の方が「本舞台」より「思ひ出」を語る上で、方法的に劣っているということは決してないはずだし、現に小林が書いた「思ひ出」は、「楽屋落ち」の方向で立派に成り立っている。

本書とほとんど同時期に、高橋英夫著『小林秀雄　声と精神』が出たが、その中に「私が生身の小林秀雄氏にお目にかかったのは一度だけである。」とあった。「話した時間は幾らでもなかっただろう。」とも書かれていた。高橋氏の小林論の長い仕事を「本舞台」に立つものだとすれば、「本舞台」に立つためには、対象の肉体を知る必要はないのだということになる。肉体を見るのは、たとえば「一度だけ」で充分だし、話したとしても、その時間は「幾らでも」なくていいのである。かえって、その方が「本舞台」はつとまるであろう。逆に、眼を近づけ過ぎるとものが見えなくなるように、肉体を知り過ぎると、人格的重圧の下で、視線は屈折し、「本舞台」に立つ足元はふらつくこともあるであろう。だから、およそ二十年にわたって、小林の側近くにいた著者に期待されたのは、「本舞台」などではなく、「楽屋落ち」の中から小林秀雄の本質の一端に光をあてることであったように思われる。「大所高所」からではなく、たとえていえば小津安二郎のローアングルのように、下の方からじっと見つづけたものを「上手に思ひ出」せばよかったのである。

「上手に思ひ出す事は非常に難かしい。」という文章の直前には、「記憶するだけではいけないのだらう。思ひ出さなくてはいけないのだらう。多くの歴史家が、一種の動物に止まるのは、頭を記憶で一杯にしてゐるので、心を虚しくして思ひ出す事が出来ないからではあるまいか。」と書かれているが、本書の中にも二箇所、「頭を記憶で一杯にしてゐる」ように思われる著者が、「一種の動物」であることをやめ、「心を虚しくして思ひ出す事が出来」たと思われるところがある。一箇所は、小林秀雄ではなくて、菅原國隆の姿である。菅原「氏に初めて私が会つてから、さして時を置かない或る一日、私は山の上の小林秀雄邸でたまたま同席することとな」り、「言ふまでもなく酒席となつた。」

その帰途、門を出て神社の参道のやうな長い坂道を降りて途中の外燈のところまで来ると、立止つて上着の袖をたくし上げ、ワイシャツの袖に鉛筆で、今きいた話の要点を克明に書き記してゐるのであつた。しばらくしてその作業を終へると、あとは何事もなかつたやうに、さつぱりした涼しい顔をして街中を歩いて行くこととなつた。そのとき、確か氏が左利きで書いてゐるのを、うす暗がりの中で私は初めて見た。

ここには、名編集者といわれた人の美しさが、「上手に思ひ出」されている。これが可能になったのは、相手が、「呪縛」する小林秀雄ではなく、同じような立場にいて、年齢もさほど離れていなかったからであろう。平たくいえば、肩の力が抜けて、眼が活きていたのである。

もう一箇所は、小林秀雄に関するものである。本書で、著者が小林の重い気圧の下から脱して、遠くから小林を見たのは恐らくここだけだと思われるのだが、小林の「呪縛」からのがれて自由になった眼で見た情景である。「昭和五十一年一月二十日、小林秀雄は三十年近く住みなれた山の上の家から、広さも半分以下の町なかへ転居した」が、そのときの小林の姿が次のように書かれている。

その日、荷造りして整理してあつた引越し荷物——半年ほど前から、ぽつりぽつりと少しづつ心掛けて整理してゐた——を、朝早くから運び出し、午後も三時すぎる頃には、おほよその後片附けが新居では終つてゐた。夕方、小林秀雄は、外套を着てきちんとした身なりで、小さな風呂敷包を一つだけ持つて、山を降りて来た。さながら山を降りるダビデの観があつた。風呂敷包のなかは、愛用の万年筆とインク壺と書きかけの「信ずることと知ること」の原稿とが入つてゐた。

この小林秀雄の立像は、すばらしい。私はほとんど感嘆した。「山を降りるダビデ」とは、実に喚起力のある表現である。この小林の肖像は、「上手に思ひ出」されているといえるだろう。本書の他のところでは、著者の眼の高さが一定せず、弟子の眼になったり批評家の眼になったりして、視界が揺れ動くのが、うるさい感じをもたらしたものだが、この山の下から、遠く小林秀雄を見上げる視点が、本来の正しい眼の位置だったのである。先生を見上げる視点が、この美しい立像を可能にした。この立像は、ほとんど向うから現われているといってよい。そして、何か言葉を超えたものが見えている。これが、「思ひ出」の深さなのである。

小林秀雄は、たしかにダビデであった。「牡の文学」であり、美丈夫の文学であった。このダビデは、言葉の王国を建設したのである。

ところで、本書には清水崑の「すご」い絵がのっている。「左手遠方にゴルゴタの丘を描き、右手近景に曲折はげしい路を描きゴルゴタの丘へ通じさせ、その路を小林秀雄が歩いてゐるといふ図柄であった。しかも、目指す十字架の上には疑問符をのせて。」この昭和二十九年に描かれた小林の肖像は、小林の精神の道程を要約し、さらには予言している。この絵をとり上げたのは、本書の大きな功績だが、それはまた著者の精神のクリティカルな深所の要求につながっているのであろう。

小林秀雄は、日本の文学の歴史において、たしかにヨブでも、エレミヤでも、イザヤでもなく、ダビデになぞらえるのが最もふさわしい、輝ける才能の美丈夫であった。だから、このゴルゴタの路を歩いているのは、実はダビデだったのである。そして、このダビデは、美や精神の領域内の路の上では「疾走」したけれども、ゴルゴタへの路の上では「疾走」しなかった。その足どりは、不可思議なまでに遅疑逡巡していたのである。ゴルゴタの路を歩くダビデ、これこそが小林秀雄の精神の最終的な問題に他ならない。

批評精神の秘密を明かす魂の対話録

小林秀雄は、『諸君！』の創刊号（昭和四十四年七月号）に登場している。高尾亮一との対談「新宮殿と日本文化」である。

高尾亮一は、皇居造営部長として新宮殿造営を主宰した人である。

その対談の中で、小林は「ぼくはあの建築を見ていて、すぐピーンと来ましたね、この真ッ正直な、ごまかしのない姿は、現代のインテリの議論なぞとはまったく関係がない、ということがね。あなたの指揮のもとで宮殿をだまってつくった人たちはみんな本当の意味の職人でしょう。インテリなんていうつまらん人種は一人もいなかったでしょう。新宮殿の造営は戦後の大事件です。インテリが何の興味も持たなかった大事件ですよ。ジャーナリズムは事件とも認めていない。その点で現代日本の象徴的な事件でもあるな。」と語っている。ずばり小林秀雄らしい物言いである。

高尾亮一という「宮内庁の役人らしくな」い人物も「本当の意味の職人」の要素を持っていて、小林が好きなタイプである。話がかみあっていて、名対談といっていい。両者とも含蓄に富んだ発言を多くしているが、引用した小林の言葉は、小林の「現代日本」に対する批判のエッセンスがこめられている。

「インテリなんていうつまらん人種」「宮殿をだまってつくった人たち」「本当の意味の職人」といった表現は、小林のキー・ワードである。そして、新宮殿の造営が「戦後の大事件」であると見抜く、文化に対する深いとらえ方は、次のような発言とつながっている。

ところで、高尾さん、文学でもそうですが、美術でも自己主張のつよいものが現代はたいへん多いのですね。私はだんだんいやになってきた。今日もたくさん絵を見てきたんですけれども、みんな、芸術だァとどなっているようなものでしてね。そこへいくと宮殿はいいです。絵も調度もみんな建物に服従している。東山（魁夷）さんの絵だって、あれ何年かかったか知らないけどたいへんな努力ですね。しかもいわば匿名の努力でしょう。あそこでは美術はみんな匿名で実用品ですね。ほんとに気持がいいことだ。

小林秀雄に対して「ジャーナリズム」は、時に「知の巨人」といった呼び方をすることがあるが、とんでもない誤解である。小林は「知の巨人」などではないし、そういう存在を小林は最も嫌ったことであろう。

小林秀雄とは「真ッ正直な、ごまかしのない姿」の人なのである。宮殿が「頭でっかちでやかましい現代的教養、現代的芸術からずいぶんはなれたところに立っている」ように小林も「実に孤独な感じ」の存在なのである。

心を正しい位置に置くこと

小林秀雄と坂口安吾の対談「伝統と反逆」（昭和二十三年）は有名なものだが、その中でドストエフスキイの『カラマーゾフの兄弟』のアリョーシャをめぐって対話している。

安吾は「アリョーシャは人間の最高だよ。」という。そして、「ドストエフスキイがアリョーシャに到達したことは、ひとつは、無学文盲のせいだと思うんだよ、根本はね。」と語るのに対して、小林は「そんなこと、ないよ。」と答える。

安吾が「心が正しい位置に置かれてあったというだけじゃないかな。」というのを受けて、小林は「巧みに巧んで正しい位置に心を置いた人です。」と断言する。

それにならっていうならば、小林秀雄とは、「巧みに巧んで正しい位置に心を置いた人」なのである。「知の巨人」などではない。

今日では、「知の巨人」は、何人も「ジャーナリズム」の世界に現われているし、「知の超人」まで登場しているが、そもそも「知の巨人」などという在り方がすぐれたものだと思う「知」がどうにもならないものなのである。

「現代のインテリ」は、みな「知の巨人」願望の中に閉じこめられている。「正しい位置に心を置こうとは思いつきもしない。まず「正しい位置」という発想が生まれないのである。

「インテリなんていうつまらん人種」は、世界を、歴史を、そして人間を「解釈」したいという願望が肥大化している。そして、そのために、古今東西のあらゆる「知的」著作を読破することに努めている。さらに、現代の最新の思想的傾向にも眼を配ることに忙しい。「心」の「正しい位置」の感覚が失われていく。「よく知ることこそ問題なのだ。すべてを知ることは不可能だから。」とアランはいった。小林は、アランの『精神と情熱とに関する八十一章』を翻訳した人である。「よく知る」ためには、まず「心が正しい位置に置かれて」いなければならないのである。

小林秀雄の『諸君！』誌上の二回目の登場は、江藤淳との対談「歴史について」(昭和四十六年七月号)である。昭和四十年から『新潮』誌上に、ライフワーク「本居宣長」の連載をはじめていた小林だから、やはり宣長についての発言が目立つ。

「僕なんかたとえば宣長さんをやっていて、あの人の一ばん面白いと思うところは、あの人のことを調べていて誰も躓《つまず》いてしまう、そのところなんだ。どうしてあいう聡明な学問の方法を持った人に、無邪気な信仰があったか、という、そこのところなんだ。」と小林はいう。

これは、本居宣長という人も「巧みに巧んで正しい位置に心を置いた人」だということであり、この「正しい位置に置かれ」た「心」の奥に、「無邪気な信仰があった」ということなのである。

この「信仰」の問題は、『諸君！』誌上への三回目で、生前最後の登場である「信ずることと知ること」に通じている。昭和五十一年七月号である。この文章は、昭和四十九年八月の国民文化研究会における講演に基く。

昭和五十一年というと、私はもう大学生になっていたので、前の二つの対談のように後から文春文庫に収められたものを読んだのとは違って、『諸君！』を買って読んだように記憶している。もちろん、当時どれほど分ったかは疑問であるが、柳田国男の「故郷七十年」の中に書かれている十四歳のときの思い出を紹介しているところには鮮烈な印象を受けた。

旧家の奥の土蔵の庭に、祠《ほこら》があった。死んだおばあさんを祀《まつ》ってあるという。

柳田さんは、子供心にその祠の中が見たくて仕様がなかった。ある日、思い切って石の扉を開けてみた。そうすると、丁度握り拳くらいの大きさの蠟石《ろうせき》が、ことんとそこに納まっていた。実に美しい珠《たま》を見た、その時、不思議な、実に奇妙な感じに襲われたというのです。それで、そこにしゃがんでしまって、ふっと空を見上げた。実によく晴れた春の空で、真っ青な空に数十の星がきらめくのが見えたと言う。（中略）その時鵯《ひよどり》が高空で、ぴいッと鳴いた。その鵯の声を聞いた時に、はっと我に帰った。そこで柳田さんはこう言っているのです。もしも、鵯が鳴かなかったら、私は発狂していただろうと思う、と。

この蠟石は、中風になって寝ていたおばあさんがいつも撫でまわしていたもので、おばあさんを祀るのなら、これが一番いいと祠に入れてあったという。

この柳田国男の少年時代の思い出について、小林が「私はそれを読んだ時、感動しました。」と書くのを読んで、小林の批評の言葉の出処が「鴨が鳴かなかったら発狂したであろうというような、そういう柳田さんの感受性」と同じような性質のものであると感じとったのである。小林の言葉は、精神の危機から生まれる批評であって、いわゆる言論という「知」の営為ではない。

「信ずること」は、「正しい位置に心を置」くことから生まれるのであり、「知ること」の中に閉じこめられている「知の巨人」願望の「インテリ」には無縁である。

小林秀雄は、今日のいわゆる保守的言論人という「インテリ」とは本質的に違う人間である。「巧みに巧んで心を正しい位置に置いた人」に他ならない。しかし、真の保守とは、そのような「心」の置き方以外の何ものであろうか。

四　北村透谷

きたむら・とうこく（一八六八―九四）文芸批評家、詩人。『蓬莱曲』『楚囚之詩』、『透谷全集』全3巻（岩波文庫）

批評の塩について

今日、近代日本百余年の文学史を振り返るとき、偉観の一つは、北村透谷というわずか二十五歳と四カ月の若さで自死した人間に、「批評」の誕生という事件が起きたことである。その誕生した「批評」が、いかに発展し、深化したか。現実には、その「批評」が肥満し、あるいは空洞化し、そして衰弱していく歴史の暮方に、我々は立ち会っているのである。

昭和十年代にすでに小林秀雄は、「現代日本の表現力」の中で「最近の評論は、理論的に精巧になるに従つて、読者を説得する力を急速に失つて来てゐる。懐疑と言ひ独断と言ひ、元来その健全な形では、それは理論と人間とを合体させる触媒の様なものだが、嘗て兆民とか透谷とか天心とかいふ人達が、極く当り前なものとして持つてゐたさういふ批評の塩とでも言ふべきものを、現代の批評は紛失して了つたのである。」と書いた。

これが書かれてから、もう七十年近く経った。この傾向は、ただひたすら悪化している。「様々なる」「理論」が、「精巧」なものか粗雑なものかは問わず、あふれかえっているが、いわばそれらは人工的な化学調味料のようなものである。「批評」らしい味つけは簡単に出来るが、所詮、似て非なるものである。

しかし、透谷にはたしかに本物の「批評の塩」がたっぷりとある。その鮮度も全く失われていない。透谷とは何か、その「批評」とは何かを問い直すということは、その「批評の塩」を考えてみることに他ならない。「懐疑」がどのように深く鋭かったか、「独断」がどのように直観と啓示に満ちたものだったかに思いを至すことであり、いずれにせよそれらがいかに元手のかかったものであるかを思い知ることである。

内村鑑三は『ロマ書の研究』の中で、「此書ありしため地球の表面は幾度も改造せられたのである」といっているが、たしかにロマ書を読み直すことでキリスト教は蘇生したのであった。マルティン・ルターが、ロマ書を深く読んでプロテスタントを起こし、カール・バルトはロマ書講解を通して、キリスト教の歴史にコペルニクス的転回をもたらした。キリスト教が水平化して堕落したとき、ロマ書が読み直されて垂直性を回復し、復活するのである。

そのようなロマ書の位置を、「批評」の歴史において、透谷の文章は持っている。「批評」が弛緩して堕落したとき、透谷の「批評」が新たな視点から読み直され、効力ある「批評の塩」が発見されて、「批評」は蘇生するに違いない。その初心をとりもどすであろう。

「考へる事を為《し》て居る」人間の出現

一

島崎藤村が『春』の中で、青木駿一・北村透谷に次のように語らせたのはよく知られている。

「内田さんが訳した『罪と罰』の中にも有るよ、銭取りにも出掛けないで一体何を為て居る、と下宿屋の婢《をんな》に聞かれた時、考へることを為て居る、と彼《あ》の主人公が言ふところが有る。彼様《あゝ》いふことを既に言ってる人が有るかと思ふと驚くよ。考へることを為て居る――丁度俺のは彼《あれ》なんだね。」

内田魯庵が訳した『罪と罰』が刊行されたのは、巻之一が明治二十五年十一月、巻之二が明治二十六年二月のことである。この翻訳は周知の通り、大きな反響を呼び、多くの批評が書かれたが、それらの中でも、透谷のものが時流をはるかに抜いた、画期的な「批評」であったことは、今日では既に文学史上の常識に属する。

透谷の文章は二つあるが、後に執筆された『罪と罰』の殺人罪」の中に、次のような一節があり、これを藤村が小説の中に使った訳だが、このことは藤村の透谷理解がいかに深いものであったかをよく示している。

何が故に私宅教授の口がありても銭取道《ぜにとるみち》を考へず、下宿屋の婢に、何を為《し》て居ると問はれて、考へる事を為て居ると驚かしたるや。

この「考へる事を為て居る」という特徴的な表現は、魯庵訳の次の箇所から来ている。ラスコーリニコフが、「下宿屋の婢」ナスターシャに、「貴君はお金子の取れる事を何にもしないぢやアありませんか」と責められる場面である。

『自己だツて為てゐる事がある』無愛想に苦々しげに答へた。

『何を？』

『何をツて、或る事をサ』

『どんな事？』

暫らく黙して躊躇《たゆた》ツてゐたが、思切ツて威勢能く『考へる事！』

いている。

この「名訳」には、恐らく二葉亭四迷の影が射している。魯庵は、「例言」の中に次のように書

一余は魯文を解せざるを以て千八百八十六年版の英訳本（ヴヰゼッテリィ社刊）より之を重訳す。疑はしき処は惣て友人長谷川辰之助氏に就て之を正しぬ。本書が幸に英訳本の誤謬を免かれし処多かるは一に是れ氏の力に関はるもの也。

今日行われている日本語訳をみてみると、「考えてるのよ！」（米川正夫、新潮文庫旧版）、「考えごとをよ。」（中村白葉、岩波文庫旧版）、「考えごとさ」（工藤精一郎、新潮文庫）、「考えてるんだ」（江川卓、岩波文庫）、「考えごとさ」（池田健太郎、中公文庫）といった具合である。

英訳では、エブリマンズライブラリー、ペンギンブックスともに、'I am thinking' となっているが、魯庵が使った「ヴヰゼッテリィ社刊」のものは、ただ 'Thinking' のみとなっている。だから、「考へる事」と訳したのは、或る意味で明治初期らしい直訳体ともいえるであろう。たんに直訳体にすぎないといいえばそういえないことはないが、直訳体だからかえってラスコーリニコフの核心的な意味が顕現したともいえるのである。

「考へる事」という奇怪な直訳体には、『浮雲』の内海文三という人物を創造した二葉亭四迷の感覚が感じられるが、ここで注意すべき点は、翻訳文中の「為てゐる」と「考へる事」から「考へる事を為て居る」としたのは、透谷であるということである。「考へる事」には、文三・二葉亭的な「考へる事」についてのネガティヴなニュアンスがある。お勢に「不活発」といわれ、正宗白鳥が「めそ〳〵したじめじめした意気地無しかとも云へる人間」「内海のやうな愚図」と評した文三の性格が反映しているようであるが、青木・透谷の「考へる事を為て居る」には、「考へる事」の意義、そのポジティヴな面が一気に浮かび上がっている。一挙に飛躍している。透谷には、二葉亭のように自意識のとぐろを巻くといったところがない。透谷は、「考えている」と「考へる事を為て居る」の本質的な差異を鋭敏に感じとったのであろう。「考へる事」というユニークな表現は、透谷の精神の奥に突き刺さる力を持っていたのに違いない。

島崎藤村の『桜の実の熟する時』には、次のような青木・透谷の発言が記録されている。

「僕は単なる詩人でありたくない、thinkerと呼ばれたい」とか、左様いふ言葉が雑談の間に混つて青木の口から引継ぎ〳〵出て来た。沈思そのものとでも言ひたいやうな青木は、まるで考へることを仕事にでもして居る人物のやうに捨吉の眼に映つた。

この「thinker」は、思想家というよりも思索家と訳した方が正確である。近代日本においては特に、思想家とは、西洋の出来合の「様々なる」思想を勉強して覚えた人間にすぎなかったからである。その覚えたものを時代の状況に合せて、適当に塩梅する人間であった。知っていることを整理して並べているだけで、本人も「考えている」ような、いわば「思想家」であるような気になるものである。自分の頭で思索する人間は稀であった。「まるで考へることを仕事にでもして居る人物」こそ、思索家である。思想家でも、「考えている」ところまでは行く。しかし、真の思索家は、「考へる事を為て居る」という境地にまで達するのである。「考えている」では「考えている」のは「私」だが、「考へる事を為て居る」の場合、主体は何か「私」とは違ったものである。

中村光夫の『明治文学史』の第二章第五節「明治二十年代の意味」の中に、「明治十年代が、一種の疾風怒濤時代とすれば、二十年代は統制と安定の時期といえます。」と規定されているが、明治十年代を代表するものが、明六社の啓蒙思想であり、近代日本においては、思想家とは、実は啓蒙家にすぎなかったのであり、それは今日のように、現代の西洋思想（例えばフランス現代思想）が特にどうという程のものでもなくなったのに、相変わらず、それの啓蒙家が、「批評家」あるいは「思想家」であるかのような世評を得てしまい、本人もそう思い込んでいるという悲喜劇がえんえんとつづいている訳である。

中村が、同章の第四節「評論の時代――北村透谷を中心に」の中で、「鷗外、逍遙の間だけでなく、また文壇関係だけでなく、明治二十年代の中頃は、論壇が非常な活況を呈し、さまざまな意味深い論争が各界を通じて、行われた時代で、評論時代といえます。」と書いている。

たしかに、この「評論時代」には、「考えている」人間は、多く現れたに違いない。しかし、透谷はその間にあって、「考へる事を為て居る」人間として出現したのである。それが、「評論」ではなく、「批評」の出現ということであった。文学的創造が「批評」という形式で出現した。「評論家」ではなく、「批評家」の出現である。「評論」とは、「考えている」の世界であり、「批評」とは、「考へる事を為て居る」の境地だからである。そこで語られるのは、「私」の見解、感想ではなく、透谷の文体に何か定言命法のような上からの力があるのは、その故である。

周辺の多くの「評論家」の群れの中にあって、透谷は、自分の存在の意義を感じ、またそのユニークさを自覚していたからこそ、「考へることを為て居る——丁度俺のは彼《あれ》なんだね。」と語ったのであろう。

二

透谷没後百年を記念した「文学」の透谷特集号（一九九四年春季号）に、私は「透谷に於ける『他界』」と題した文章を寄稿した。そこで、私は、透谷の作品中、「他界に対する観念」の重要性を述べ、その文章中に出てくる「主観的願欲《デザイア》」と、「客観的圧抑《プレッシュア》」という特徴的な言葉に注目したのであった。それを使って私が試みた透谷評価における、「コペルニクス的転回」についてはここでは繰返さないが、その「客観的圧抑《プレッシュア》」をもって現れる「他界」については、例えば、「明治文学管見（日本文学史骨）」の中の次のような文章が連想される（「二、精神の自由」）。

倫理道徳は人間を羈縛《きばく》する墨縄《すみなわ》に過ぎざるか。真人至人の高大なる事業は、境遇と周辺と場所とによりて生ずるに止まるか。人間の窮通消長は、機会《チャンス》なるものゝ横行に一任するものなるか。吾人は諾する能はず。別に精神なるものあり、人間の覚醒は即ち精神の覚醒にして、人間の睡眠は即ち精神の睡眠なり、倫理道徳は人間を盲目ならしむるものにあらずして、人間の精神に愬《うつと》ふるものならずんばあらず、高大なる事業は境遇等によりて（絶対的に）生ずるものにあらずして、精神の霊動に基くものならざるべからず、人間の窮通は機会の独断すべきものにあらずして、精神の動静に因するものならざるべからず、精神は自《みずか》ら存するものなり、精神は自ら知るものなり、精神は自ら動くものなり、然れども精神の自存、自知、自動は、人間の内にのみ限るべきにあらず、之と相照応するものは他界にあり、他界の精神は人間の精神を動かすことを得べし、然れども此は人間の精神の覚醒の度に応ずるものなるべし。（傍点引用者）

「精神は自ら存するものなり、精神は自ら知るものなり、精神は自ら動くものなり」までのところは、「考えている」人間でも考えられることである。いわば「評論家」もここまでは考える。しかし、一回目の「然れども」以下は、「考へる事を為て居る」人間の境地である。これが「批評家」の言葉である。

これまでの透谷理解、あるいは評価は、一回目の「然れども」より前のところの言説を「近代」

の先駆者としての発言として評価するというものであり、「然れども」以下の文章は、避けて通ったのである。「近代」の先駆者としては、余りに神秘主義的であったからである。私が、「コペルニコス的転回」しようと思ったのは、この「他界」を語る透谷こそ、透谷の核心だという点によってであった。(1)

「他界」と「相照応」できるのは、その人間の精神の「覚醒の度」によるという。「覚醒」をここまで深くとらえたのが、透谷に他ならなかった。「人間の精神の覚醒」を、「精神の自存、自知、自動」の段階で、満足しているのが（透谷的にいえば「自足」しているのが）、「考えている」人間であり、「評論家」である。それに対して、「他界」に「覚醒」するのが、「考へる事を為て居る」人間であり、「批評家」なのである。

透谷の本質を、これまで意図的に避けて通ったと思われるのは、有名な「内部生命論」の次のような文章にも見てとれると思われる。

夫《そ》れヒユーマニチー（人性、人情）とは、人間の特有性の義なり。詩人哲学者は無論ヒユーマニチーの観察者ならずんばあらず、然れども吾人は恐る、民友子の「観察論」の読者には、或は詩人哲学者を以て単に人性人情の観察者なりと、誤解する者あらんことを。民友子の「観察論」を読みたる人は必らず又た民友子の「インスピレーション」を読まざるべからず。然らずんば吾人民友子に対する誤解の生ぜんことを危ぶむなり。詩人哲学者は到底人間の内部の生命を解釈《ソルブ》するものたるに外ならざるなり、而して人間の内部の生命なるものは、吾人之を如何に考ふるとも、人間の自造的のものならざることを信ぜずんばあらざるなり、人間のヒユーマニチー即ち人性人情なるものが、他の動物の固有性と異なる所以の源は、即ち爰《ここ》に存するものなるを信ぜずんばあらざるなり。生命！　此語の中にいかばかり深遠なる意味を含むよ。宗教の泉源は爰にあり、之なくして教あるはなし、之なくして道あるはなし。之なくして法あるはなし。真理！　世上所謂真理なるもの、果して何事をか意味する。ソクラテスも霊魂不朽を説かざれば、一個の功利論家を出る能はざるなり、孔子も道は邇《ちか》きにありと説かざれば、一個の藪医者たるに過ぎざりしなり。道は邇きにありと言ひたるもの、即ち、人間の秘奥の心宮を認めたるものなり。霊魂不朽を説きたるもの、即ち生命の泉源は人間の自造的にあらざるを認めたるなり。内部の生命あらずして、天下豈《あに》、人性人情なる者あらんや。インスピレーシヨンを信ずるものにあらずして、真正の人性人情を知るものならんや。五十年の人生を以て人性人情を解釈すべき唯一の舞台とする論者の誤謬は、多言を須《もち》ひずして明白なるべし。（傍点原文）

ここでも、「考えている」までの「詩人哲学者」「評論家」は、「ヒユーマニチー」を「単に人性人情」ととらえるだけであり、「内部の生命」も、人間の内面とほとんど同じように考えられてしまうのである。

透谷は、はっきりと、「内部の生命」は、「人間の自造的のものならざること」、すなわち、人間が自分で、こしらえ上げるものはないことをいっている。「人間の秘奥の心宮」は、人間が造ったものではない。

「インスピレーション」も、「之（精神）と相照応するものは他界にあり、他界の精神は人間の精神を動かすことを得べし」という「明治文学管見」から先ほど引用した言葉につながっているのである。「考へる事を為て居る」というのは、「五十年の人生」という肉体の精神（自存、自知、自動としての）の制限を超えて、「自造的ならざる」「内部の生命」に「覚醒」していることである。このレベルの「覚醒の度」に達していることである。「内部生命論」の終結部分には、「再造」という言葉が出てくる。「内部の生命」は、「自造的のものならざる」ばかりではなく、ついには「再造」されなければならないのである。「考えている」ことと「考へる事を為て居る」ことの距離は、根源的に遠いといわざるを得ない。

瞬間の冥契とは何ぞ、インスピレーション是なり、この瞬間の冥契ある者をインスパイアドされたる詩人とは云ふなり、而して吾人は、真正なる理想家なる者はこのインスパイアドされたる詩人の外には、之なきを信ぜんとする者なり。インスピレーションを知らざる理想家もあらん、宗教の何たるを確認せざる理想家もあらん、然れども吾人は各種の理想家の中に就きて、斯の如きインスピレーションを受けたる者を以て最醇最粋のものと信ぜんとするなり。インスピレーションとは何ぞ、必らずしも宗教上の意味にて之を言ふにあらざるなり、一の宗教（組織として）あらざるもインスピレーションは之あるなり。一の哲学なきもインスピレーションは之あるなり。畢竟するにインスピレーションとは宇宙の精神即ち神なるものよりして、人間の精神即ち内部の生命なるものに対する一種の反応に過ぎざるなり。吾人の之を感ずるは、電気の感応を感ずるが如きなり、斯の感応あらずして、曷《いずく》んぞ純聖なる理想家あらんや。

この感応は人間の内部の生命を再造する者なり、この感応は人間の内部の経験と内部の自覚とを再造する者なり。この感応によりて瞬時の間、人間の眼光はセンシュアル・ウオルドを離るゝなり、吾人が肉を離れ、実を忘れ、と言ひたるもの之に外ならざるなり、然れども夜遊病患者の如く「我」を忘れて立出るものにはあらざるなり、何処までも生命の眼を以て、超自然のものを観るなり。再造せられたる生命の眼を以て。

再造せられたる生命の眼を以て観る時に、造化万物何れか極致なきものあらんや。然れども其極致は絶対的のアイデアにあらざるなり、何物にか具体的の形を顕はしたるもの即ち其極致なり、万有的眼光には万有の中に其極致を見るなり、心理的眼光には人心の上に其極致を見るなり。

「再造」されるとは、何か。人間からの「内部の経験と内部の自覚」を棄却されることである。「考えている」人間が、結局従っている人間からの思考の、いわばプログラムを破壊されることである。そして、「考へる事を為て居る」人間へと「再造」される。「考へる事を為て居る」人間は、いわば

プログラム・フリーなのである。(2)

およそ、「考えている」人間は、思想家として、文学者として、哲学者として、評論家として、あるいは社会啓蒙家として等々と、「様々なる」プログラムの中で、「考えている」にすぎない。近代日本においては、その外発的な時代においては、特にそうであった。その中で、「考へる事を為て居る」人間の出現は、画期的なことであり、この「考へる事を為て居る」人間こそ、「批評家」なのである。

そして、「極致」を表現するものが《批評》である。いわゆる評論が、「様々なる」立場、プログラムに左右される相対的なるものにとどまるに対して、ついに「絶対」に達するのである。「再造」されることなく「性来《うまれつき》のままなる人」の眼が、眼の方から見るのに対して、「再造せられたる生命の眼」には、逆方向に、対象の方から顕現、あるいは黙示されてくるのである。「客観的圧抑《プレッシュア》」をもって現われるのである。一方、「性来のままなる人」の眼は、「主観的願欲《デザイア》」によって見る。

対象の方から近づいてくるものが、《批評》であり、対象を追いかけまわしているが、「覚醒」しない批評、すなわち評論である。

この透谷の出現、すなわち《批評》の出現の後、「考えている」評論家、あるいは文芸評論家は、多数登場した。長谷川天渓、島村抱月、片上天弦、赤木桁平等、名を挙げるのも煩わしいくらいである。しかし、《批評》の再びの出現には、昭和に入っての小林秀雄を待たなければならなかった

のである。(3)

注

(1) 透谷が、小林秀雄と同じくミスチックであることについては、「透谷・小林・ミスチック」(『透谷と現代』翰林書房、一九九八年五月、のちに『批評の時』構想社 二〇〇一年三月)で、中村光夫の見解を受けて展開した。

(2) 透谷と小林が、いわば「文化外」に立った人間であることに関しては、「透谷・小林・モーセ」(『文学研究のたのしみ』鼎書房、二〇〇二年四月、本書所収)の中で、私はモーセ的役割をこの二人が近代日本で果した点を指摘した。

(3) 白洲明子「父・小林秀雄」(生誕百年記念『新潮』四月臨時増刊「小林秀雄百年のヒント」)の中に、「父の中には『考える虫』が住んでいて、この『虫』は、晩酌がはじまるとやっと静かになってくれました。ですからそれ以外の時間は、父にとって仕事中なんです。」とある。小林もまた、「考へる事を為て居る」人間であった。

透谷の「眼高」

東京銀座の泰明小学校に「島崎藤村　北村透谷　幼き日こゝに学ぶ」と記した石碑が建っている。透谷は明治元年、藤村は明治五年の生まれであり、透谷は藤村に深い影響を与えた文学上の先達であった。本来ならば、この記念碑には透谷の方が先に書かれるべきであろうが、晩年に大作『夜明け前』を完成させて、昭和十八年、七十一歳で没した藤村の方が、明治二十七年に満二十五歳と四カ月の若さで自殺した透谷より世間的に大きく見えるのは、仕方のないことであろう。

しかし、透谷は藤村と出会わなくとも透谷でありえたが、藤村はその若き日に透谷と出会わなければ、藤村にはなりえなかったのである。藤村は、それをよく知っていた。だから、透谷についていくつも思い出を書きのこしているが、大正十年の「北村透谷二十七回忌に」の中に、「その惨澹とした戦ひの跡には拾つても拾つても尽きないやうな光つた形見が残つた。彼は私達と同時代にあつて、最も高く見、遠く見た人の一人だ。」と書いている。

たしかに、透谷は近代日本において「最も高く見、遠く見た人」であった。透谷の死後、尾崎紅葉などの硯友社もその後の自然主義文学も、「高く見、遠く見」ることはなく、近くのもの、低いものを凝視するようになった。それは、やがて私小説という日本独特の形をとって、それなりに「名作」は生んだのである。

自然主義以降、「様々なる」流派が発生しては消えていったが、いずれも自然主義を基盤にしたものであることに変わりはなく、「高く見、遠く見」る姿勢は稀薄であった。

中村光夫は、近代日本には二人の批評家しかいなかった、それは北村透谷と小林秀雄だといった。二人は、反自然主義であること、また「同時代にあつて、最も高く見、遠く見た人」であることが共通している。

その小林秀雄が中村光夫との対談（「文化の根底をさぐる」昭和三十四年）の中で、「眼高手低」という言葉を面白い使い方で使っている。普通、この言葉は、理想は高いが、創作力が伴わないというほどの意味で用いられるが、小林は肯定的な意味合いに逆転させる。中村が批評した二葉亭四迷を引きあいに出して、二葉亭は「眼高手低」だという。洋画家でいえば、青木繁は「眼高手低」だという。つまり、近代日本において、すぐれた人間は「眼高手低」たらざるを得なかったのだということである。出会った西洋を「眼高」でたしかに「見た」が、「手低」であった。「手」が「手高」になるほどの伝統も時間もなかった。そこに近代日本の精神の悲劇があった。

透谷は、まさに「眼高手低」の人であった。「最も高く見、遠く見」た眼は、驚くべき高さであり、「手」の低さなど考慮しなかった。「手」の低さを慎重に配慮して、眼の高さを調整するような小賢しい人間ではなかった。「文学は人間と無限とを研究する一種の事業なり」と透谷は言った。

透谷という、わずか二十五年余りで死んだ青年に「批評」の誕生という事件が起きてから、すでに一世紀が経った今日、「批評」はどうなっているか。一言でいえば、「眼低手低」になっているのではないか。落差がないから、そこには、精神の劇が起きようがない。

眼は、「高く見、遠く見」ることなく、結局は時評的なものに行き着いてしまうものに関心が集中している。一方、「手」の方は、真の意味の修練によって高くなるどころか、さらに低くなり、「様々なる」知識、情報、最新の現代思想のあれこれのつまみ食い、あるいは飽食によって、ただ肥えふとっている。知識や分析の開陳で自足している。

藤村のいう「光つた形見」は、これまでそれぞれの時代の必要に応じて、いくつか「拾」われてきたが、今日「拾」うべきものは、透谷の「眼高」の高さ、激しさである。そのためには、まず肉付きのいい「手」を恥じなければならない。

透谷と中也――「お前の評論はこうだからな。」

これまで私は、北村透谷と中原中也を並べて考えることを一度もしたことがなかった。これは、よく考えてみると不思議である。

現に、佐藤泰正氏や北川透氏のように、透谷と中也の両方に深い関心を持っている人は少なくない。また、私自身、透谷についていろいろ書いてきたばかりではなく、中也の詩も昔から好きであったし、じつはもう十五年ほど前になるが、集英社文庫の『中原中也詩集』の選と解説を担当したことがある。

恐らく、透谷のことを私は、どちらかというと「批評家」として認識し「詩人」として余り考察して来なかったからであろう。断るまでもなく、これは透谷が「詩人」でなかったということではない。透谷の「詩」は「批評文」の方に表現されたと考えているという意味である。

しかし、この間或る必要があって、中村光夫の『今はむかし　ある文学的回想』を読んでいて、中也が出てくるくだりで、ふと透谷を連想したことがあった。

この回想を書いたとき、中村は五十九歳であった。鎌倉に移って来た中也と若き日の中村は、しばしば交友したが、次のようなことを書いている。

遠慮なくいえば、僕は、この実践的な純粋性が、作詩の母胎としては実に有効だが、自己と現実との関係で或る短絡（ショート・サーキット）をおこしているのではないか、一度所有した絶対を手放して、相対の人間世界にもどることが必要なのではないかと思っていました。

あるときそれをいうと、氏はしばらく瞑目して黙っていましたが、やがて首をゆっくり左右にふって、大きく両眼をあき「お前の評論はこうだからな。お前にはそう見えるのだろうな」ともいいました。

氏の「批判」はさすがに正確で、僕は二の句がつげませんでした。氏が自分の道をまっしぐらに歩いて、詩に殉職してしまってから三十年たちますが、氏の倍の年齢に手がとどくいまになって「絶対」を欠く人生の無意味がようやく実感されます。

「どうだ、大分無駄飯を食ったな」と、うっかりあの世に行くと氏にいわれそうです。

「ようやく実感されます。」というくだりでは、鎌倉ケーブルテレビでかつて見た中村光夫の映像を思い出す。『今はむかし』を書いてから、十年ほど後に制作されたと思われる番組で、中村の人と文学を紹介した三十分のものである。そういう古いビデオだが、地元ケーブルテレビではときどき思い出したようにこの手のものを流しているので、二、三年前に見たと思う。

ラストシーンで、鎌倉の材木座海岸に、七十歳近い中村が海を眺めながらすわっている。その晩年の姿は、まさに『絶対』を欠く人生の無意味がようやく実感され」ているといった哀しみがにじみでているものであった。私は、この当時の中村光夫に何回か会っているので、この映像を見て、懐かしさで心が一杯になるとともに、その哀しみが深く感じられて、正視していられなかった。

透谷もまた、「自分の道をまっしぐらに歩いて、詩に殉職してしまっ」た人であろう。「一度所有した絶対を手放して、相対の人間世界にもどること」をついにしなかった「詩人」である。透谷の「批評文」に、「絶対」はライトモチーフのようにあらわれるが、例えば「人生に相渉るとは何の謂ぞ」の中の有名な一節、「彼は実を忘れたるなり、彼は人間を離れたるなり、彼は肉を脱したるなり。実を忘れ、肉を脱し、人間を離れて、何処にか去れる。杜鵑《ほととぎす》の行衛《いくえ》は、問ふことを止めよ、天涯高く飛び去りて、絶対的の物、即ち Idea にまで達したるなり。」を挙げておこう。

透谷と中也は、「絶対」を「所有した」詩人として、やはり共通したところがあり、自殺と狂死という、短命に終わったのも偶然ではない。

だから、透谷研究家は、透谷に近づくのに十分気をつけなければならないであろう。「絶対」を「所有」しない研究家は、透谷から「お前の研究はこうだからな。」という「批判」を受けるのを甘受しなければならない。そして、長年の間、透谷を研究したあげくに、「今になって、『絶対』を欠く人生の無意味がようやく実感され」るといった事態に陥りかねないであろう。

透谷の核心は、「絶対」である。この「絶対」への激しい希求がその根底にあるドイツ・ロマン主義の問題に、最近私が関心を寄せているのも、この辺に透谷理解の新たな鍵の一つや二つが隠れているように予感されるからである。

III

一　信時潔

のぶとき・きよし（一八八七―一九六五）作曲家。「沙羅」「海行かば」、交声曲「海道東征」、校歌・社歌・団体歌の作曲多数

「海ゆかば」の作曲家

昭和史の様々な局面を象徴している音楽は、軍歌、国民歌謡、歌謡曲などの中に数多く存在するが、昭和史の悲劇が鳴り響いている音楽となれば、「海ゆかば」にとどめを刺す。

この名曲を作曲したのが、信時潔である。「海ゆかば」といっても、聴いたこともないという日本人が戦後六十余年経った今日ではずいぶん多いに違いない。曲名すら知らないというのが、若い人では大半であろう。いわんや、作曲家の信時潔にいたっては、「のぶとき　きよし」と読める人が果してどれだけいるのか、大いに疑問である。

「海ゆかば」は、昭和十二年、万葉集巻十八に収められた大伴家持の長歌の一節「海行《ゆ》かば　水《み》漬《づ》く屍《かばね》　山行かば　草生《む》す屍　大君の　辺《へ》にこそ死なめ　顧みはせじ」に作曲されたものである。

当時、信時潔は五十歳、東京音楽学校の教師であった。

この曲は、戦時中、第二の国歌のようにさかんに歌われたが、戦局の悪化に伴い、鎮魂曲《レクイエム》のように演奏されることになり、日本人の精神の深所に染み入ったのであった。

明治の批評家・斎藤緑雨は「音楽は即ち国のさゝやき也」といった。「海ゆかば」はまさに、昭和史における苦難に満ちた時代の「国のさゝやき」であったといえるであろう。

この名曲は、敗戦と同時に一転して封印され、表立って歌われることがなくなってしまった。戦前と戦後の断絶を象徴する典型的な一例が、この「海ゆかば」の運命である。

この名曲の封印と作曲家・信時潔の黙殺は戦後日本の歪みと空しさを象徴しており、私はそれに対する義憤の心から、『信時潔』という一冊の本を戦後六十年、信時潔没後四十年の平成十七年に上梓した。この小著が、信時潔と「海ゆかば」の復権の動きの一助となったのは、とてもうれしい。

この沈痛で壮大な音楽を作曲した信時潔は、やはりこういう曲を作るだけの深みを持った人物であった。

信時潔は、明治二十年に大阪に生まれた。実父吉岡弘毅は、当時大阪北教会の牧師であった。三男で、十一歳のとき、この大阪北教会の熱心な信徒である信時義政という元和歌山藩士の養子となった。

この吉岡弘毅という人物は、いわゆるサムライ・クリスチャンの一人である。弘化四年（一八四七）津山藩の医師の家に生まれ、漢学を学び、十六歳で『日本外史』の頼山陽の高弟、森田節斎の門に入り、尊王攘夷の精神を大いに養われた。

その後、七卿落ちの公卿の一人壬生《みぶ》基修の家臣となり、戊辰戦争に際しては壬生卿に従って北陸で戦った。

このように幕末維新の時代を生きた、一人の典型的な人物が、明治初年に新旧約聖書と出会い、クリスチャンとなる。

吉岡弘毅は、明治維新のときすでに二十一歳であったが、十四歳年下で七歳で維新をむかえた内村鑑三は、晩年、昭和三年に「武士道と基督教《キリスト》」と題した講演の中で「明治の初年に当って多くの日本武士が此《この》精神に由りて基督信者になつたのであります。沢山保羅、新島襄、本多庸一、木村熊二、横井時雄等は凡《すべ》て純然たる日本武士でありました」といった。

内村自身が無論、この系譜に入る訳だし、吉岡弘毅という人物もまた、そうであった。「此精神」とは、「正直」「勇気」「誠実」などを重んじる、武士道的なものを指す。念のために付け加えておけば、吉岡や内村の「基督教」と今日の「キリスト教」とは似て非なるものである。内村と吉岡は、明治三十年前後から深い交友関係を結ぶのだが、このようなサムライ・クリスチャンの持つ精神的気圏は、息子信時潔にも流れているものであった。

このような精神的気圏は、「明治の精神」の一つのあらわれともいえるであろう。内村鑑三は、「武士道に接木《つぎき》されたる基督教」といういい方をしたが、「明治の精神」とは武士道に何ものかが接木されたものなのである。

一言で「明治の精神」といっても、それを体現する人物たちは多様である。福沢諭吉、岡倉天心、中江兆民、夏目漱石、そして内村鑑三といった名前がすぐ思い浮かぶ。内村の場合はいうまでもなく、基督教が接木されたが、福沢の場合は、「文明」であり、天心の場合は、フェノロサの眼、兆民はルソー、漱石はイギリス文学といった具合に、それぞれの個性と宿命に応じて、様々なものが接木されたのである。

この劇的な出会いと格闘が、「明治の精神」の背丈の高さと悲劇性を生んだのであり、信時潔の場合は、バッハが接木されたのである。信時潔は、一歳違いの山田耕筰のように西洋音楽の先端を追いかけることはしなかった。バッハを中心とした古典音楽にがっちりと対峙した人であった。この辺に、この人の「古武士」らしさがある。

風貌がまず、西洋音楽の教授とはとても思えないものであった。大工の棟梁か、植木職人の親方か、何か侠客の風もある。この剛毅朴訥の人は、戦後の逆風の中にあっても、「自分は歴史の激流中にあつた当時の国民感情を、国民のひとりとして、うたつただけだ」とだけ語り、「戦後民主主義」に迎合することは決してなかった。

「海ゆかば」という名曲は、バッハと万葉集が、信時潔という「古武士」的な精神の中で奇蹟的に結びつけたものなのである。だから、バッハのコラール、あるいは讃美歌のように響き、戦時中、鎮魂曲《レクイエム》のように聴かれたのも自然なことであった。

信時潔の「古武士」のような偉さに深く思いを致し、「海ゆかば」に耳を澄ますとき、日本人は初めて昭和史の悲劇に推参できるであろう。

「海ゆかば」――「義」の音楽

「海ゆかば」は、「義」の音楽である。「美」の音楽ではない。「海ゆかば」は、美しい曲ではない、崇高な曲であるといいかえてもいい。

内村鑑三は、「美と義」と題された文章（大正十二年）で、次のようにいっている。

〇文明人種が要求する者に二つある。其一は美である、他の者は義である。美と義、二者孰《いず》れを択《えら》む乎《か》に由て国民並に其文明の性質が全く異るのである。二者孰れも貴い者であるに相違ない。然し乍《なが》ら其内孰れが最も貴い乎、是れ亦《また》大切なる問題であつて、其解答如何によつて人の性格が定《き》まるのである。

〇国としてはギリシヤは美を追求する国でありしに対してユダヤは義を慕ふ国であつた。其結果としてギリシヤとユダヤとは其文明の基礎を異にした。日本は美を愛する点に於てはギリシヤに似て居るが、其民の内に強く義を愛する者があるが故に、其国民性にユダヤ的方面がある。

伊太利《イタリヤ》、仏蘭西《フランス》、西班牙《スペイン》等南欧諸邦は義よりも美を重んじ、英国、和蘭《オランダ》、スカンダナビヤ諸邦等北欧の諸国は美よりも義に重きを置く。美か義か、ギリシヤかユダヤか、其選択は人生重大の問題である。

○美の美《うる》はしきは勿論言ふまでもない。殊に我等日本人として美を愛せざる者は一人もない。美は造化の特性である。神は万物を美しく造り給うた。花や鳥が美しくある計《ばか》りではない。山も川も、海も陸《くが》も、天空《そら》も平野も、すべて美しくある。そして単に美しいと云はるゝ者のみが美しいのではない。醜《みにく》しと云はるゝ者までが美しいのである。克《よ》く視れば蛇も蟇蛙《がまがえる》も美しくある。岩も礫《こいし》も美しくある。物として美しくない者はない。「諸《もろもろ》の天は神の栄光を現はし、大空は其聖手《みて》の業《わざ》を示す」と歌ひて、我々は造化に顕はれたる神の美を歌ふのである。讃美歌は神の美の讃美である。美はたしかに神の一面である。美を知らずして神を完全に解する事は出来ない。

○然し乍ら美は主《おも》に物の美である。肉体の美である。花と鳥との美である。山水の美である。水晶と宝石の美である。即ち人間以下の物の美である。然るに茲に人間と云ふ霊的存在者が顕はれた時に美以上の美が顕はれたのである。之を称して義と云ふ。義は霊魂の美である。物の美とは全く性質を異にしたる美である。そして霊が物以上であるが如くに義は美以上である。人間に在りては、其外形《かたち》は醜くあるとも、若《も》し其心が美しくあれば、彼は本当に美しくあるのである。予言者が最上最大の人格者を言表はしたる言葉に「我等が見るべき麗はしき容《すがた》なく、美しき貌《かたち》なく、我等が慕ふべき艶色《みばえ》なし……我等も彼を尊まざりき」とある（イザヤ書五十三章二、三節）。しかも此人が最も優れたる人であつたのである。ソクラテスは最も醜き人であつた。然るに彼はギリシヤ人中第一人者であつたのである。パウロは身長《せい》の低き、まことに風采の揚らざる人であつた。然し彼の主たりしイエスキリストを除いて、彼よりも大なる人は無かつたと言ひ得る。其他すべて然りである。人間に在りては其美は内に在りて外にない。人の衷なる美、それが義である。茲に於てか義は美よりも遥かに大なる美である事が解る。

（傍点原文）

「美か義か、ギリシヤかユダヤか」、これが実は「人生重大の問題」なのである。あらゆる問題は、この根本問題に淵源を有する。この第一問題が、「重大」な問題であると認識する「常識」こそが、今日まず必要とされるであろう。この根本問題にさかのぼらない末梢的な思考が、余りにも多い。

「日本は美を愛する点に於てはギリシヤに似て居るが、其民の内に強く義を愛する者があるが故に、其国民性にユダヤ的方面がある。」という指摘は、日本あるいは日本人を考える上で、決定的に重要な点である。

大ざっぱにみれば、「日本は美を愛する」ように見える。例えば、日本美術史の方面で考えてみても、「美」だらけである。いわゆる「日本的美」というものが、特徴として、はっきりあらわれている。また、人生の美学などと、すぐ口走る。

しかし、「其民の内に強く義を愛する者がある」のである。日本の歴史には、このような少数派ともいえるし、かりに「美を愛する」日本人を日本人らしい日本人とすれば、日本人離れしているともいえる人間が、時々出現する。これが、日本の歴史を一本の背骨のように貫いており、表層的にみれば骨抜きになった「美」だらけの日本を、かろうじて支えているのである。「ギリシヤに似て居る」が、「其国民性にユダヤ的方面がある」ことが、日本を、或る意味で複雑なものにしており、日本の背骨を見えにくくしている。そこから、通俗的で平板な日本人論が語られるのであろう。

この背骨が、誰の眼にもはっきり見えるのが、幕末維新期の日本であろう。この時代こそ、「其民の内に強く義を愛する者」が輩出した時期である。吉田松陰や西郷隆盛をはじめ、幕末の志士といわれる人々は、みなそうであった。

そして、この幕末維新期の「義」の精神を強く引継いだものが、「明治の精神」であり、これも「義」に貫かれていた。「美と義」を書いた内村鑑三が、まずそうだし、親友で『武士道』の著者、新渡戸稲造もそうである。明治の思想家、文学者で、今日でも意味を持っているのは、このような「明治の精神」を体現している者たちに限られるであろう。

美術でいえば、富岡鉄斎などは「義」の画家である。美術であれば、一見、美をめざすように思われがちだが、実は「義」の人間であったということが、富岡鉄斎という画家の秘密であり、魅力の源泉である。

音楽でいうならば、信時潔は、「義」の音楽家なのである。そして、「海ゆかば」は「義」の音楽である。信時潔と対比的に論じられる山田耕筰を引き合いに出すならば、山田は「美」なのである。そして、近代日本の音楽家の多くが、「美」なのである。西洋音楽の多様な「美」、多種の「美学」を受け入れるのに急であった。そんな夏目漱石的にいえば「外発的」な状況の中にあって、信時潔という人物は、日本の音楽家たちの「内に強く義を愛する者」として存在したのである。

「美」と「義」は、「美」と「崇高」ともいいかえることが出来るであろう。崇高は、古来、論議の多い美的範疇の一つだが、近代になって、十八世紀英国の政治家・政治思想家であるエドマンド・バークが、若い頃に『崇高と美の観念の起源』を著したのが、一期を画した。

この著作が画期的であったのは、崇高という観念を、美と対比して強調したことである。美が均斉、秩序、調和、快などにもとづくのに対して、崇高は、雄大、悲劇、畏怖、高揚などに関係している。美は、人間の尺度の中に収まっているが、崇高は、人間を超えたものに起源を持っている。

フランス革命が起きた近代の激動期に、バークは、均斉、調和の古典主義的美学を論駁して、崇高の観念を唱えたのである。

「海ゆかば」を聴くとき、私は崇高の観念に強く打たれる。決して、美しい曲ではない。それなのに、激しく、深々と感動を受けるのである。

戦後の逆風の中で、「海ゆかば」について信時潔は、「自分は歴史の激流中にあった当時の国民感情を、国民のひとりとして、うたつただけだ。」とだけ語った。この発言は、昭和二十一年一月のある座談会における小林秀雄の次のような発言と通じるものがあると感じる。

僕は政治的には無智な一国民として事変に処した。黙つて処した。それについて今は何の後悔もしてゐない。大事変が終つた時には、必ず若しかくかくだつたら事変は起らなかつたらう。事変はこんな風にはならなかつたらうといふ議論が起る。必然といふものに対する人間の復讐だ。はかない復讐だ。この大戦争は一部の人達の無智と野心とから起つたか、それさへなければ起らなかつたか。どうも僕にはそんなお目出度《めでた》い歴史観は持てないよ。僕は歴史の必然性といふものをもつと恐ろしいものと考へてゐる。僕は無智だから反省なぞしない。悧巧な奴はたんと反省してみるがいゝぢやないか。

昭和二十六年の「政治と文学」の中では、この発言に触れた上で、大東亜戦争で日本人は「正銘の悲劇を演じたのである。」と書いている。信時の「歴史の激流」には、小林が「もつと恐ろしいものと考へてゐる」「歴史の必然性」とアナロジーがある。崇高は、必然性、「恐ろしい」「必然性」から生まれる。また、「正銘の悲劇」から生まれる。「歴史」から、「歴史の激流」から生まれるのである。「海ゆかば」という音楽は、まさに大東亜戦争が、日本の「正銘の悲劇」であったことを深く感じさせる。それが、見事に表現されている。他のいわゆる軍歌や戦時歌謡などを思い浮かべたとき、日本の悲劇であることを表現しうる格調を持ったものがないことに気づくであろう。「海ゆかば」

だけが、それを担う格調を持ちえたといっていい。

逆にいえば、「海ゆかば」という曲が当時なかったとしたら、どうなっていたであろうか。よくぞ、こういう音楽が昭和十二年に作曲されたものよ、と思わざるを得ない。歴史の神が、信時潔をして作らしめたとでもいうしかあるまい。

大東亜戦争は、日本の悲劇であった。たんなる悲惨な大事件ではなかった。悲惨を悲劇にするのは、民族における崇高の観念なのである。「海ゆかば」は、その崇高さによって、大東亜戦争が日本の悲劇だったことを、日本人に思い出させる音楽としてのこるであろう。

そもそも、大伴家持の長歌の一節による歌詞からして、「義」の言葉である。林房雄の『大東亜戦争肯定論』は、その真に意味するところは、「肯定」ではなく、「東亜百年戦争」論である。日本の近代は、幕末から百年にわたる戦争を戦ったという事実を、歴史として、文学として書いたものである。そういう意味では、「海ゆかば」は、「東亜百年戦争」の「義」の音楽であった。この曲を聴いていると、万葉の時代にまでさかのぼる、日本の歴史を貫く「義」が集約されて鳴っているように感じられる。その「義」は、「東亜百年戦争」において、特に輝かしく光を放ったのであった。

そして、「海ゆかば」には、日本は将来においても「其民の内に強く義を愛する者がある」であろうという希望が響いているのである。

家持と信時の「海ゆかば」

『万葉集』巻十八に「陸奥国より金《くがね》を出《いだ》せる詔書を賀《ことほ》く歌」と題された大伴家持の長歌がある。

この作は、家持の長歌の中で最大の雄篇であり、最も感動のこもった作品といってもいい。

この歌の中に「海行《ゆ》かば　水漬《みづ》く屍《かばね》　山行かば　草生《む》す屍　大君《おほきみ》の　辺《へ》にこそ死なめ　顧《かへり》みはせじ」の一節がある。

この長歌は、東大寺の大仏建立に情熱を注いでいた聖武天皇が、黄金の出土を喜んで発した詔書の中で、大伴・佐伯両氏の「海行かば　水漬く屍　山行かば　草生す屍　大君の　辺にこそ死なめ　和《のど》には死なじ」という祖先伝来の忠臣としての覚悟をほめたことに感激した家持が作ったものである。その際、末尾の一句を「顧みはせじ」に家持は変えた。この変更に私は家持の天才のひらめきを感じる。切迫感が違うからである。

この一節に、昭和十二年、当時東京音楽学校（現・東京藝術大学音楽学部）の教師であった信時潔が作曲したのが、昭和の悲劇を象徴する名曲「海ゆかば」である。

この雄渾かつ沈痛な音楽は、敗色濃くなった戦争末期には、いわば鎮魂曲《レクイエム》のように奏せられるようになり、日本人の心の深所に染み入ったのであった。それが、戦後は一転して封印され、戦前と戦後の断絶を示す一典型となった。

信時潔は、明治二十年にサムライ・クリスチャンの一人吉岡弘毅の三男として生まれ、幼少より讃美歌をはじめとする西洋音楽に親しんだ。長じてからは、バッハなどの西洋の古典音楽を深く学んだ。

吉岡弘毅とも親しかった内村鑑三は、「武士道に接木《つぎき》されたる基督教《キリスト》」といういい方をしたが、「明治の精神」とは、日本の伝統への西洋文化の接木から生まれたものであり、信時潔もまた、その一例である。「海ゆかば」では『万葉集』にバッハが接木されたのであり、そこに大伴家持の述志の歌が、近代に蘇るという奇蹟が起きたのである。

信時潔 vs 山田耕筰――「海道東征」と「神風」

今年（二〇〇二年）の二月に、「ロームミュージックファンデーションSPレコード復刻CD集」と題された、CD五枚組のセットが出た。

その一枚目に、信時潔の「海道東征」が収められている。昭和十六年の録音である。信時の「海ゆかば」を近代日本の宿命が音楽として鳴っている傑作中の傑作と確信している私は、信時の代表作「海道東征」をかねてより聴きたいと強く思っていた。

しかし、この大作は、もちろんＣＤ化されていなかった。録音は、このＳＰだけであろう。大変な名曲だと何人かの知人から聞いていたが、聴くすべがなかった。それが、今回そのＳＰレコードがＣＤ化されたので、早速聴いてみた。

予想をはるかに上廻る傑作である。何回も、繰返し聴いても少しも飽きない。よくぞこんな名曲が書けたものだと驚くしかない。この作品は、いうまでもなく、昭和十五年の「紀元二六〇〇年奉祝行事」のために書かれたものである。この外的な事情が、この大曲を戦後において、長く封印されたものとしてきた。今回のＣＤ化は、封印が解かれるきざしかも知れない。

作家の阪田寛夫氏は、童謡「さっちゃん」の作詩などもされていることからも分かるように、音楽にとても造詣の深い人である。その阪田氏の昭和六十一年の作品に、信時を扱った「海道東征」という中篇がある。たしか、この年の川端康成文学賞を受けた名品である。その中に当時旧制中学二年生だった阪田氏の思い出が書かれている。

> 同じ年（昭和十五年——引用者註）の十一月三十日、私は中之島の大阪朝日会館に出かけて、同じ信時潔の交声曲「海道東征」を初めて聴いている。（中略）
> その日は、東京音楽学校の大合唱団とオーケストラが、西下してきて、「君が代」を皮切りに、
> 橋本国彦作曲　「交響曲ニ調」
> 北原白秋作詩　信時潔作曲　交声曲「海道東征」

山田耕筰作曲　音詩「神風」の三曲を演奏した。私が多少期待していたのは、作曲家である自分の叔父の師である山田耕筰の曲だったが、これは私にはつかみどころのない、調性の稀薄な黒い音の嵐そのものでがっかりした。（中略）

しかし圧巻は二百人以上の合唱のついた「海道東征」だった。第一章「高千穂」の越天楽のような連続音の中から、いきなり心ひろびろと歌いだすバリトン独唱がすばらしかった。

私は、信時潔の「海道東征」を「圧巻」と感じ、山田耕筰の「神風」に「がっかりした」阪田少年の耳を信じる。「海道東征」の方は今回自分の耳で聴いて、それを確かめた。「神風」の方はいまだ聴く機会がないが、聴きたいとも思わない。たいした作品ではあるまいと想像はつくからである。阪田氏は、その先で「神風」について「無調のような交響詩」と書いている。

信時潔と山田耕筰は戦前並び立つ巨匠であったが、生没年もきわめて近い。生年は、信時が明治二十年、山田が明治十九年である。没年はともに昭和四十年であった。信時が八月一日、山田が十二月二十九日である。東京音楽学校を卒業したことやドイツに留学したことなどは共通しているが、この二人は人品や音楽性が全くというほど違っている。

岩波書店から、最近『山田耕筰著作全集』全三巻が出た。モダニスト山田耕筰の面目がよく出ている。古典主義者信時潔と対極的である。

今日、「赤とんぼ」や「からたちの花」「この道」などの童謡によって山田耕筰の名が、信時潔より一般に知られているとしたならば、ここにも戦後の歪みがあらわれているとしなければなるまい。信時の「海ゆかば」が戦時中に国歌以上に歌われたのは、この曲そのものがすばらしかったからであり、戦争の悲劇と一体化していったのは、時の勢いにすぎない。それによって、信時が戦後不当な評価を受け、「海道東征」も「紀元二六〇〇年」との関係で封印されつづけたのは、日本の文化にとって不幸である。

一方、山田耕筰の戦時中の言動は、積極的なものであった。『著作全集』の第三巻の月報に、作曲家の林光氏が、「二人の山田耕筰」と題した一文を寄せている。それは、「山田耕筰はふたりいる。／太平洋戦争中、戦意高揚のために音楽家を働かせ、また協力しない音楽家たちを冷遇した政策を、音楽家の側から推し進めた中心人物としての山田耕筰と、日本の近代音楽の土台を築いたいちばんの功労者としての山田耕筰。」と書き出されている。

しかし、『著作全集』の第二巻の解題に書かれているように、「終戦後、彼の転身は素早かった」のである。一方、信時は、戦後、こういう「転身」は一切しなかった人である。

『山田耕筰著作全集』全三巻の月報などに何人かの人が、山田耕筰の再評価がこれを機になされるべきだという趣旨のことを書かれているが、実際のところそのような動きは出ていないようである。それは当然である。いくら掛け声をかけたところで、それそのものに文化的意義がなければ再評価の動きは出ようがない。

信時潔著作集（信時は、実際すぐれた文章を多く書いている）を出すことの方が、今日、文化的に重要なのだが、そういうことが分からず山田の著作集を出してしまうところに、岩波的（あるいは戦後的）文化主義の弊があらわれている。信時と山田の評価の逆転、これが今日の日本を正すために必要なことである。

没後四十年にあたって

二〇〇五年は、戦後六十年である。そして、信時潔没後四十年である。

六十年は、人間でいえば還暦である。還暦とは六十年たつと再び生まれた年と同じ干支に返るので、こう呼ぶのだが、再び新しい生が始まるということである。

人間に還暦があるように、歴史にも還暦があるのであろう。戦後も六十年たって、いわゆる「戦後的なるもの」がいよいよ終焉を迎えつつあるようである。

江藤淳はかつて、「六十年の荒廃」ということをいったことがある。関ヶ原の戦いの後、六十年くらいは文化的所産にめぼしいものが全くないことを踏まえて、江藤淳は、大きな戦争があった後にはそういうことが起こるのであり、戦後の文化の「荒廃」も六十年は続くのだといった。

戦後の経済的発展とは裏腹に、文化は「荒廃」していったのである。思想的にも、敗戦国日本にふさわしい、いわゆる「戦後的なるもの」が支配的であった。そういうみじめな風潮の中では、戦前のものがその価値を公正に評価されることもなく、黙殺あるいは封印されることになった。

それは、文学、美術、音楽など文化の諸分野で見られた現象であったが、音楽でいえば、「海ゆかば」の作曲家・信時潔が、最もその犠牲になったといっていいであろう。

昭和十二年に作曲された「海ゆかば」は、戦時中、第二の国歌として、「君が代」以上に頻繁に演奏された。代表作の交声曲「海道東征」は、昭和十五年の紀元二六〇〇年奉祝行事として作曲された。こういう事情から、「海ゆかば」と「海道東征」は、戦後の思想的「荒廃」の中、長らく封印され、作曲家信時潔は、六十年に及ぶ冷遇を受けてきたのである。

それが、二〇〇一年の九・一一をきっかけに、時代の空気は大きく変わった。このテロ事件は、日本人を「平和ボケ」から醒ますものであり、時代は、「戦時中」に突入したのである。長らく私たちは、戦後何年という言い方をしてきたが、それは戦争が終わった後の戦争のない時代という意味でそう呼んでいた訳である。

しかし、今日の世界、あるいは日本のことを思うとき、もうそろそろ戦後何年という風にその年を規定するのはやめにした方がいいのではないか。何故なら、現在の世界は本質的に「戦時中」の時代に突入しているからである。かつて「戦後は終わった」ということが経済的復興を指していわれたが、今回は「新しい戦争」がすでに始まったという意味でまさに「戦後は終わった」のである。

このような事態がもたらす精神的緊張は、日本人をようやく「正気」にもどしつつあるようである。それを示す一つの現象が、二〇〇三年二月二十三日、東京の紀尾井ホールで行われた「海道東征」の戦後はじめての再演であった。オーケストラ・ニッポニカの演奏、本名徹次の指揮であった。私はそれを聴きながら、この「海道東征」は、時局を越えた芸術劇価値を持った大変な名作だと確信したのである。

私は「海ゆかば」を昭和精神史を代表する曲だと思っている。明治精神史を代表するのは、滝廉太郎の「荒城の月」である。大正精神史を代表するものは何かを決めるのは難しい。それは、明治と昭和は精神史というものが成り立つが、どうも大正という時代は精神史が成り立たないような時代だからである。しかし、あえて選ぶとすれば、山田耕筰の「からたちの花」や「赤とんぼ」などの童謡かもしれない。

今年の四月に、私は信時潔没後四十年を記念して、書き下ろしの『信時潔』(構想社)を出す。昨年の八月から九月にかけて、一二〇枚ほど書き上げた。昨年の夏は、記録的な猛暑で執筆にはなかなか苦労であったが、とにかく自らを励ましながら、書き続けた。没後四十年の年に一冊の本を上梓したいという強い思いがあったからである。

実は書き始める少し前、八月の初旬に、ある文化講座で、信時潔について話したことがあった。聴講者は、他の講座よりも少なかったし、出席者も六十歳を過ぎた人々であったが、信時潔のことにあまり関心を抱いていないようであった。

私は、これはどうにかしなければならないと強く思った。没後四十年、戦後六十年の年に、誰かが信時潔の人と音楽の本質を明らかにしておかなければ、このまま忘れられてしまうのではないかという危惧を抱いた。そして、この「誰か」を今日の日本の中に求めてもどうしてもいそうにないので、私が書くしかないと決心した次第であった。

信時潔について書くにあたって、その音楽（『信時潔歌曲集』のCDと『海道東征』の二種類のCD、すなわち戦前のものをロームミュージックファンデーションが復刻したものと前述したオーケストラ・ニッポニカのライヴ盤）を何回も聴いた上に、その著作、座談会などに眼を通してその人間を調べてみたが、予想を裏切らない「大人物」であった。

実父吉岡弘毅が、大阪北教会の牧師で、いわゆるサムライ・クリスチャンの一人であったこと、そして、その吉岡が内村鑑三と親交があったことなどは、内村鑑三について一冊の本を書き、内村を近代日本の精神史の軸と考えている私にとっては、信時潔に対する親愛の情が、いや増す要素であった。

また、中学の同窓に画家の小出楢重がいて、小出が四十三歳で死ぬまで親交を続けたことは、この二人の芸術観、特に西洋美術、西洋音楽に対する態度に共通したものがあることにつながっている。

昨年、文化功労者に選ばれた田沼武能氏が撮った信時潔の写真があって、これに信時の人柄が実によく出ている。この写真を表紙に使うつもりだが、拙著が信時潔再評価のきっかけになることを心から祈念している。

信時潔の名曲「やすくにの」と戦後の虚妄

「海ゆかば」で知られる作曲家・信時潔に「やすくにの」という名曲がある。昭和十八年九月に作曲されたものである。

私が『信時潔』（構想社刊）を上梓したのは、平成十七年四月で戦後六十年、信時潔没後四十年の年であった。戦後における「海ゆかば」の封印に対する義憤からであった。

その本の刊行以来、いろいろな講演会で信時潔の偉大さや「海ゆかば」の歴史的意義などについて語ってきたが、そうこうしているうちに信時潔の復権が徐々になされてきた実感を抱くようになった。『信時潔』の刊行と奇しくも同じ年の六月に、キングレコードから出た「海ゆかばのすべて」というCDも、よく売れたようである。

その復権が確かになされたと思ったのは、「SP音源復刻版　信時潔作品集成」と題した六枚組のCDが平成二十年十一月に出たことである。これは、戦前にSPレコードに録音されていた信時潔の作品をCDに復刻したもので、それに孫の信時裕子さんによる詳細な解説書が付いていた。そして、このCDの作品集成が、その年の十二月に、文化庁の芸術祭のレコード部門で大賞を受賞したのであった。十年前、あるいは二十年前には考えられないことであろう。

この六枚組のCDには、もちろん「海ゆかば」や代表作の交声曲「海道東征」も入っていて、歌曲も名作「沙羅」をはじめ、主要なものが収録されている。文部省唱歌では、有名な「電車ごっこ」や「一番星みつけた」なども聴くことができる。

ピアノ曲も「木の葉集」などの代表作が収められているし、約九百曲作曲した校歌中では、名高い「慶應義塾々歌」や「東京開成中学校校歌」が入っている。約百七十曲作曲した社歌・団体歌としては、岩波書店の歌「われら文化を」(高村光太郎作詩)や「日立製作所行進曲」(大木惇夫作詩)、「三菱の歌」(岩崎小弥太作詩)など興味深く貴重なものを聴くことができる。

そして、この「やすくにの」という曲は、五枚目のCDに入っている。作歌は、大江一二三である。「靖國の宮に御霊は鎮まるも　をりをり帰れ母の夢路に」

この歌に信時潔は曲を付けた訳だが、その経緯は「偶然」によるものであった。傑作というものは、えてしてそういう風にして生まれるものかもしれない。

この歌は、支那事変の初めに若くして戦死を遂げた立山英夫中尉の英霊に捧げられたもので、当時の部隊長だった大江一二三中佐が、立山中尉の郷里で町葬が行われる日に電報に託して届けたものである。これを紹介した津下正章著『童心記』がJOAKより朗読放送された。これを聴いていた信時が、感激して作曲したのである。

『主婦之友』の昭和十八年十一月号には、楽譜が掲載され次のように解説されている。

作曲家信時潔先生は、この歌が朗読放送されるのを偶然聴かれ、その真情に深く感動、直ちに作曲されました。『童心記』の著者も、「この歌こそは、中尉に捧げられたものであるが、同時に靖國の神とまつられた全将兵に捧げられたものであり、またその全母性に寄せられた涙の感謝である。しかも一部隊長大江少佐の美しい温情であり熱禱であると共に、全将校全部隊長が寄せる亡き部下とその母への「武人の心情」なのである」と述べておられますが、信時先生は「作曲したのも全くこの心持ちです。」とおっしゃってをられます。主婦之友社から既に発表いたしました「靖國神社の歌」「日本の母の歌」につゞいて、靖國のお母様方に、この歌をお捧げいたしたいと存じます。

昭和三十八年に信時が文化功労者に選ばれたとき、NHKラジオの番組「朝の訪問」でインタヴューを受けた。そのとき、アナウンサーは、長い作曲生活を通じて、もっとも感銘の深かった歌は何かと訊いた。どうも、「海ゆかば」という答えを予期していた気配であったが、信時は、「大江さんという軍人さんの歌ですが」といって、自分でピアノに向かってこの「やすくにの」を歌ったという。この年の十一月一日の『熊本日日新聞』には、「戦中の思い出新た……「靖國の」の作詞者大江さん　信時氏の放送に感激」と出ている。当時熊本に住んでいた大江一二三は、このラジオ放送で自分の歌が信時自身の歌で歌われたことに「感激」したのである。

当時、東京音楽学校（現・東京藝術大学音楽学部）の教師であった信時は、政府をはじめとしてさまざまなところからの依頼で作曲することが普通であったが、この「やすくにの」は、自発的に作曲した稀な例である。

靖國神社からの依頼によるものではなかったが、昭和三十八年に靖國神社社務所（納全音楽譜出版社）から「このたび先生と主婦の友社の特別なご厚意により神社に於て印刷に付しておわかちするものであります。」ということで楽譜が発行されている。

しかし、このように靖國神社と深い縁のあるこの曲が、平成十一年に靖國神社御創立百三十年記念として出されたCD「靖國神社の歌」に収録されていない。

このCDには、例大祭において歌われている「鎮魂頌」も収録されているが、これは国学者の折口信夫の作詩、信時潔の作曲である。これも、筆舌に尽くしがたい名曲であるが、紙数に限りがあるので、この曲については別の機会に書こうと思う。CDの解説書の「鎮魂頌」のところに、「作曲者はドイツに留学してヨーロッパ後期ロマン派音楽を継承しつつ、日本語と日本古来の音階をたくみに活かした作曲法を駆使して名作を数多く残しました。「海道東征」「海ゆかば」「沙羅」などのほか、支那事変において戦死した孝心あつい立山英夫中尉の葬儀に、上官であった大江一二三少佐が寄せた「やすくにの宮にみたまは鎮まるもをりをりかへれ母の夢路に」という和歌に作曲した「靖國の」があり、当時ラジオ歌謡として国民に愛唱されました。作曲家自身、思い出深い作品であると語っています。」と書かれている。

なぜ、これほど詳しくこの「やすくにの」という曲について説明がありながら、CDには収録されなかったのか、ここに戦後日本の虚妄があるのである。

実は、大江一二三の長男が、大江志乃夫なのである。大江志乃夫という名前を聞いて、靖國神社についてある程度関心のある方は、すぐ思い出すであろう。大江志乃夫は、あの『靖国神社』(岩波書店、一九八四年)の著者なのである。余談ながら、この岩波書店の社歌の作曲家が、信時潔であるとは、なんという歴史の皮肉であろうか。

この新書『靖国神社』は、靖國神社を批判する姿勢で書かれている本だが、ここで問題にしたいのは、巻末にある「おわりに　靖国の宮にみ霊は鎮まるも」の中の記述である。

その中で、「作詩は大江一二三となっている。大江一二三つまり私の亡父である。私の父は陸軍の職業軍人であった。」と書いてある。問題は、この歌の解釈である。

父が歌にこめた思いもおなじであろうが、私がいだいた素朴な疑問は、一身を天皇に捧げた戦死者の魂だけでもなぜ遺族のもとにかえしてやれないものか、なぜ死者の魂までも天皇の国家が独占しなければならないのか、ということであった。
あれほど母親思いの青年の魂だけでも「をりをり」ではなく、永遠に母親の許に帰ることをなぜ国家は認めようとしないのであろうか。(中略)死者の魂にたいして「をりをりかえれ」としか言わせない靖国神社の存在とはいったい何なのか、国家は戦死者の魂を靖国神社の「神」

として独占することによって、その「神」たちへの信仰をつうじて何を実現してきたのか、あるいは実現することを期待したのか。

この解釈には、呆れかえるしかない。この大江少佐の歌は、どう考えてもこんな解釈が出て来るとは思えない。「父が歌にこめた思い」は決して「おなじ」ではない。戦後の進歩的知識人たちの先入見にとらわれた頭は、こんな奇怪な解釈を生み出すほどに異様であった。「戦後民主主義」とは、このような異様な考えが、大勢を占める時代であったのである。

大江少佐は、昭和四十二年に亡くなった。「靖國神社の歌」のＣＤが出るとき、収録の交渉は、息子としなければならなかったに違いなく、収録されなかったのは、その故であったと想像される。

しかし、時代は変わりつつある。戦後的なるものの本尊であった朝日新聞の没落が始まっている。朝日や岩波が驕り高ぶり振っていた虚妄の権威も急速に失われていくであろう。戦後七十年を機に、「海ゆかば」以上に封印されていたといっていいこの「やすくにの」という名曲が、英霊のために広く国民によって歌われるようになることを心から願うものである。

耳ある者は聴くべし――「海ゆかば」

信時潔は、「海ゆかば」の作曲家である。戦時中、第二の国歌のように歌われた、この名曲は、戦後封印され、作曲した信時潔も誤解の中に長らく閉じ込められていた。

しかし、戦後も今年で六十年経った。六十年といえば、人間では還暦である。歴史にも還暦はあるのであろう。六十年つづいた「戦後民主主義」の呪縛も大分解けて来たようである。

信時潔という「誤解人物」にも、正しく評価され、その音楽が先入観なく聴かれる時期が訪れて然るべきであろう。信時の実父吉岡弘毅は、明治の初年に出現した、いわゆるサムライ・クリスチャンの一人であり、信時が生まれた当時、大阪北教会の牧師であった。この吉岡と内村鑑三は生涯、交際をつづけたが、その内村に、「誤解人物の弁護」という文章がある。冒頭に、次のように書かれている。

人物の判決に三種あり、生存中の判決、来世の判決、歴史の判決是《これ》なり。第一は誤謬最も多く、佞奸《ねいかん》も忠臣義士と見做《みな》さるゝあり、仁者も悪人視せらるゝあり、三種の判決中生存中の判決は最も憑《よ》るべからざるものなり。第二は最も確実なるものにして、綿羊と山羊と区別され、偽善者は真善者と分離する処なり。然れども第三は第一に似て現世に於ける判決なるが故確実とは称すべからざるも、第二に類して未来の判決なるが故に真実に最も近きものなり。時は効力ある磨粉にして終に真価値を現出せしむるものなり。

（傍点原文）

敗戦国日本においては、「歴史の判決」が正しく下りるためには、六十年の歳月が必要だったのであり、信時潔の「真価値」もようやく「現出」する「時」がやって来たのである。

戦後六十年の今年は、信時潔歿後四十年にあたる年でもあって、それを記念して、私はこの四月末に、『信時潔』（構想社）を上梓した。この戦後の六十年間という、文化における「佞奸」が「文化人」として跋扈している「荒廃」した状況の中で黙殺されつづけた信時潔を、近代日本の精神史の中に高く位置づけて、その復権を祈念して書き下ろしたものである。たしかに、江藤淳がいったように、「荒廃の六十年」であった。人物評価が、これほど御都合主義であった時代も珍しいであろう。

内村は、「誤解人物の弁護」を、「取るべきは正義の道なり、守るべきは良心の声なり、若し未来の裁判なしとするも歴史は無辜の英霊をして永く誤解の中に埋め置かざればなり。」と結んだ。信時潔という「無辜の英霊」は、私が発掘の先鞭をつけたけれども、今後は多くの支持を得て、栄光の裡に「復活」することであろう。

七月初めには、キングレコードから「海ゆかばのすべて」と題したＣＤが発売になった。「耳ある者は聴くべし」、ここに近代日本の終局であった先の戦争の時代、その戦時中の日本人の精神、悲劇と死、そして鎮魂が、見事に凝縮されて鳴り響いているのを知るであろう。

信時潔の復活

「海ゆかば」の作曲家・信時潔について、私が一冊の本（『信時潔』構想社刊）を上梓したのは、平成十七年の春のことであった。

その年は、戦後六十年、信時没後四十年にあたっていた。

それから三年余り経ったが、戦後の長きにわたり、「海ゆかば」の作曲者として不当に扱われてきた信時潔が、復活してきている動きがあり、私としてはとてもうれしい。やはり、「本物」は、歴史の中でのこっていくのである。

同じ平成十七年の六月には、キングレコードから「海ゆかばのすべて」というCDが出た。「海ゆかば」の歴史的録音をはじめ、さまざまな興味深い演奏が二十数曲収録されている。

キングレコードの「すべて」シリーズにはそれまで、「荒城の月のすべて」「螢の光のすべて」「軍艦マーチのすべて」などが出ていたが、この「海ゆかばのすべて」はその中でも極めてよく売れたらしい。

平成十五年二月二十三日に東京の紀尾井ホールで、オーケストラ・ニッポニカの演奏会が開かれた。曲目は、早坂文雄の管弦楽曲「讃頌祝典之楽」(昭和十七年作曲)と信時潔の交声曲「海道東征」(昭和十五年作曲)であった。

このオーケストラ・ニッポニカは、日本人作曲家の作品を積極的にとりあげるべきだとの故芥川也寸志の遺志をついだもので、他にも多くの日本人作曲家の作品を演奏している。

そのライヴ録音がCDになって発売されているものもあるが、この日の信時潔の「海道東征」の入ったものが断然売れ行きがいいらしい(ミッテンヴァルトより発売)。

「海道東征」は、昭和十五年の紀元二千六百年奉祝行事のために書かれた大作で、そのため、戦後は芥川賞作家の故阪田寛夫が朝日放送で働いていたときに企画した放送用全曲演奏を除いて、全く封印されてきたのである。だから、この平成十五年二月二十三日の演奏会は画期的な事件であった。

私自身、本を出してから、さまざまな場で講演をしたり、「海ゆかば」を聴いてもらう機会を作ったりしてきた。世間にも、信時潔の名や「海ゆかば」についての記事などがぽつぽつ眼につくようになったようである。

今年の夏の甲子園では、うれしいことがあった。信時潔は、校歌を約九百曲作曲している。全国の名門といわれる学校の校歌が多いようである。

その中でも、「海ゆかば」が作曲された昭和十二年の四年後、昭和十六年(まさに、真珠湾攻撃の年である）に作曲された、慶応義塾の塾歌は、名曲としての評価が高い。

私は、慶応出身ではないが、今年の夏の高校野球には、慶応高校が出場したので、この塾歌を聴きたくて、慶応の試合だけはテレビで見た。

慶応が三回戦まで勝ったので、塾歌を三回聴くことができた。たしかに立派な曲である。さらにうれしかったのは、二回戦か三回戦で、松商学園と対戦したときのことであった。何んと、松商学園の校歌も信時潔の作曲であった。松商学園の校歌が信時作曲とは知らなかったが、松商学園も伝統ある学校であるから、信時が作曲したのもうなずける話である。両校から信時作曲の校歌が甲子園に響いたのは愉快であった。

そして、ついにこの十一月十九日に、六枚組CD集「SP音源復刻盤信時潔作品集成」が日本伝統文化振興財団より発売された。全百十一曲を収める。近来の快事である。

また、最近、JR国分寺駅と西国分寺駅の発車メロディーを国分寺に長く住んで亡くなった信時潔の曲にしてほしいと、地元商工団体が申し入れたという。国分寺駅には、「運転手は君だ　車掌は僕だ――」で知られる「電車ごっこ」、西国分寺駅には与謝野晶子作詞による「子供の踊」である。ぜひ、JRには受け入れてもらいたい。信時潔を、戦後的通念から解き放つことに役立つからである。

二　北原白秋

きたはら・はくしゅう（一八八五—一九四二）詩人、歌人、童謡作家。『邪宗門』『桐の花』『雲母集』、『白秋全集』全39巻・別巻1（岩波書店）

叙事詩人への道

一

ここ数年、北原白秋作詩、信時潔作曲の交声曲「海道東征」の復活が、クラシック音楽の世界などで話題になっている。

この曲は、昭和十五年、いわゆる紀元二千六百年の年に、その奉祝曲として作られた。紀元二千六百年の奉祝行事は、さまざまに行われたが、その代表的なものの一つである。

詩は、北原白秋によるもので、神武天皇の東征を題材にして、八章からなる大作である。この詩に、「海ゆかば」の作曲家として知られている信時潔が曲をつけた。交声曲（カンタータ）であり、オーケストラの他に、五人のソロの歌手、混声の大合唱団、それと児童合唱団による、演奏時間が、一時間弱の大曲である。

昭和十五年の十一月二十六日に、日比谷公会堂で、木下保指揮、東京音楽学校（現、東京藝術大学音楽学部）管弦学部、生徒合唱、上野児童音楽学園の児童合唱団による演奏で初演された。その後、戦前には、全国各地、また満洲や朝鮮半島で六十数回も演奏されたが、敗戦後、この名曲は「封印」された。

その理由は大きくいって三つ挙げられると思う。一つは、初代の天皇、神武天皇の東征を題材にしていること、二つは、「海ゆかば」という近代日本の宿命的音楽ともいうべき曲を作曲した信時潔が曲をつけたこと、三つは、紀元二千六百年の奉祝曲であることである。このような事情が重なれば、敗戦後に形成された「戦後民主主義」の風潮の中で「封印」されたのは、ある意味で当然であるといえよう。

それが、三年前の二月十一日に、熊本の熊本県立芸術劇場で、山田和樹指揮、横浜シンフォニエッタで演奏された。それから、一昨年の戦後七十年の年には、この年は信時潔没後五十年の年でもあったが、信時の出身地である大阪のザ・シンフォニーホールで演奏会が開かれた。北原幸男指揮、大阪フィルハーモニー交響楽団の演奏であった。十一月二十日の演奏会のチケットが即完売となったので、二日後の二十二日に追加公演が行われた。また、この年には、信時潔が教師をしていた東京音楽学校の後身である東京藝術大学音楽学部の総力を挙げての演奏会が、東京藝術大学奏楽堂で十一月二十八日に開かれた。これも満員であった。

昨年には、十月三日に、大阪のザ・シンフォニーホールで、大井剛史指揮、大阪フィルハーモニー交響楽団の演奏で再演され、これも満員の盛況であった。そして、ついにこの四月十九日に、池袋の東京芸術劇場で大井剛史指揮、東京フィルハーモニー交響楽団の演奏により、首都東京の夜に高らかに鳴り響いたのであった。この演奏会のチケットも完売で、聞くところによると、この東京芸術劇場でのクラシック音楽の演奏会としては、初めての完売であったとのことである。交声曲「海道東征」は、見事に復活を果たしたのであった。しかし、何と七十年の長い時を経なければならなかったのである。

私が、信時潔について一冊の本『信時潔』を上梓したのは、戦後六十年の年であった。それ以来、信時潔の復活のためにさまざまに尽力してきた私としては、大変うれしいことであるが、しかし一方では、この交声曲「海道東征」の復活を、戦前への回帰とか戦前の日本を良しとする考えの表れとかととらえる向きも世間にはあるようである。確かに復活のきっかけや、話題になっているといったことには、そのような時代の気分も関係しているかもしれないが、この曲の復活の真の理由は、ある意味で当然であるが、この曲が芸術的に優れているからである。

この曲は、昭和十五年の、紀元二千六百年を奉祝するために作られた機会音楽ではあるが、このような条件を超えて名曲たりえているのである。ヘンデルの「水上の音楽」や「王宮の花火のための音楽」などは、典型的な機会音楽であるが、これらのヘンデルの音楽は時代を超えた芸術として今日も愛聴されているのである。

「戦後民主主義」に泥んでしまった日本人は、戦前の文物に対して、いわば、たらいの水と一緒に赤子を流す、というような愚挙をやってきた。戦前の時代思潮に「便乗」して作られた文学作品や芸術は、確かに多く存在するであろうが、それは戦前に限ったことではない。戦後は戦後で、「戦後民主主義」の風潮に「便乗」した文化人が輩出したことであった。これらの「贋の偶像」は、時代の変化に伴い、実質の空しさが露呈してきている。そして、その虚名の凋落が起きてきているのである。

この交声曲「海道東征」には、そのような時代の思潮に左右されない芸術としての高い実質がある。この曲が、戦前において、本質を聴き取れるいい耳によって、どのように聴かれたか、いくつか例を挙げておこう。

詩人の谷川俊太郎氏は、昭和六年生まれであるから、「海道東征」を聴いたのは、十歳くらいの少年の頃であった。過日亡くなった詩人、大岡信氏が、眼の詩人であるのに対して、谷川氏は、耳の詩人ともいうべき詩人であると私は思っているが、戦後六十年にあたった平成十七年に出たＣＤ「海ゆかばのすべて」の解説書に寄稿した「私の『海ゆかば』」と題した文章は、次のようなものである。すばらしいエッセイなので、全文を引用したい。

いまでもそのコロムビア・レコードは手元にある。《男聲合唱海ゆかば（萬葉集より・信時潔作曲）澤崎定之指揮・東京音楽学校オーケストラ伴奏》もちろんSPで、袋には公定價格品¥一、七〇とスタンプが捺してある。生まれて初めて親にねだって買ってもらったレコードだ。十五年戦争の末期、私は小学六年か中学一年だった。

戦況を伝えるラジオのニュースの前に流れる音楽は、勝ち戦のときは「軍艦マーチ」、負け戦のときは「海ゆかば」と決まっていた。子どもの私はそれまでも音楽がきらいではなかったが、音楽にほんとうにこころとからだを揺さぶられたのは、「海ゆかば」が最初だった。「海ゆかば水漬く屍……」という歌詞に感動したのではない。時代や歴史に関係なく、私は音楽そのものに感動したのだと思う。いま思うと特にそのハーモニーに。

「海ゆかば」をきっかけに私は西洋音楽に目覚めたと言っていい。ベートーベン、バッハ、ショパン、ドボルザーク……自分の感動だけを頼りに、私は次々に好きな曲を発見していったのだが、それらと並んで私が愛聴したのが北原白秋詩・信時潔曲の「海道東征」だ。この八枚組のSPも手元にあるが、ジャケットがぼろぼろになっている。

つい先日訪ねた四国の高校の校歌が信時潔作曲だった。同行した人たちが誰も信時さんを知らなかったのに私はちょっと驚いた。信時さんの「海ゆかば」にたしかに一種の懐かしさも感じるけれど、私にとってそれは時代を超えた名曲だ。

初めて聴いてから何十年後、台本を書いた「東京百年」という映画のある場面で「海ゆかば」

を私が言い出して、林光さんに弦楽四重奏に編曲してもらったことがある。私とは違って鋭い歴史感覚をもつ林さんが、苦笑しながら私の頼みに応えてくれたことを思い出す。そのテープも大事にとってある。

当時の早熟な少年によって、信時潔の曲がどのように聴かれたかが分かる。また、戦後、信時潔がどのくらい忘れられていたかも、この回想でうかがわれるのであるが、谷川氏の言うように、「海道東征」も「海ゆかば」と同じく「時代を超えた名曲」なのである。

もう一人の作家の耳の経験を挙げよう。童謡「サッちゃん」「ねこふんじゃった」などの作詩でも知られる芥川賞作家の阪田寛夫氏は、大正十四年の生まれで、平成十七年に亡くなったが、音楽に対する深い愛情と造詣で知られている。川端康成文学賞を受賞した中篇小説「海道東征」は、昭和六十一年に発表されたものだが、信時潔の精神と交声曲「海道東征」に対する鋭い洞察によって光っている名作である。私も、『信時潔』を書くにあたって、多くのことを学んだものであった。そして、実際にこの小説の中からいろいろ引用させていただいた。

阪田青年は、昭和十五年の十一月三十日に大阪で、東京音楽学校の大合唱団とオーケストラによる演奏で、交声曲「海道東征」を生で聴いている。この日は、橋本国彦作曲の「交響曲ニ調」と山田耕筰作曲の音詩「神風」とともに、交声曲「海道東征」が演奏されたが、阪田氏は、次のように書いている。

しかし圧巻は二百人以上の合唱のついた「海道東征」だった。第一楽章「高千穂」の越天楽のような連続音の中から、いきなり心ひろびろと歌いだすバリトン独唱がすばらしかった。言葉がよく聞えて、しかも輝かにひびきわたり、ふしはいい気持でなぞりたくなるほど明るく楽しげだから、「神坐《ま》しき」とか「み身坐《みま》しき」といった耳なれぬ言葉ごと、いきなりそっくり覚えてしまった。

その次にアルトの独唱者がよかった。声と同じほど、小麦色の顔立ちや、南欧風の姿態の生気に心がひかれた。その、西洋の映画でしか見たことのない、一見冷酷実は情熱的な美しさのある女性が、「神武天皇御東征」の歌に意外に似合うのだ。まだ在学中の生徒らしいが、

大和は国のまほろば、
たたなづく青垣山。
東《ひむがし》や国の中央《もなか》、
とりよろふ青垣山。

と、歌う女性三重唱のなかで、このひとが「大和思慕」の情をいちばん底から噴き上げる役どころであった。中学三年生の私は、「とりよろふ」を、青垣山に集る色鮮やかな小鳥たちの嬉しげに群れ遊ぶさまだと勘違いしていたのだが、三様の声のなかでも、とりわけこのアルト

の、横に強く張った南欧風の唇に乗って、日本の古語がみどりの山々や梢を慕って切々と、あるいは鋭く光りひるがえるのを、息づまる思いで聴いた。

それで弾みが出たらしく、以下どの他の一章も一通り聴くうちに身につけて、家に戻ってもプログラムの歌詞を見ながら歌えるほどだった。間もなく日本人の曲としては破天荒の、八枚一組総譜付きで十何円かのレコード（ＳＰ）が出る運びとなった。私は再び両親に「紀元二千六百年奉祝」の心を訴えて、うす紫地に雲型の文様の入った神々しい表紙のアルバムを手に入れた。

谷川少年と阪田青年は、ともに八枚組のＳＰレコードを愛聴していたということになる。当時の耳のいい若者にとって、交声曲「海道東征」は、このように聴かれていたのである。これらは、戦前の話だが、平成十五年に紀尾井ホールで、この曲が演奏されたとき、それを聴いた川本三郎氏は、北原白秋についての優れた著作『白秋望景』の中で、次のように書いている。

予想をはるかに超えた神々しいばかりに美しい曲で、粛然、陶然とした。とくに児童合唱団が歌うところはその美しさに圧倒された。

谷川、阪田、川本三氏のような、誠実な耳を持った人間は、このように交声曲「海道東征」を聴いたのである。「神々しい」という表現が、阪田氏と川本氏がともに使っているのが印象に残る。この音楽の復活は、決して戦前への回帰とかいったものではないのである。敗戦国日本の悲喜劇的な時代風潮により不当に埋められていた名曲が、ある意味で、当然の復活をしたということに過ぎない。しかし、その復活に七十年を要したということは、日本人の精神が、未だに「占領下」の状態を抜け切れていないことを表しているのであろう。

しかし、また、このように信時潔のような本物が、どんな文化的圧力があったとしても力強く復活したことに、歴史の神はやはり正しいものを視ているということを感じさせるのである。短いタームで見れば、例えば「戦後民主主義」のような時代を考えれば、とんでもない「贋の偶像」がもてはやされたりするものだが、歴史の長い眼でみれば、やはり歴史の神の裁きはあるということを、我々は信じていいのである。

二

交声曲「海道東征」をめぐっては、私はこれまでさまざまなところで、作曲家の信時潔について書いたり、語ったりしてきたが、ここでは作詩の北原白秋をとりあげてみたいと思う。

北原白秋の詩「海道東征」について考えるとなると、まず問題にしたいのは、この詩がこれまで白秋の代表作の一つとはとらえられてこなかったことである。信時潔とは違って、北原白秋は、戦後も大詩人として有名であるが、この「海道東征」の詩は、この曲が「封印」されたことと同じく、不当に扱われてきたのである。

例えば、岩波文庫に『北原白秋詩集』は、上下二冊入っている。詩集が二冊も入っているのは、恐らく白秋くらいなもので、さすが大詩人の扱いである。しかし、問題は、何とこの二冊の文庫本に「海道東征」の詩が収録されていないことなのである。編者の安藤元雄氏は、解説の中で、白秋の詩集『邪宗門』『思ひ出』『東京景物詩及其他』『真珠抄』『白金之独楽』『畑の祭』『水墨集』『海豹と雲』『新頌』を列挙した上で、これらの詩集から選択して文庫本を編んだが、「海道東征」の詩が収められた最後の詩集『新頌』は割愛したと書いている。そして、その理由について、「最晩年には、当時のいわゆる国策に沿った戦意高揚の作品をいくつも書いたとは言え、それも彼が国策におもねったというよりは、どうやら彼の名声を国家の側が利用したような気配がある。」と書いている。

この文章は、いかにも「戦後民主主義」の時代思潮に「沿った」ものであろう。「気配」とは何か。実に、いやらしい語感の言葉である。こういう風に書くことで、白秋の「名声」を守ろうとしているのかもしれないが、果たして、白秋は「彼の名声を国家の側」に「利用」される程度の人間だったのか。この「戦後民主主義」に収まった文学者の言説に見られるような、「羹に懲りて膾を吹く」ともいうべき政治と文学の関係に対する腰の引けた精神的態度が、今になって明らかになってきたように、結局敗戦後七十余年の文学が、今日まで「占領下の文学」にとどまっている根本の原因なのである。

時代を深く生きるということは、政治と文学の関係を深くとらえて考えるということに他ならい。時代を深く生きた人間が、実は真の芸術家なのである。時代から、時代の政治から逃げた精神は、カッコつきの芸術や詩しか生むことはできない。本人は、高踏的な振る舞いだと思っているかもしれないが、実は深く生きていないというだけのことなのである。ベートーヴェンは、ナポレオンの時代を深く生きたから、エロイカ・シンフォニーが書けたのである。ブラームスの交響曲第一番は、ビスマルクによるドイツ帝国成立の感激という時代の背景があって生まれたものである。信時潔も、戦時中の日本を深く生きることによって、「海ゆかば」を作曲し、白秋の詩「海道東征」に曲がつけられたのである。

白秋自身は、『海道東征』に就て」という小文の中で、次のように書いている。

この交声曲詩篇は、皇紀二千六百年奉祝の芸能祭に際し、日本文化中央聯盟の嘱に依り特に作詩したものであつて、信時潔氏によつて作曲せられた。聖代、而も此の世紀の転換期に当り、肇国の精神と神武天皇の偉大にわたらせられる御事蹟を顕彰しまつる光栄を思ひ、一布衣の詩徒としてまことに恐懼措くところを知らない。作曲に於ては当代稀に見る芸術良心の持主であり、高邁廉潔の信時氏を得たことは、その正大、荘重、樸茂の諸相を通じ、感謝この事に思ふ。

「一布衣の詩徒」という自覚が、晩年の白秋には、あったのである。近代詩人の肥大した自意識から、詩を作ったのではない。この交声曲詩篇「海道東征」の特製の単行本が出版されたのは、昭和十八年のことだが、それに付けられた「海道東征註」は、風巻景次郎が書いている。風巻といえば、岩波文庫にも入っている『中世の文学伝統』などでも知られる優れた国文学者である。その風巻は、この交声曲詩篇を、「荘厳なる古典調叙事詩」と呼んでいる。

白秋は、ついに「叙事詩」を書いたのである。近代詩は、叙情詩である。白秋も、もちろん近代詩人として、叙情詩の名作を残したが、最後に、叙事詩の傑作を完成させたのである。風巻は、「全体として蒼古雄勁の調、まことに長高《たけ》く、秀逸の体、建国創業賦の序曲としてふさはしい古典的芬香にみちてゐる。北原白秋氏の詩業に於て本篇の基本となつてをるやうな格調の萌芽は既にはやく大正末年の彼方にあり、かの幽玄閑寂の『水墨集』の後を承け、一転して記紀歌謡の始原の態を偲ばしめる古典調となつて、後に『海豹と雲』に結集された諸作品の上に、くきやかに姿を現じてゐるのである。本篇はさうした古典調の鋳型を現代語感の上に次第にうち立てつつあつた白秋氏数十年の全努力の集成であつて、かるがるしく一朝一夕の思ひつきによつて成つたのではない。」と書いている。

このことについては、白秋自ら「私はここに於て、これまでの全詩集を、この交声曲詩篇『海道東征』に総括し、我が大成を所期した。」と書いているのであって、「最晩年には、当時のいわゆる国策に沿った戦意高揚の作品をいくつも書いた」というようなことで片付けられることでは決してない。

作詩当時、白秋は、糖尿病と腎臓病から来る眼底出血により、ほぼ失明状態だった。そのような状態で、この叙事詩は書かれたのである。

而もまたその作詞については、眼疾最悪の時にあたりほとほと難渋した。読みも書きもならない私であった。で、古事記・日本書紀・祝詞・風土記・宣命等それらの資料は、かねての記憶を本にして、一々にあれを探せ、これを写せといふ風に、妻や子どもたちに猟らせたり、地図を描かせたり、習字帳大に書写さしたり家内総がかりであった。無論大方は読ませて聴いた。自分自身ですることではないので、随分ぢりぢりもした。何かと探してゐる間は、ぽつんと手をつかねて坐って居らねばならぬ自分であった。詩を書くと云ったところで、自分で書くのでなく、口うつしに書かせるので、心頭で十分に歌うものとしての節々、句々、字脚、アクセント等に亙り、構成上の全能力を集める外に、漢字と仮名の按排まで一々に指図をし、書くあとから幾度も読ませ、それらを一々に記憶して、重複を避け、消すべきは消さねばならず、反覆反唱して、次に進むのであった。

この苦難の状態は、しかし、叙事詩を書くのには、恵まれていたとも言えるかもしれない。古代ギリシャの叙事詩人、かの『イーリアス』や『オデュッセイア』の詩人ホメロスは、盲目であったとされる。また、スコットランドの伝説的詩人オシアンも、盲目であった。叙事詩人と、盲目であることとは何かつながりがあるのかもしれない。叙事詩は、記憶に深く関係するものだからである。白秋は、次のように「蒼古を現前に知覚しようとした」と書いている。

本来私の所希したものは、和魂の本質にあつて、日本古典の伝統に根ざし、言葉に於ても純粋和語を以てし、歌詞に於ても寧ろ万葉以前に於る古代人の感情のリズムを、その胆を捉へようとした。さうして近代の感覚と知性とを以て、記紀を解釈し、蒼古を現前に知覚しようとした。で、之等の事蹟と詩語とには一々典拠があり、私の血であり肉であると共に斉しく祖先のそれである。我が歌であつて我が物でない。ことごとくが祖先の下し幸ふ言霊の揺らぎであつて、決して自ら気負ふべきものではない。幸ひ些かでも取柄があるとすれば、全くこの伝統のお蔭に外ならぬことを思ふ。

「我が歌であって我が物でない」という境地に、詩人、あるいは文学者は、達しなければならないであろう。近代の終焉がはっきりしてきた時代に生きて、作品を創造しなければならないからである。自己表現としての文学は、もう終わったのであり、「我が歌」を歌う時代は、すでに去ったのである。近代詩が、価値を置かなかった「国民詩人」というものが見直されなければならない。真の「国民詩人」とは、国民に愛誦される詩を多く書いた詩人のことではない。「我が歌であって我が物でない」という風に、歴史と伝統としての国民を表現し得た詩人のことだからである。「海道東征」という叙事詩を書くことで「国民詩人」となった北原白秋の、叙情詩人から叙事詩人への道程は、今日、文学に必要な大きな転換に深い示唆を与えるであろう。

三　富岡鉄斎

とみおか・てっさい（一八三七―一九二四）画家、儒学者。作品「武陵桃源」「瀛洲神境図」「赤壁図」「不尽山頂全図」「蓬萊仙境図」

鉄斎の墓を尋ねて――忘れ去られた「義」の画風

展墓趣味があるというほどではないが、批評の対象にした文学者や思想家の墓には参る方である。北鎌倉の浄智寺にある島木健作の墓には、八月十七日の命日に参るようになって、もう七年たった。多磨墓地の内村鑑三には、二回訪れた。染井の波多野精一、谷中の村岡典嗣についても、一度出かけている。

その他にも、何人かの作家を論じてはいるが、その人の墓を参ったということになると、これだけである。批評の対象は、その人の墓を参る気持ちを起こさせるものと、そうでもないものに区分できるのかもしれない。この区別は、文学史上の意義の大小や、評価の高低とは直接的には関係のないもので、批評家の対象との邂逅《かいこう》の意味の深さによるものであろう。

中村光夫が、『二葉亭四迷伝』を書くにあたって、染井の二葉亭の墓を訪ねたことや、小林秀雄が、『本居宣長』の冒頭に宣長の墓を「急に尋ねたくなつ」て、松阪に行く話を書いたことが頭に浮かぶ。数年来、富岡鉄斎の絵に強くひかれている。去年の七月、鉄斎の墓を私も「急に尋ねたくなつた」。鉄斎研究で有名な小高根太郎による年譜には「寺町四条ドル龍池山大雲院墓地に葬る」とあって、以後この記述が踏襲されているようである。私は、京都に昔、三年弱いたことがあるので、大体の土地鑑はある。だから、「寺町四条下ル」といえば、その名の通り、お寺がいくつか並んでいたのを思い出し、すぐ見つかるだろうと、地図で確認することもなく、京都に出かけてしまった。

ところが、行ってみると、そのお寺が見つからない。調べると、大雲院は、小高根氏の本が出たあとの昭和四十八年に、東山真葛ヶ原に移ったとのことで、早速出かけたが、何とそこにもなかった。移転の際、四つの塔頭は独立し、鉄斎の墓はその一つ、是住院にあり、それは洛西の地にあることが分かった。が、そのときはすでに時間もなく、気力も失せていた。

梅原龍三郎は、「近き将来の日本美術史は、徳川期の宗達・光琳、乾山とそれから大雅と浮世絵の幾人かを経て、明治、大正の間には、唯一人鉄斎の名を止めるものとなるであろう」といった。保田與重郎は、「明治の栄光は、この人一人によつてよく支へられたといつて過言でない。鉄斎先生一人あるによつて、明治の光栄は、どの時代にも劣らないであらう」と書いた。近代日本の美術には、鉄斎一人であると、両者がいっているのは、この二人が分野も気質も異にするだけにかえって、説得力がある。

私も、近代日本には、鉄斎一人であると思っているが、それは、鉄斎が「義」の画家であることによる。普通、画家とは「美」の画家であるから、「義」の画家というい方は変に思われるかもしれない。しかし、「美」の意匠の考案に忙しかった近代日本の美術史において、鉄斎が特異なのは、「義」の画家という逆説的な存在であったからである。「文人画家」と呼ぶのも、月並みすぎる。鉄斎が、画家といわれるのを非常に嫌ったのも、いつも「わしの絵を見るなら、まず賛を読んでくれ」と人に語ったというのも、たんなる美的感動がねらいではなく、「義」の表現を志向していたからに他ならない。

この「義」は、幕末維新期に人となった鉄斎の思想の根底をなすものである。激動の時代の坩堝《るつぼ》の中で鍛えられ、志士たちに広く深く浸透していた「義」の情熱は、三十三歳で明治維新をむかえた鉄斎も強く抱いたものであった。青年期の鉄斎が、志士たちと交わって過ごしたことは、鉄斎の思想を考える上で、もっと重視されていい。例えば、二十三歳のときの安政の大獄で殺された、梅田雲浜、頼三樹三郎は友人であったし、天誅組に参加して戦死した、藤本鉄石、松本奎堂とも親しかった。彼らの死の記憶は、鉄斎に「美」の画家となることを許さなかっただろう。

また、維新後に四十二歳から四年間、天理市の石上神宮や堺市の大鳥神社の神官をしていたことも重要な経歴である。鉄斎が平田篤胤の門人大国隆正に学んだことは、鉄斎より五歳年長の（同世代といっていい）島崎正樹のことを連想させる。島崎正樹は、島崎藤村の父であり、『夜明け前』の青山半蔵のモデルである。正樹も平田派の人であり、水無神社の神官も務めた。鉄斎もまた、近代日本を一種、「夜明け前」とみなし、青山半蔵の絶望を共有していたのではないかと考えても、決して空想ではあるまい。

平田派の国学、あるいは神学の意味は忘れられ、賛は漢文の教養の低下によりほとんど読めなくなった今日、鉄斎の「義」は脇に置かれ、「美」だけが誉め上げられるのは、当然の成り行きである。この「義」の感覚が、日本人の間でますます失われていくに従って、鉄斎をたんに「美」の画家としてとらえるようになっているのが、現状ではないか。鉄斎の墓が、今どこにあるかの記述を、小高根氏以後の本で眼にしたことがないのは、象徴的である。「義」にあつい鉄斎その人が、敬愛する人物の墓を熱心に尋ねたものであった。

鉄斎の墓参りは、一カ月後のある日の午後、やっと果たすことができた。

Ⅳ

一　村岡典嗣

むらおか・つねつぐ（一八八四―一九四六）日本思想史学者。『本居宣長』『日本文化史概説』『日本思想史研究』全4巻

（写真：東北大学文学研究科日本思想史研究室蔵）

村岡典嗣の復活

戦前に、芸術、文学、あるいは思想などの分野ですぐれた仕事をのこしたにもかかわらず、戦後の風潮に災いされて、不当に冷遇された人物は少なくない。日本思想史学者、村岡典嗣もその一人であろう。

明治十七年（一八八四）に生まれた村岡は、明治四十四年（一九一一）、二十七歳という若さで不朽の名著『本居宣長』を上梓。その後、東北帝国大学法文学部教授として、文化史学第一講座（日本思想史専攻）を担任し、戦前、日本思想史学界に重きをなした。

『本居宣長』上梓後の論文には、代表的論文「平田篤胤の神学に於ける耶蘇教の影響」（大正九）をはじめ、国学関係のものが多く、それらは、『増訂日本思想史研究』（昭和十五）、『続日本思想史研究』（昭和十四）に収められている。

昭和二十一年（一九四六）、戦後の混乱の中、栄養失調のため六十一歳で死去。歿後、『日本思想史研究』第三・第四（昭和二十三・昭和二十四）が刊行された。その後、村岡は、戦後長きにわたって忘れられていた。それは、死んだ時期も敗戦直後でよくなかったであろうが、何よりも村岡の学問の対象が主として、本居宣長や平田篤胤といった国学の分野のものであり、戦前それらが過剰にとりあげられた反動で、戦後、国学は言及をはばかるものとなってしまったからであろう。そういう戦後の思想風土の中で、村岡典嗣がほとんど黙殺されていたのは、或る意味で当然であった。

しかし、ここ十数年で、流れが変わってきたようである。その変化の原動力の一つとして、私の小さな仕事が役立ったことはとてもうれしいことである。私が「村岡典嗣――学問の永遠の相の下に」という評論を発表したのは、季刊『アステイオン』という、日本思想史の世界とは関係のない雑誌の、平成四年（一九九二）秋季号であった。当時私は、在野の一文芸批評家にすぎず、日本思想史を研究対象にしている訳でもなかった。

内村鑑三について書き、それとの関連でキリスト者で宗教哲学者である波多野精一にとりくんだが、その過程で、波多野の弟子である村岡の存在を知り、その学問と人柄に深く感銘を受けたのが、この評論を執筆するきっかけであった。その後、それを展開させて、「日本思想史骨」「信仰の『夜明け前』」を書き、これらを『日本思想史骨』としてまとめて出版したのが、平成六年（一九九四）のことであった。

そうこうするうちに、季刊『日本思想史』が、第六三号（平成十五年）で、「特集＝日本思想史学の誕生――津田・村岡・和辻」というものを出し、村岡は津田左右吉、和辻哲郎と並んで論じられることに、やっとなったのである。

そして、ついに平成十六年（二〇〇四）の五月、平凡社の東洋文庫に村岡の『新編日本思想史研究――村岡典嗣論文選』が入った。つづいて、『増補本居宣長』が全二巻となって、平成十八年（二〇〇六）の一月と三月に刊行されるに至った。村岡典嗣の復活が、ようやく達成されたといっていい。

村岡について書いてからもう、十五年も経つが、今日から見ても村岡の学問の重要な仕事と思うものは、大きくいって二つある。

一つは、いうまでもなく主著『本居宣長』である。晩年に本居宣長にとりくんでいた小林秀雄が「村岡典嗣氏の名著『本居宣長』が書かれたのは、明治四十四年であるが、私は、これから多くの教示を受けたし、今日でも、最も優れた宣長研究だと思つてゐる」と評したのをはじめ、多くの人がその名著である所以を語っているので、もはや贅言を要しない。

二つめは、「平田篤胤の神学に於ける耶蘇教の影響」という論文で、平田篤胤という国学者の中の、或る意味で代表的人物の神学に、「耶蘇教」（キリスト教）の影響があるという衝撃的な事実を論じたことである。この発見が、その後、南里有鄰《なんりありちか》や鈴木雅之といった、いわゆる平田篤胤歿後の門人たちの思想の探求につながっていった。

この、日本思想史における、クリティカルな事実をめぐって、司馬遼太郎がドナルド・キーンとの対談（『世界のなかの日本――十六世紀まで遡って見る』中央公論社、一九九二）の中で、「切り裂くような能管の音《ね》」という表現を使っている。平田神学についてキーンがキリスト教の影響を語ったところのことを司馬は、「この対談のなかの平田篤胤における天之御中主神《あめのみなかぬしのかみ》の指摘にいたっては、切り裂くような能管の音をきく思いがした」といっているのである。

この「能管の音」の余響の裡に、平田篤胤歿後の門人たちの思索があり、村岡はそれを「我国の思想史上頗《すこぶ》る注意すべき、独自の神学的哲学的思索の試み」（「南里有鄰の神道思想」）と高く評価した。日本思想史における核心、いわば「骨」を直観していたといってもいい。これからの日本思想史研究は、このクリティカルな発見を受け継ぎ、さらに深く探求していかなくてはならないのではないか。

学問から「作品」を生んだ人――『本居宣長』の復刊に思う

村岡典嗣の名著『本居宣長』（岩波書店）が、今秋（一九九三年）、復刊されることとなった。現在では著作が全て手に入りにくく、ほとんど忘れられているようであるが、今日読み直されるべき村岡について、近来いくつかの論考を書いてきた私としては、大変嬉しいことである。

村岡典嗣は、明治十七年に生まれ、国学を中心に優れた業績をのこし、昭和二十一年に没した日本思想史学者である。明治四十四年、わずか二十七歳の若さで、本居宣長研究史上、画期的な『本居宣長』を上梓した。

小林秀雄は、最後の大作『本居宣長』の中で村岡の著書を「名著」と呼び、「私は、これから多くの教示を受けたし、今日でも、最も優れた宣長研究だと思つてゐる」と書いている。たしかに、村岡の著書はいわば古典的完成を達成している。ここで、宣長は過不足なく、必要かつ十分に知解されている。「本居宣長は学者である」という素晴らしい書き出しの文章から始まって、変な言い方だが分析の黄金分割がなされたかのように、この著書は美しい。村岡の明晰きわまりない頭脳と文体は、読んでいて一種の快感さえもたらす。村岡以後、どれほど資料的に細密な、また多岐にわたった研究がなされたにせよ、この村岡の「作品」の価値は不動である。いや、かえって輝きを一層増しているといえるだろう。

というのは、今日では、知識の過剰による肥満と、比較という方法の乱用による思索力の衰弱が、学問を「作品」にまで創造する腕をなまらせる傾向が強いからである。しかし、学問も芸術と同様、「作品」を創造しなければ、結局真の学問ではない。

小林は、河上徹太郎との晩年の対談の中で、村岡の名前を出している。村岡が学んだ近代文献学の確立者ベークに触れながら、「宣長の学問が文献学であるということは古くから言われてきた。村岡典嗣さんはベークの文献学が、宣長の学問を説明すると考えたが、ベークという人は、いわば文献学の優等生だろう。優等生では、宣長を説明することは難しいのだな。文献学もニーチェまで行かないとね」といっている。そして、ニーチェを「文献学の過激派」と呼び、『悲劇の誕生』をふまえて、ニーチェの関心は遺された文献ではなく、「文献の誕生」だとしている。

ここでいう「過激派」とは、創造にまで燃え上がる激しい批評精神のことを指しているといっていいだろう。この発言は、暗に村岡を「文献学の優等生」と評価しているようにも聞こえる。しかし、村岡は決して、「文献学の優等生」にとどまるものではなかった。

村岡の「文献学の過激派」の本領が、十分に発揮されたのは、大正四年の「復古神道に於ける幽冥観の変遷」、大正九年の代表的論文「平田篤胤の神学に於ける耶蘇教の影響」、それとこの二論文に関係の深い「南里有鄰の神道思想」「農村の生んだ一国学者鈴木雅之」などにおいてである。これも復刊が待たれる『日本思想史研究』に収められた、これらの論文では、たしかに「文献の誕生」が起こっている。

「平田篤胤の神学に於ける耶蘇教の影響」という画期的論文は、恐らく村岡の生涯における決定的な発見であり、その後の村岡の営々たる学究生活を貫くライトモチーフになったものである。この論文において、村岡は、平田の神道に、宣長の神道にはなかった主宰神と来世観の思想が発生してきたのは、実に耶蘇教（キリスト教）の影響に由来するものであることを実証した。さらに、「平田の神道の、耶蘇教思想との習合は、必ずしも、単なる模倣又は剽竊と云ふべきものでなく、彼の思想的発展に内在的理由を有したものであった」として、例えば中世神道が儒教や仏教と習合した時とは異なる、その内在性を解き明かしたのである。

この耶蘇教の内在性が、平田篤胤以後の神道家、南里有鄰や鈴木雅之などにおいてどのような神学的宗教的発展をとげたか、ここは村岡の独擅場であろう。これらの神道家は、いわば日本思想史における暗室みたいなもので、ほとんど論じられない。しかし、この暗室に村岡の明晰な眼光が射して、日本思想史上稀なる、思索の垂直線が浮かび上がったのである。

それは、一神教への呻《うめ》きとしての垂直線であった。村岡が「我国の思想史上頗《すこぶ》る注意すべき、独自の神学的哲学的思索の試み」の中に探求したものは、日本思想史において、そして現代の日本においても最も根源的な問題、一言でいえば神の問題、あるいは神の不在の問題、いいかえれば日本人にとって神とは何か、という問題に他ならなかったのである。

日本人の一神教性——村岡典嗣をめぐる架空の対話

客　君が村岡典嗣について書いたのは、もう何年前になるかな？
主　十年ほどになるね。
客　大学ではフランス文学を専攻して、文芸評論を書いていた君が、日本思想史学者の村岡典嗣をとりあげたんで、正直驚いたよ。しかし、よく考えると、一九九〇年に『内村鑑三』を上梓して実質的にデビューした君には、文芸評論とはそもそも狭い意味の「文芸」に限られるものではなかったんだね。

主 そうだね。文芸評論家ではなく、「批評家」という意識で書いて来たからね。近代日本の「文芸」の中に、「批評」の対象になりうるものが意外に少なくて、内村鑑三とか波多野精一とか、こういう深く、劇的な精神が「批評」の対象になり得たんだ。

客 村岡典嗣も、「批評」の対象として不足がなかったということか。それは、村岡の中に、クリティックがあったということでもあったんだろう？

主 そうだね。村岡典嗣の学問には、クリティックがある。だからクリティックの対象になり得たんだね。日本思想史学者の中で、恐らく村岡典嗣だけが、「批評」の対象になり得る。他の人、例えば津田左右吉は「研究」の対象になっても、「批評」の対象にならないだろう。これが、村岡典嗣論の、一つの核心だね。

客 そういえば、村岡の二十七歳のときの『本居宣長』は、「研究」書というよりも一つの「批評」作品という印象を受けるな。

主 だから、小林秀雄が、『本居宣長』のはじめの方で、「村岡典嗣氏の名著『本居宣長』が書かれたのは、明治四十四年であるが、私は、これから多くの教示を受けたし、今日でも、最も優れた宣長研究だと思つてゐる。」と最大級の讃辞を書いている中で、「研究」という言い方をしているけれど、普通の「研究」が肌に合わなかった小林がここまで賞めているのは、やはり「批評」を感じたからだと思うね。

客　それは、「明晰さ」があるということにつながるんだね。村岡典嗣について書いた批評文を収めた『日本思想史骨』の「あとがき」の中で、君は「日本思想史の世界に、村岡典嗣を入口として入っていったことは実に幸福であった。何よりも『明晰さ』が欠けている日本思想史研究の世界で、稀なる『明晰さ』を持っていた村岡に導かれて、日本思想史の『骨』というべきものが見えてきたからである。」と書いているね。

主　若い頃、フランス文学をやって、ヴァレリーなどを読んでいただろう。そもそもデカルト以来、明晰でないものは思想ではないという考えがあって、僕も強くそう思っていた。だから、日本思想史には、特に近代以前のものにはほとんど関心がなかったし、読むこともなかったのが実際のところだよ。

客　小林秀雄も、「年齢」と題した、四十八歳のときの文章で次のように書いているね、「日本の古典文学に親しみを覚えたのは、四十過ぎてからだ。古美術に親しんだのもその頃からだ。元来私は研究的態度には欠けてゐる方で、いつも行き当りばつたりに読書して来たから、それまでに古典を開けてみる偶然の機会は幾度もあつたが、開けてみて自然に道が開けて来るのを感じた経験は一つぺんもなかつた。／例へば、若い人から、『徒然草』の一体何処が面白いのかと聞かれる様な場合、私は返答に窮し、かう答へるのを常とする、面白かないが、非常な名文なのだ、と。日本の古典文学は、頭脳的に読んでも殆ど何んの利益も齎さぬものばかりで、文学により頭脳の訓練をする為には、西洋の近代文学を読むのが、どうしても正しい様である。」

主　ここでは「古典文学」といわれているが、日本の古典の場合、「文学」と「思想」の区別が難しいから、小林が言っていることは日本の古典全般にあてはまると考えていいだろうね。日本思想史の逆説的な悲劇は、思想史なのに「頭脳」がないことなんだよ。

客　なるほど……。小林は、「日本の古典文学に親しみを覚えたのは、四十過ぎてからだ。」と書いているけれど、君が村岡を書いたのも丁度四十歳のときだね。そもそも、村岡典嗣と出会ったのは、どういう経緯なんだい？

主　宗教哲学者波多野精一について、一九九〇年に「上よりの垂直線——波多野精一論序説」という批評文を書いたんだけれど、波多野の書簡などを読んでいると、村岡典嗣が波多野精一の弟子であり、その人間が興味深いと感じられて来たのが、まずきっかけだね。

客　キリスト者で宗教哲学者の波多野と日本思想史学者の村岡が師弟関係にあったなんて、意外だね。

主　そうなんだ、ここも村岡典嗣論の急所の一つだろうね。村岡は、波多野が早稲田大学で教えていたときの教え子なんだけれど、最初は、波多野のように、ギリシア哲学とかキリスト教を研究しようとしたんだ。そして、日本思想史に「転向」するんだけれど、早稲田を出たあと、「独乙新教神学校」で神学を学んだりしているから、半端ではないね。

客　どうして「転向」したんだい？

主　その点については、波多野が、村岡が死んだあとで、田中美知太郎にあてた手紙の中で、「君は竹柏園の創立者佐々木弘綱翁の身内のものとして、同翁の家に少年時代を送つたためでせう、年少の時より古事記万葉を活かしてゐる、日本古代精神の雰囲気のうちに育まれました。大学に入るに及んで、私の講義によつてはじめてギリシアの文化及び思想に接し、それら二つの精神の類似に打たれてギリシアの尊崇者となり、傍ら西洋精神の深みを究めるために、十九世紀の historische Theologie に親しみました。かくてはじめはギリシアの研究を一生の事業とするつもりになつたやうです。ところが、ギリシア語の学習が、即ち真の文献学的研究の基礎となり得る程度の古典語の体得が自分の及び難い所であるを悟るに及んで、再び幼少時代以来の養ひ親である、精神的故郷に立ち帰りました。これは、同君の人間として又学者としての純真さを物語るものであります。」と書いている通りだろうね。僕も、村岡の著作のどこを読んでも、この「同君の人間として又学者としての純真さ」を感じるんだよ。

客　君が、村岡典嗣が好きなのは、その点がまずあるわけだね。

主　その波多野と共訳という形にはなっているけれど、実際は村岡が訳したといっていい、サバティエの『宗教哲学概論』が、明治四十年、村岡が二十三歳のときに出ているんだがね。その「序」で、波多野は「村岡典嗣氏が本書翻訳の企図あるを聞くや、余は喜んで、氏にわが微力を貸しぬ。かつ氏の翻訳は著実に原著の意を伝へむを力めたるものにて、世の杜撰なる翻訳物と類を異にす。かつ余自身も責任を分つものなり。然れども余のあたへたる助力は、甚だ小なる範囲に限られ、共訳と称するも、翻訳の労力は全く氏に属せり。若しこの翻訳が、幸にして世に認められ、又世を益することあらば、その誉も亦氏にのみ属すべきなり。」と書いている。

客　波多野精一も「人間として又学者としての純真さ」では村岡にひけをとらない人だったことがよくあらわれた文章だね。それにしても、翻訳とはいえ、最初の本が、キリスト教の「宗教哲学」のものだったことは、面白いね。

主　そうなんだ。これも村岡典嗣論の急所の一つといっていいだろうね。キリスト教についての深い研究があってはじめて、村岡の代表的論文「平田篤胤の神学に於ける耶蘇教の影響」が書かれ得たんだし、「宗教哲学」であって「宗教学」でないことも重要だと思うね。村岡は、日本思想史学者としては稀なる「頭脳」を持っている、いいかえれば「哲学」の力を持っている。いわば、村岡の場合は、思想史とは、思想「哲学」であって、思想「学」ではない。「宗教哲学」と「宗教学」との違いのように、思想「哲学」と思想「学」の違いが考えられるんじゃないか。

客　津田左右吉などは、思想「学」だと、君は言いたいんだろう？

主　「宗教哲学」者波多野は、「宗教学」について、『宗教哲学序論』の中で、「『宗教学』といふ語がいつ頃より学界に浮び出たかは知り難いが、（中略）一九世紀の半ばに至つて形勢は俄かに一変した。『宗教学』といふ語は特殊の新しき含蓄を示唆するものとして用ゐはじめられた。この傾向は次第に勢を増しつひに学界に瀰漫して今日に及んで居る。すなはち多数の宗教研究者は、在来宗教に関する学的研究の少くも最も重要なる部分として千余年の歴史を誇り来つた神学次では宗教哲学と特に区別される新しき特殊の学的研究として『宗教学』を解し、その名の旗印のもとに同志相呼び相集り或ひは国際的にも及ぶ精神的団結を結びつつ、学界の大勢を支配するに至った。」といっている。そして、「骨董品や化石やめづらしき病ひなどに対すると同じき、乃至は比較的好意をもつて取扱ふとして政治的道徳的教育的其他の文化的目的のための有益なる道具又は方便に対すると同じき、好奇的乃至利用的関心をもつてなされる仕事に過ぎぬ。」と批判しているんだよ。

客　確かに、津田の『文学に現はれたる我が国民思想の研究』という長大作を通読して受ける感じは、この「宗教学」的な平板さだね。

主　村岡のこの「宗教哲学」性は、例えば平田篤胤の「仙境」批判にはっきりあらわれている。「平田篤胤の神学に於ける耶蘇教の影響」の中で、「たゞ、その幽界の未だ脱しかねた感覚的性質が、所謂仙境てふ観念を生み、文政三年の頃、彼を中心として、伴信友、屋代弘賢、佐藤信淵を始め、彼の一派の人々を騒がした仙童寅吉物語の迷信に、堕せざるを得なかつた事実を、注意するに止める。」と書いていて、この書き方もまともに相手にしたくもないという感じだよ。

客　この『仙境異聞』などに見られる平田の面を大きくとりあげるのが、今日の宗教ブームの中ではやっているようだけれど、まさに「宗教哲学」と「宗教学」の違いが象徴的にあらわれているわけか。

主　日本という国は、「宗教学」者はたくさんいるが、「宗教哲学」者は、波多野精一ぐらいなものだろう。それと同じように、日本思想史の世界でも、「思想学」者はいても「思想哲学」者は稀なのだ。

客　村岡は、その稀な人ということだね。

＊

主　村岡典嗣がその「思想哲学」性をいかんなく発揮したものが、「平田篤胤の神学に於ける耶蘇教の影響」だろうね。

客　いいかえれば、クリティックが生きているということだね。

主　そうだね。論文のタイトルに、「影響」とあるのが、やや誤解を生みやすいけれど、この論文は研究論文によくありがちな、「影響」関係を示したというだけのものではない。「宗教哲学」的な考察、あるいは批判をしているところが、実はこの論文の勘所なんだよ。

客　それにしても、国学の、もっといえば「日本主義」の平田篤胤に、「耶蘇教」の「影響」があったという、村岡の発見は、実に驚くべきものだね。この事実に、どれだけ「驚く」ことができるかが、日本思想史学者の「頭脳」の分れ目なんじゃないか。

主　そうだね。今日ではこの発見は、もう定説になっているけれども、この事実は今日でも改めて「驚く」に値することに違いない。そんなこと、もう知っているよ、というたかのくくり方ほど、「影響」関係を調べたりしかできない「思想学」者の「頭脳」の弱さを暴露しているものはないな。

客　その点、作家の堀田善衞が自伝小説『若き日の詩人たちの肖像』の中で書いているエピソードは、興味深いね。戦時中、堀田氏らしき「男」が、「いずれその日本のために戦って死なねばならぬとなれば、国学というものにはその日本の絶対によい所以が書いてあるのであろう」と思って、平田篤胤全集を読むことになる。「しかし、そこに待っていたものは、日本のよさを確認するどころではなくて、まるで爆弾のようなものであった。男は、生れてからこの方、これほどにひどい衝撃はうけたことがないと思うほどの、おそろしい衝撃をうけていた。読み進めていて、本当に腋の下に冷たい汗が湧くのを感じた。」と書かれている。平田の「本教外編」を読むところを引用してみようか。

義の為にして窘難《きんなん》を被る者は、これ即ち真福にて、その已《すで》に天国を得て処死せざると為るなり、これ神道の奥妙、豈《あに》人意を以て測度すべけむや。

「ナニ、ナニ、ナンダトォ……」

とひとりで呟きながら読みかえしてみて、男は本当に目の玉が逆転するほどの驚きを覚える。

「コレハ……！」

これは、まったくの、

幸福《さいはひ》なるかな、義のために責められたる者、天国はその人のものなり。

である。マタイ伝の第五章にある、イエス・キリスト山上の垂訓である。イエス・キリストがなんでまた復古神道のどまんなかにあらわれたりするのか。（中略）

まったく平田篤胤は男を徹底的にびっくりさせた。しかもびっくりさせつづけた。

とあるんだがね。

主 やはり、堀田さんはさすがだと思うね。こういう感受性が大事なんだね。小林秀雄が、河上徹太郎との最後の対談「歴史について」の中で、「宣長の学問が文献学であるということは古くから言われてきた。村岡典嗣さんはベークの文献学が、宣長の学問を説明すると考えたが、ベークという人は、いわば文献学の優等生だろう。優等生では、宣長を説明することは難しいのだな。文献学もニーチェまで行かないとね。」といって、ニーチェを「文献学の過激派」と呼んでいる。暗に、村岡も「文献学の優等生」といっているような感じだが、「平田篤胤の神学に於ける耶蘇教の影響」という論文は、「文献学の過激派」の面目が出ているように思うな。

客 この論文は、日本思想史研究の歴史の中で、今日まで古びない根本問題を突きつける、画期的なものに違いないね。

主 それに関連した、「復古神道に於ける幽冥観の変遷」「南里有鄰の神道思想」「農村の生んだ一国学者鈴木雅之」とかが、村岡典嗣の「思想哲学」のライトモチーフを響かせていると思うね。

客　ライトモチーフのある学者というのはめったにいないけれど、村岡にはたしかにそれがあるな。

主　平田篤胤以後の国学者たちの思想の中で鳴っているライトモチーフということになるんだが、一言でいえば、日本人の一神教性だね。

客　君にそういわれても、つき合いの長い僕は別に「びっくり」しないけれど、大方の日本人は、日本人の一神教性というといい方に抵抗感を覚えるんじゃないかね。

主　そこだよ、今日の日本思想史研究にとって最もクリティカルな問題は。日本人は、よく考えもしないで、日本は多神教だと思っている。そして、一神教は悪いもの、戦争や狂気を生み出すものだ、などと考えている。一神教に対する嫌悪感が蔓延しているんじゃないか。一方で、今日、さまざまな形での仏教の復興運動のようなものがあるしね。

客　平田篤胤とその歿後の門人たち、あるいは直接平田と学統上の関係を持たない国学者、南里とか鈴木とかの思想に、一神教性があるというのだね。

主　一神教性というといい方が強過ぎるとするなら、一神教への志向性といってもいいが、いずれにせよ、「一なるもの」への志向がはっきり出ているんだね。

客　「影響」といった外発的なものではないということ？

主　そう、まずそこが問題だね。津田左右吉は、前にもいった『文学に現はれたる我が国民思想の研究』の中で、この平田以後の国学者たちについて、「篤胤以下のものが、屋上屋を架して生かじりの西洋天文説や儒仏の所説を勝手次第に牽強附会したのも当然であって、それは従来の神道者の態度と同然である。隆正の如きは宣長の極力排斥した陰陽五行説をも持ち出し、昔の神道者すらも敢えてしなかったほどの荒唐奇怪な言をなしている。(真誥新釈等)。畢竟、我が国には何等独創の哲学的思索も学術的知識もなかったのであるから、神道を立てようとするには、昔からの神道者のくりかへして企てた如く支那や印度の思想を採り、また新たに得た西洋の知識を仮りる外はなかったのである。空虚な国自慢から無理に作り出した空虚な学説の落ちゆく運命はこれであって、国学者の思想の発展は即ちその思想そのものの破滅とならねばならなかったのである。」といっている。

客　「西洋の知識」、あるいは「耶蘇教」をとり入れたのも、「昔からの神道者のくりかへして企てた」ことと同じ性質のものだとみるわけだね。

主　それに対して、村岡は『神道史』の中で、「漢意仏意の古典に対する合理化を斥ける本居の古学の精神を、飽くまで継承しつゝ、古神道の観念内容に自《おのず》ら儒仏その他の外教の要素を取り入れつゝ、そを神学的に又宗教的に発展せしめたのが、その後古学神道の辿つた道である。かくてその結果、随分本居が斥けた儒仏神道の弊を繰返した観をさへ見たのであるが、ここに遺るべからざるは、是実に古学神道発展の自然の結果であつて、本居神道の内在的契機に由来して居り、決して儒仏神道の単なる繰返しでない事である。而してそが一切の牽強附会から一度清められたる本居神道に基づく新たな発展として、その間幾多の神道史上比較的独創的な観念や思索が求められて、我国の思想史上前代に比して遙かに注意すべきものを示してゐる。」と書いている。

客　村岡は、「単なる繰返し」ではないと言うんだね。「我国の思想史上前代に比して遙かに注意すべきものを示してゐる。」と言って、この時期に重要な意味を持たせているわけだ。

主　「内在的契機」とあるけれど、この点については、「平田篤胤の神学に於ける耶蘇教の影響」の中では、「平田の神道の耶蘇教思想との習合は、必ずしも、単なる模倣又は剽竊と云ふべきものでなく、彼の思想的発展に内在的理由を有したものであつた。」と書いていて、「内在的理由」という表現を使っている。

客　この点の、津田と村岡の対立は、『愚管抄』の成立時期をめぐっての論争より、もっと本質的に重要なものだね。

主　『愚管抄』の成立時期については、結局村岡に軍配があがったわけだけれど、この平田以後についての対立については、『愚管抄』の場合のような、客観的、実証的な研究でケリがつくといったものではない。この問題にぶつかった人間の、主体的な判断が問われるだろう。カール・バルトの、信仰の決断に近いものがある。あれかこれか、だね。日本思想史上の、決定的な分岐点といえるだろうね。「くりかへし」とみるか、「新たな発展」ととらえるか。

客　村岡は、平田の耶蘇教のとり入れは、夏目漱石の言い方でいえば、「内発的」なものといえる面があったと言っているわけだね。

主　そうだね。しかし、平田については「平田篤胤の神学に於ける耶蘇教の影響」の最後で、限界を鋭く指摘して、「終りに一言すべきことは、耶蘇教が、平田の神道に与へた影響の、宗教的意義である。本居を承けて、而も、鎖国大平の夢、漸う安らかなるを得なかった幕末に、当時の、一層熱心な国家的祖神教の主張者で、又実に、祖先教としての神道の大成家ともいふべきであった平田が、基督教の普遍教的博愛の教を、受容るべくもなかったのは寧ろ当然である。たゞ、その来世教的信仰に於いては、神道本来の現世教的性質から脱して、神道の為に、別なる境地を展き、そを道徳教的に発展させた点に、大いなる特色を示したが、而も未だ、信仰的救済を説かうとはしなかった。彼の神道の対象たる神は、あくまでも幽冥の境に賞罰を厳行する畏敬の神で、愛の神ではなかった。浄土宗の家に人と為り、その人自ら、少時に於いてはその信仰に親しんだ、法名英笑の本居が神道の、宗教的意識に内在した恵みの神を、基督教の精神を以て受け入れ、又生かすといふが如きことは、固より、単に第十七世紀初頭の支那耶蘇会宣教僧の布教書によって、天主教教義の一端を知り得たこの神道家の、任ではなかった。彼が、耶蘇教から学んだ所は、大体に於いて神学的知識にある。否、この点に於いても、造化神及び幽冥神の二神格を、絶対的一神格に帰一させることも、彼の意識に於いては、未だ明瞭には成就されなかったところである。而も、かくの如きは、文献学のうちに発達した彼の神道そのものの、必然の運命であった。」と結んでいる。こういう決然とした、厳しい文体は、波多野ゆずりともいえるけれど、この村岡の文章にうかがわれる、キリスト教についての深い理解も、やはり波多野の弟子だけのことはあると思わせるね。

客　今日、キリスト教に対して、余りに無知、あるいは無理解な、学者が多いのには、あきれるね。ひどいのになると、キリスト教を憎んでいるね。

主　「造化神及び幽冥神の二神格を、絶対的一神格に帰一させる」と村岡が書いているだろう。ポイントは、ここだよ。平田以後の、国学者たちの思想上の苦闘は、この「絶対的一神格」にどう達するかということだったからね。

客　実にスリリングな展開だね。次は、どうなっていくの？

主　「南里有鄰の神道思想」という論文が、重要なものだね。南里有鄰は、村岡が発見したといっていい、佐賀藩和学寮の教授だった人物で、南里になると、人間はすべて罪人であるという思想が出てきて、我罪を罰する神はまた実に恵みの神であるという説が登場してくるんだよ。平田の神道では、天主教の来世思想の影響の下に審判の神、畏敬の神にとどまったのに対して、南里の神道に至って愛の宗教となってきたわけだ。

客　その原因は、何んなんだろうか？

主　それについて、村岡はその論文の中で、「而して注意すべきは斯の如き内的発展の、殊にその宗教的方面におけるそれの有力な原因として、耶蘇教思想との直接の交渉が存することである。この事は、時代恰も新教渡来の初期に際し、渡来の中心たる長崎に近く住し（彼も亦しばく同地に往復したといふ）、殊に夙く洋学に同情し村田若狭の如き最初の新教受洗者を重臣中から出した鍋島藩に仕へたといふさまぐの環境からしても、必ずしもあやしむに足らぬが、この事を明らかに証明せるものは、彼の著書の一つの神理十要である。」と書いている。

客　その『神理十要』というのは、どういう本なんだい？

主　『天道溯源』という、丁韙良（W. A. Martin）が著した、教理書、これは日本のキリスト教の歴史にとって重要な意義を持ったものだけれど、この本からの大部分の抄録を、南里が「十要」に編んだものなんだ。

客　村岡は、ここでも、「内的発展」といっているね。

主　同じ論文の中で、「而も彼がこの書によつて得た影響が、平田に於ける場合と同じく、決して単なる外的（模倣とか剽竊とかいふ如き）のものでなかつたといふことは、仮令彼の著書の年代が十分明らかでなく、その思想的成立の歴史を精しくたどることが出来ないとはいへ、なほ之を考へ得る。」と明確にしているね。

客　その「内的発展」の行く先は、どうなるんだろうか？

主　村岡は、『神道史』の中で、南里有鄰の思想について、「神道思想を神道史上殆んど最後の段階にまで発展させたもの」と言っているが、その「最後の段階」とは何かというと、「一神教」になったということなんだよ。平田においては、「二神教」までは来たが、その後の神道家の模索の末に、南里に至って、「一神教」に達したんだね。

客　平田以後の神道家の模索というのは、どういうこと？

主　村岡は『神道史』の中で、そのことについて、「天御中主神の絶対神格の観念と、大国主命の主宰する幽世即ち本つ世の観念との対立が、平田に見えてから、此の二を如何に調和すべきかは、自ら古学神道の問題となり、天御中主神の絶対神格が益々発展すると共に、そを以て幽事の支配者と見むとするやうになつたのは、むしろ自然の論理的発展で」あると書いている。

客　じゃあ、南里はこの「問題」を解決したんだろうか？

主　村岡は、『神道史』の中で、「果して彼に於ては、顕幽の二原理は現世対来世といふ観念から出て、然もその特殊性を脱して、一層普遍的若くは、根本的な宇宙的原理となり、単に対立的二原理として止らず、更に高次の隠なる霊によつて統一されるとなされた。かくて隠は来世神大国主神の神格に於てのみならず、更に天御中主神に根拠する事となり、此の最高純霊の絶対神の神格に於て、神道はその来世教としての精神教的性質を徹底して、一つの唯心論哲学となり、霊の宗教となつた。」と書いている。「絶対神」が、ついにあらわれたんだね。

客　なるほど……。ところで、これまで村岡の『神道史』からの引用をたびたび聞かされて来たけれど、なかなかすごい本だね。

主　そうなんだ。『日本思想史研究』全四冊や『本居宣長』は、もちろん名著だけれど、この『神道史』は、とてもクリティカルなものだと思うね。前にいったように、「宗教学」的に書かれた神道史は、いろいろあるようだけれど、「宗教哲学」的に考察された神道史は、私の知る限り、この本だけじゃないかと思うね。

客　鈴木雅之の場合は、どうなって来るんだろうか？

主　鈴木雅之も村岡が発見したといってもいい国学者なんだけど、村岡の平田以後の神道思想家をとり扱った一連の論文の最後といえる「農村の生んだ一国学者鈴木雅之」という論文がある。鈴木雅之は、南里有鄰より二十五歳年下になるけれど、「彼の根本学たる神道そのものに於いて、平田神道の耶蘇教的傾向の一層の徹底となつて現れ」ていることを村岡は、指摘しているんだね。

客　「一層の徹底」というと、例えばどんなものなの？

主　「耶蘇教的神子観」までが出て来るんだ。村岡は、「さらに彼は神道の本質的特色をなす、創造神即皇祖神又天皇即神孫説を述ぶるについて、『吾人の生成の為に、かしこくも天神の御恩愛をたちて天降し給へる皇孫命、比類なくうるはしき天上の国を離れ、父母祖神に別れて、天降坐る皇孫命の御末とまして、直に天津日嗣しろしめす吾天皇にませば、かしこしなどは世の常にて、其恩義はたとしへなく深く、高く、尊くなむありける。』と言つたのを見ると、耶蘇教的神子観の、いみじくも摂取されたのを感ずる。けだし、天御中主神が創造神と結び付く時、天皇が神子と結び付くは、極めて自然の行き方といふべく、こゝにもまた、平田神道の耶蘇教的発展の新局面の出現を見得るのである。（吾人はその著しき例を渡辺重石丸にも見得る。）」と書いている。

客　ついにそこまで行ったわけか。ふと、橋本雅邦の有名な『悲母観音』を思い出したよ。あれも、キリスト教の聖母子の絵柄を「摂取」したものだろう。あの絵がもたらす奇妙な感じが、この「新局面」にはあるようだね。

主　『神道史』の中で、平田以後の神道家として、佐藤信淵、大国隆正、六人部是香《むとべよしか》、鈴木重胤、岡熊臣、矢野玄道、権田直助、渡辺重石丸《いかりまろ》、南里有鄰、鈴木雅之がとりあげられているがね、濃淡の差があるものの、彼らの思想におけるキリスト教の「摂取」がライトモチーフとして貫かれた記述となっている。

客 具体的には、どういう風に書かれているんだい？

主 六人部是香については、「彼の神道説は終末観の方面に於て発展したと共に、幽冥教と言ふ点に於て、一層徹底したのである。而して彼自ら直接に有した耶蘇教の教理に関する知識が、ここにも有力な原理であつた事は、その著順考論中にも證跡が少くない。」と書いている。渡辺重石丸については、「彼のかくの如き一神教的言説が平田の主宰神の観念を徹底させたもので、その耶蘇教の影響の益々濃厚になつてゐる事は明瞭である」と書いている。

客 「一神教的言説」か。平田以後の国学者たちの一神教性は村岡によって、実に鮮明に解明されているんだね。

＊　＊

客 村岡の説をここまで聞いてきて、「廃仏毀釈」という大事件が、何故平田派の国学者たちによってひき起されたのかが、分かってきたよ。

主 「廃仏毀釈」といえば、『明治維新神仏分離史料』という大部な本があるけれど、大変な事件だったんだよね。

客 村上専精、辻善之助、鷲尾順敬共編の本だけど、大正十五年の日付のある、「序辞」の中で、村上が「今此に神仏分離事件の史料を公刊し、天下有志の諸君に配布することゝなれるは、吾輩の欣喜に堪へざるところである。抑此《そもそも》の神仏分離の事たるや、今日となりては、世人殆んど之を忘れたるものゝ如くなれども、明治の初年に立ち帰って之を考ふるに、真に容易ならざる国家の大事件であつた、国史として之を考ふるに、明治維新史中、頗る其の要部を占むるものである。又宗教として之を言はゞ、仏教渡来以後、一千幾百歳の間に、未だ曾て見ざる空前の大椿事であつた、故に其の史実を後代に留むべきは、現代人の義務である。」と書いている。

主　大正十五年の頃、すでにそんな状態だったのか。今日ではもっと「世人殆んど之を忘れたるものゝ如く」になっているね。

客　しかし、「廃仏毀釈」が「真に容易ならざる国家の大事件」であり、「未だ曾て見ざる空前の大椿事」であることは間違いない。こういうことがあったことを忘れてしまうのが、日本人の健忘症なのかな。

主　君は、平田派の一神教で、「廃仏毀釈」を思い出したと言ったけれど、キリスト教と「廃仏毀釈」がつながる、何か具体的な話はあるのかい？

客　例えば、有名な三河大浜の騒擾事件さ。『明治文化史』第六巻宗教篇には、「一八七一年（明治四年）一一月、新政を施行するために、小参事服部純が赴任し、寺院の廃合、僧尼の制限を一方的に強制し、廃仏の僧徒を呼び出して、神道作法として祝詞を習わせた。元来、三河地方は真宗の盛んな地方であったが、かかる強圧的な新方針に対して、真宗僧侶が盟主となって強硬に反抗した。一方、服部小参事は耶蘇教なりとの風説が流布され、民衆は『耶蘇退治』の旗印の下に、これに加勢した。群集の気勢の激するところ、僧侶の制止も聞かず、ついに暴動化して、藩の役人を竹槍で刺殺するにいたった。暴動は間もなく隣藩の援兵によって鎮圧され、主謀者は処罰されたが、この騒擾を惹起したのが、当時なお徳川以来の通念たる『キリシタン邪宗門』としての、キリスト教に対する民衆感情であったことが注目される。」と書かれている。

主　「服部小参事は耶蘇教徒なりとの風説が流布され」というところは、面白いね。

客　うん、そこのところには注がついていて、「神道作法を習わしめた者はキリスト教徒なりとの風説は奇妙である」とあるけれど、決して「奇妙」じゃないんだね。村岡による、平田派へのキリスト教の影響の解明を知れば、不思議でもなく、平田学を学んだ「服部小参事」の新政に、キリスト教を嗅ぎとった「民衆」の本能の方が、興味深いね。

主　村岡は、「明治維新の教化統制と平田神道」の中で、平田派の思想には「邪宗たる基督教的習気さへ、明らかに感ぜられた」と書いている。そして、「この点については、夙に仏教側の攻撃があつた。」とつけ加えている。

客　評論家の松本健一さんが、月刊『発言者』の二〇〇二年二月号で、タリバンは、明治日本の神風連と似ているという見解を書いているけれど、平田派もタリバンのようなものと言える一面があるんじゃないかな。

主　たしかに、バーミヤンの石仏の破壊には、「廃仏毀釈」と通底するものがあるようだね。

客　バーミヤンの石仏の破壊に対して、日本人の「良識」はとんでもないことだといったような批判をするけれど、百数十年前の「廃仏毀釈」のことを思い出すならば、事はそんなに簡単ではないね。

主　一神教が、宗教原理主義に堕するとき、こういう現象が起きるものなんだ。そういう弊害を生んだにせよ、日本人の一神教性が、この時期はっきり出たわけだからね。危機の時代に、日本人も覚醒すると、一神教に向かうんじゃないか。多神教の中に眠り、一神教に覚醒するんだね。戦後のようにどんよりと安定した時代、そしてアメリカニズムによって思考力を不能にさせられた時代には、多神教である「かのやうに」、日本人は自分のことを思い込んでいただけじゃないのかね。

＊　＊　＊

主　『神道史』の中で、六人部是香について村岡が、「彼の神道説は終末観の方面に於て発展したと共に、幽冥教と言ふ点に於て、一層徹底したのである。而して彼自ら直接に有した耶蘇教の教理に関する知識が、ここにも有力な原因であつた事は、その著順考論中にも證跡が少くない。」と書いていたことは前に言ったけれど、この六人部と岡熊臣、矢野玄道、権田直助について論じている章の中で、矢野については、その「神道説は幽明観の方面に於て六人部と略々同じである」と書いている。この矢野玄道が、内村鑑三の大正八年の「日記」に出てくるところは、日本思想史上の緊張の一瞬といってもいいだろうね。

客　近代日本の代表的基督者、内村鑑三と接点があったとはね。

主　矢野は明治二十年に死んでいるから、もちろん直接な接点ではないんだが、その「日記」に、「余の信仰上の長兄なる京都松岡帰之君より書面あり甚だ有難かつた、君は由緒ある神官の家に生れ国学に精通し、長らく司直の職に在り、明法官を以て人に敬せらる、此人にしてイエスの謙遜なる弟子と成らる、我国に於て得難き仁である」と書いてあり、その書翰が引用されている。そこに、出てくるんだ。

「……『聖書之研究』十月号ノ十誡ノ総論、次デ本月号五条ノ御講演ハ何トモ讃様《タタヘヤウ》ナキ渾身渾霊ノ歓喜、手ノ舞足ノ踏ムヲ知ラズ、実ニ我国ノ殊更ナル神ノ幸ハ此孝道ノ根柢扶植ニ有之コト、信ジ候、(中略)コ、ニシノビシ候事有之、ソハ小生ノ故師矢野玄道翁ニ有之候、翁ハ古陋ナル国学者デナク、孝明天皇ニ祭政一致ノ大本ヲ進講申上シ人ニテ、ソノ進言（慶応元年中）ニ西洋ノ教化書（当時支那訳聖書ナラン）ハ天子必読ノ書ナリト申上ラレ候。」

客　矢野玄道もやはり「支那訳聖書」をすでに読んでいたんだね。そして、それを孝明天皇に必読の書としてすすめているなんて、平板な日本思想史をひっくりかえす面白さだね。

主　「支那訳聖書」については、村岡に「漢訳聖書源流考」という興味深い論文があるのが、やはり思い出されるね。村岡の関心の在り所を指し示していると思う。

客　それにしても、この「松岡帰之」という人物、「由緒ある神官の家に生れ国学に精通」していて、「イエスの謙遜なる弟子」、キリスト者になったという経路は、まさに村岡が解明した、日本思想史上の流れを具現したような人物じゃないか。南里有鄰を、一歩進めれば、松岡帰之になったんだね。

主　この書翰が書かれてから二年後の、大正十年の、内村の「日記」にもっと興味深い記述があるんだ。

客　大正十年といえば、内村鑑三自ら「余の生涯の最高潮に達した時」といった『ロマ書』の講演をしている最中じゃないか？

主　そうだね。六月十二日の「日記」に、「梅雨の空も朝丈けは晴れて中央の集会は平常以上の盛会であつた、聴衆堂に溢れ、空椅子《から》は一脚もなく、起立して聴講する者も尠くなかつた、研究の題目は羅馬《ロマ》書三章二十五、六節であつた、解説するに最も困難なる箇所である、然し自分は最善を尽した、今日は今期最後の集会であれば仆れるも可なりとの覚悟を以て講演に登つた、而して聖霊我に加はり近頃になき気持の好き講演を為した、宥《なだ》めの供物と『是れ神自から義たり而して同時に又イエスを信ずる者を義とせんが為なり』との言に就き基督教的法理論を述べた、講演終て壇を降り来れば一人の老婦人の頻りに泣いて余に感謝する者があつた、後にて聞けば彼女は齢七十五歳、或る有名なる神職の女《むすめ》であると云ふ、彼女の感謝せしは余が今日語りし言の彼女の父が彼女に教へしものに酷似するが故なりとの事であつた、余も之を聞いて非常に感謝した、古き日本の神道にパウロの道義論に酷《よ》く似たる者ありとは不思議である、又感謝すべきである、日本教化の希望は茲《ここ》にある、我等の勤労は無益ではない。」と書かれている。

客　大正十年に、七十五歳ということは、一八四六年（弘化三年）頃の生まれだね。とすると、「彼女の父」である「或る有名な神職」は、一八一〇年前後に生まれた人物だろうね。

主　僕は、「彼女の父」は、六人部是香じゃないかと推測しているんだ。六人部は、村岡の『神道史』の中に、「彼は山城国乙訓郡向日神社の社司で、六人部節香の子、文政六年平田篤胤の上京の時十八歳で入門した。後関西に於ける平田派の重鎮となり、晩年には家塾を開き、京坂に出でゝ、神習舎を興して門人を教へた。文久三年歿、五十八。」とあるんで、一八〇五年頃生まれということになるからね。まあ、矢野玄道でもいいし、角田忠行でもいい。いずれにせよ、平田派の神道家の一人が、「彼女の父」に違いないからね。

客　角田忠行といえば、島崎藤村の『夜明け前』の中に、「暮田正香」という名前で出てくる人物だね。

主　そうだ。藤村の父、島崎正樹（青山半蔵）の、平田篤胤歿後の門人として先輩にあたる人物で、明治維新後、熱田神宮の宮司として赴任している。

客　それにしても、内村鑑三が「語りし言の彼女の父が彼女に教へしものに酷似する」というのは、実に面白いね。

主　内村は、「古き日本の神道にパウロの道義論に酷く似たる者ありとは不思議である」といっているが、村岡から学んできた我々としては、「不思議」でも何んでもないのだね。「古き日本の神道」というのも、神道一般のイメージで「古」いといっているので、平田派の神道は、実は新しい神道だったんだよ。

客 その日の内村の講義のテーマは何んだったの？

主 『ロマ書の研究』の中では、「第二十講　神の義（四）」となっている。内村は「此両節は贖罪の意味、必要、理由等を説いたものである。換言すれば贖罪の内面的観察である。」と書いている。

客 イエス・キリストの贖罪についても、日本の神道は近づいていたということかい？

主 村岡が、南里有鄰も読んだといっている『天道溯源』について、「天道溯源は之を平田が影響された耶蘇教書と比較すると、固より大体同じ内容ではありながら、彼の来世の審判、死後の応報を説くに専らであるに比して、基督教教理を説く事、遙かに全汎的又精細で、耶蘇の贖罪、救人、頼信以得救、恒心祈禱等を詳説し、信仰、神の愛、神人の交渉等の宗教意識を闡明してゐる。」と書いているところをみると、そうらしいね。

客 とすると、内村が「日本教化の希望は茲《ここ》にある」といったのもよく分かる。君は、『日本思想史骨』という文章の中で、この「茲」が、日本思想史のクリティカル・ポイントだといっていたね。「茲」が、「茲」こそが、日本思想史の「骨」だと。

＊　＊　＊　＊

主 日本人の一神教性について村岡は平田以降の神道史だけではなく、「垂加神道」にもみてとっていたんだ。「垂加神道の根本義と本居への関係」という論文の中で、「垂加神道の信仰は、闇斎にとつては本質的意義を有した。而して彼の狂信的態度を思ふとき、吾人は、仁斎の言として伝へられる、仏から儒へ、儒から神道へと転じた闇斎は、もし長寿せば、切支丹を信じたらうとの評語に、一種の興味を感ぜざるを得ぬ。」と書いている。山崎闇斎のように考えていけば、必然的に「切支丹」、一神教に行くことになるということだよ。

客 日本人の一神教性ということでは、浄土真宗の島地黙雷《もくらい》が、明治維新時の廃仏毀釈運動の中、外遊して英仏などを見聞してまわったときの書簡の一節を思い出すね。島地は、故国の盟友にあてて、「真宗ノ外、日本ニテ宗旨ラシキ者ハナシ。一神教デナケレバ世界デ物ハ云ヘズ。幸ニ真宗ハ一仏也」といっているんだ。一神教ならぬ一仏教さ。

主 真宗というのは、一神教なんだね。そして、真宗というのが日本で最大の仏教宗派だとすると、やはり日本人は仏教からみても一神教じゃないか。

客 戦国時代から安土桃山にかけて、真宗（一向宗）の勢力は大変なもので、これとカトリック信者を合わせると、一説では日本人の七割くらいは、一神教徒だったらしいね。

主 それが、徳川幕府にとって最大の脅威だったから、日本人の現世化、多神教化が行われたんじゃないか。儒教が気に入ったのは、道徳観とかじゃなくて、何よりもまず超越がないこと、一神がないことだったと思うね。

客 そうかもしれないね。しかし、人間は、真剣に思考すると、あるいは危機に面すると、多神教や現世主義では満足できなくなるように出来上っている。平田以降の神道家たちの一神教性というのも、本来人間にそなわっている「一なるもの」を求めるエートスが幕末という危機の時代に噴き出してきたものととらえることもできるんじゃないか。

主　戦前のプロレタリア文学というものも、プロレタリアート＝メシアに対する一神教的信仰だといってもいいのだからね。三島由紀夫が、島木健作の作品について、「そこでは、肉体と思想との相剋のドラマが極限まで追いつめられて、そこで人間精神の一貫不惑が試された結果、実に日本的な形態において、マルキシズムは何かより高次の異質の信仰に変貌したのである。」という卓見を述べている。

客　それが、戦後、特にポスト・モダン談義が盛んだった頃から、日本は多神教だからよい、といった自己満足的な言説がのさばり出したのだね。

主　それが、江戸礼讃と表裏一体のものとなっていたのは、当然だね。相対主義ではやはりまずいと気づかれてくると、それにかわって多様性という言葉が多用されはじめた。ものごとが、文化が、多様性をもっているのは、無条件にいいことだと言われるようになった。

客　多様性とは、或る意味で無秩序ということじゃないか。日本人が、多様性をいいもののように思いこめたのは、実はアメリカニズムの体制という「秩序」に守られて、あるいはその範囲の中での「多様性」だったからなんだよ。

主　だから、9・11以降、多様性という言葉が色あせてきたのは、アメリカの「秩序」が崩壊しはじめて、多様性が本当に「無秩序」の恐しい姿をあらわしてきたことを感じだしたからさ。

客　信仰は結局、一神教なのさ。多神教とは、実は無信仰のことさ。多様性とか多神教とかは、何ものも信仰していないことを隠す言訳にすぎないんだ。

主　日本人は多神教だという人は、日本思想史を正確に見ていない。江戸時代とか、戦後の一時期だけを見ている。平田以降の神道家や、本来の真宗とかをみれば、日本人は一神教なのだよ。

客　少なくとも、「一なるもの」を求める激しいエートスは存在していた訳だね。

主　岡倉天心の有名な（あるいは悪名高い）、「アジアは一つ」という言葉があるだろう。この言葉は、アジアを一つにしようという意味ではない（そのように誤解されて、戦時中に使われたとしても）。これは、一つとしてのアジア、アジアの中の「一なるもの」を求めた天心のヴィジョンなんだね。明治の思想家たちは、それぞれ、「一なるもの」を求めたことでは共通しているんじゃないか。

客　内村鑑三の『余は如何にして基督信徒となりし乎』の第一章「異教」の中で、「余は信じた、然り誠心誠意を以て信じた、無数の社祠には夫々《それぞれ》神が住み、其の管轄区域に油断なく心を配り、その不興を被りし罪人には直に罰を与へるのである、と。」と書かれているような「多数の神々」を尊崇敬慕することきわめて篤い十六歳の青年が、第二章「基督教に接す」の中で、『神は一なり』との思想は感激的《インスパイヤリング》であった。」と告白しているのが思い出されるね。

主　岡倉天心にとって、『アジアは一なり』との思想は感激的《インスパイヤリング》であった」といってもいい。天心が「一つとしてのアジア」といったのに反して、今日ではアジアの多様性ということが、反動のようにいわれる。多様性なんか、ヨーロッパだって研究していけばいくらでも出てくるさ。

客　日本思想史なんかでも、研究をしていけばいくほど、多様性に出会う。多様性を見つけることが、手柄だと思っているような、中途半端な、覚醒していない研究者も少なくないじゃないか。

主　しかし、時代は変わってきている。「一なるもの」を求めるエートスが強まってきているように思うね。ベルクソンのいう「ユニテ」だ。最近、小林秀雄の未完のベルクソン論『感想』が出たので読んでみたが、最後は、ベルクソンの「哲学はユニテに到着するのではない、ユニテから身を起すのだ」という見事な言葉の引用で終わっている。村岡典嗣の日本思想史研究は、「ユニテから身を起」しているんだね。

客　「ユニテ」がある学者が本物だ。多様性などをお題目のように唱えている学者は、いずれ無秩序の中に落ち込むだろうね。

主　村岡典嗣という人は、日本思想史上、最もクリティカルな局面である、平田以降の神道家たちの思想の深化を解明しただけでも不滅の業績をのこしたといえるね。そこにあらわれたのは、日本人の一神教性という、今日の日本人の多くにとっても意外なものだったのだよ。

客　日本人の一神教性に、眼をつぶりたい人は、村岡を忘れ去りたいだろうね。

主　そういう意味で、村岡を正しく復活させ読み直すことは、日本思想史を「正す」ために必要なことだね。

二　内村鑑三

うちむら・かんぞう（一八六一―一九三〇）『基督信徒の慰』『求安録』『代表的日本人』、『内村鑑三全集』全40巻（岩波書店）

没後七十年――キリスト者内村鑑三

一

内村鑑三が、享年六十九歳で死んだのは、昭和五年（一九三〇）三月二十八日である。今年（二〇〇〇年）は、没後七十年にあたる。

この、近代日本で最も重要なキリスト者の生涯と思想、あるいは「信仰」は、様々な分野の人々に深い影響を与えて来た。その広がりと多様さを考えるとき、ヴァレリーの「マネの勝利」という文章が思い出される。

ヴァレリーは、もし一人の画家が「マネの勝利」という寓意画を描くとしたら、この偉大な芸術家の画像を取りかこんで、モネ、ドガ、ルノワールなどの画家たちを配列し、さらにボードレール、ゾラ、マラルメといった文学者の一群も描き入れるだろうと書いている。近代絵画の出発点、あるいは中心点に、マネが位置づけられるということであり、多種多様な人々に感化を与え、また支持されたのである。

文学、思想、あるいは宗教も含めて、ここで精神という言葉を使うとすれば、近代日本の精神史において、このマネのような位置を占めるのが、他ならぬ内村鑑三なのである。「内村鑑三の勝利」と題した画を描くとしたら、文学者では、志賀直哉、正宗白鳥、有島武郎、国木田独歩、近松秋江、小山内薫、長与善郎、村山知義、といった人々がまず配列されるだろう。そして、太宰治、島木健作、宮沢賢治、大佛次郎、中里介山、八木重吉などの顔も描かれるに違いない。

思想では、南原繁、矢内原忠雄、三谷隆正、天野貞祐、高木八尺、松田智雄、大塚久雄などが並び、河上肇、荒畑寒村も遠景に入るだろう。その他に、岩波書店創業者の岩波茂雄、「大賀ハス」の大賀一郎、彫刻家の荻原守衛の顔も見える。

そして、もちろん、鑑三が明治三十三年（一九〇〇）三十九歳のときから死ぬまで出しつづけた雑誌『聖書之研究』の、三、四千人の読者を中心に、近代日本の「地の塩」ともいうべき人々が、背景として描かれなければならない。そこには、中軽井沢の星野温泉の三代目主人、星野嘉助もいれば、俳人加藤楸邨の父で、長く駅長をつとめたような人物もいた。

大塚久雄は、『内村全集』の読者のなかに、耕地五反耕牛一頭とか、そういったタイプの農民諸氏がいた」といっている。これらの「地の塩」が、近代日本の社会の腐敗の進行をその持場持場でくいとめる「働き」を果たしたのである。

この「内村鑑三の勝利」という画を眺めてみるならば、近代日本の精神史の最も高い山脈がここを走っていることに気づく。近代日本の精神史上の、最も深い「事件」が、鑑三を中心に起こったのである。その精神の「事件」の根源に、キリストの福音があった。

宗教学や民俗学、あるいは文化人類学といった諸分野は、「戦後民主主義」という「微温《なまぬる》き」温室の中で異様に繁茂したが、相対主義の追風を受けて、周辺的なことや瑣末な事物をとりあげるのに少々熱中しすぎたようである。そんなことにかまけているうちに、近代日本の精神史の背骨、あるいは「正統」の在り処の探究から逃避してしまった。その結果、文学も思想も、そして特に宗教は、混迷の極に達している。

鑑三は、すでに大正十年（一九二一）、「十字架教」と題した文章の中で、「今や基督教ならざる多くの物が基督教として通用する此時《この》に際し、即ち所謂《いわゆる》社会奉仕、倫理的福音、国際的思想までが基督教として目せらるゝ此時に際し、我等は基督教を称《よ》ぶに新しき名を以てするの欲求を感ずる、而《しか》して余は此欲求に応ぜんが為に十字架教なる名を提供する」と書いた。

鑑三の没後、七十年が経ち、宗教、あるいはキリスト教について「様々なる」ことが言われ、「基督教ならざる多くの物が基督教として通用する」今日、キリスト教という言葉を使うことは、誤解を招くだけという有様となっている。

キリスト教とは、本来いかなるものか、そして近代日本の精神史においてどのような役割を果たしたのかを、内村鑑三にまで戻って考え直さなければならない事態に、我々日本人は立ち到っているのである。

二

小林秀雄は、絶筆「正宗白鳥の作について」の中で、白鳥に深い影響を与えた内村鑑三に触れている。鑑三の『代表的日本人』は、周知のように、西郷隆盛、上杉鷹山、二宮尊徳、中江藤樹、日蓮上人の五人を描いているが、小林は「これらの人々の歴史上の行跡の本質的な意味と信じたところを、このやうに簡潔に描いてみせた人はなかつた。これからもあるまい」と評した。

文章の「真贋」を見抜くことにおいて、右に出る者は恐らくあるまいと思われる小林が、「なかつた」というばかりではない。「これからもあるまい」と言い切った。そして、「文は人なり」であるから、文章の「真贋」は、鑑三の人物の「真贋」に通じている。

キリスト教を内村鑑三にまで戻って考え直すということは、鑑三の著作、その文章、もっと正確にいえばその「言葉」を読むことに他ならない。『ロマ書の研究』をはじめとする鑑三の著作を精読することが、キリストの福音の本質を正しく理解する上で、迂路のように見えて、実は確実な道である。

まかり間違っても、世上に出まわっている、キリスト教案内、あるいは入門のたぐいの本を読んではならない。百害あって一利なし、である。

鑑三は、昭和四年（一九二九）五月（死の十カ月ほど前）の日記で、『ロマ書の研究』について「何んと云ふても此書は我が著書中の中堅である」といい、「日本人は当分の間此書に依りてキリストの福音の何たる乎《か》を学ぶであらう」と書いた。

私も、「此書に依りてキリストの福音の何たる乎を学」んだ日本人の一人であるが、キリストの福音をこれほど日本語でがっしりと受けとめた著作は、『ロマ書の研究』の他に「なかつた。これからもあるまい」といえるであろう。何故なら、この鑑三の「言葉」には、『代表的日本人』と同様に、及び難い「姿」があるからである。小林の最高級の評価も、この「姿」から来ている。

本居宣長に、「姿ハ似セガタク、意ハ似セ易シ」という言葉がある。小林秀雄が『考へるヒント』の中で、この逆説をめぐって一文を書いているが、この宣長の言葉は、今日の文学、思想などの文化のみならず宗教の、危機の根本にある問題を照らし出す。

「姿」とは、言葉の「姿」である。「文体」といいかえてもいい。小林は、「意は似せ易い。何故か。意には姿がないからだ」と書いている。情報とは、まさに「意」の世界であり、「姿」を持たない。だから、情報化社会とは、言葉の「姿」を（そして、結局は精神の「姿」を）失っていくことであり、「意」だけが迅速に流通する。今日の文化の退廃の根源には、この言葉の「姿」の喪失があるといっていい。文学において、作家が「文体」を持たなくなったといわれて、久しい。

これが、宗教に及べば、どうなるか。宗教を語る言葉も「姿」を失い、「意」だけとなれば、宗教の「真贋」も区別がつきにくくなってくる。何故なら、キリストの福音も、「意」だけを情報として書けば（キリスト教案内のように）、「様々なる」今日の諸宗教の言葉の「意」と多くの点で「似」てくるし、比較もできるようになるからである。

言葉の「姿」を感じとる精神が、次第に痩せてきたことが、真似し易い「意」の氾濫をもたらし、「信仰」は、その中で溺死しようとしている。キリストの福音においても、その「姿」をつかみとらなければならない。その「意」だけを、キリスト教事典的に知ろうとすることは、宗教のいっそうの堕落を招くであろう。「信仰」も「姿」が大事なのである。ここに、本来「義」としての「信仰」に、「美」が問題となる契機がある。

「戦後民主主義」は、絶対を避け、相対主義の中で安逸を貪ってきたが、今日に至って相対主義の虚無に耐えられなくなって、退廃した絶対主義（軽信）に飛びつく人々が増えてきている。虚無でも軽信でもなく、「信仰」にたどりつく「狭き門」は、言葉の「姿」を見てとれる精神の回復、あるいは養成であり、そのためには内村鑑三の著作を読むことが、よい「修練」となるであろう。

心の復興の灯台

明日で、東日本大震災から一年になる。この大震災とそれに伴う原発事故が日本人の精神に与えた衝撃は極めて大きく、この災害を機に「戦後」と呼ばれた六十余年に及ぶ長い歴史はついに終わり、「災後」という新たな局面の時代が始まるというような言説もなされた。

確かにこの大震災は、まさに時代を画するものであった。それは、「戦後」を終わらせるとともに、「戦後民主主義」に泥《なず》んできた日本人の精神の在り方を揺るがすほどの災害であった。今、日本は、この動揺で大震災前にも既にひどいものであった混迷がますます深まってしまうか、それともこの逆境を精神の立て直しの機会にできるかの瀬戸際に立っている。

日本人の精神の復興は、あえていえば「転向」といえるほどの変化でなければならない。では、その根源的な変化に必要な精神的エネルギーを、今日の日本人はどこから汲み取るべきであろうか。

それは、「明治の精神」からではないか。黒船渡来以来の幕末維新期に、日本人の精神的エネルギーは沸騰した。江戸時代の鎖国の中で、内に蓄積されていたものが、一気に噴出したのである。そして、このように盛り上がった精神的エネルギーは、いわゆる「明治の精神」に結実した。

破綻した近代

今日の日本人が振り返るべき「明治の精神」の群像には福澤諭吉、岡倉天心、夏目漱石、森鷗外など多くの偉人が存在する。その中で「災後」に生きる日本人にとって最も必要な人物は、「文明開化」を推進した福澤でも、「かのやうに」の相対主義に耐えた鷗外でもなく、近代日本の代表的基督者《キリスト》、内村鑑三であろう。内村こそ、日本の近代の「文明開化」と相対主義の精神的空虚を「絶対」の基軸から根源的に衝《つ》いた批判者であり、「災後」の時代とは、「近代」が破綻した時代ということだからである。

関東大震災のとき、内村は「震える世界」の中で「震えざるもの」を求めよ、と言った。大地震の発生がいつあるか分からないような今日の、まさに「震える世界」の中で日々生活せざるを得ない日本人にとって必要なものは、確かに「震えざるもの」である。それは、精神的支柱と言い換えてもいい。

内村は近代日本の精神的支柱であった。文学者では有島武郎や正宗白鳥などが深い影響を受け、志賀直哉は青春時代に弟子であった。南原繁、高木八尺、矢内原忠雄、大塚久雄などの戦後を代表する学者たちは晩年の弟子であった。それは、内村山脈と呼べるほどに偉大である。その他、様々な分野の多くの人間が、その強い感化を精神的支柱として、いわば「地の塩」として生きた。また、小林秀雄は内村を乃木大将と「同じ性質の、明治が生んだ一番純粋な痛烈な理想家」と評し、保田與重郎は「最も見事だった明治の精神界の戦士」と讃えた。

深い混沌の中

日本人の魂は、今、支柱を求めている。水平的な情報や知識をいくら積み上げてみても支柱にはならない。信仰の垂直性こそ今後の日本人が必要とする支柱を形成するのである。

高崎藩の下級武士の子であった内村は、群馬県で長い伝統を誇る「上毛かるた」の、「こ」に入っている。「心の燈台　内村鑑三」である。これは、よく出来た読み札だと思う。大震災後の日本は、政治・経済の混迷に留まらず、精神や道徳、あるいは文化といった「心」においても闇が深まりつつある。そのとき、深い混沌の中をさまよう日本人の「心」の眼に、内村鑑三という「燈台」が清冽な光を放っているのが見えてくるであろう。

内村鑑三の磁場

内村鑑三の生涯を「日録」の形式でたどろうという、恐らくライフワークといえる大作になるであろう鈴木範久著『内村鑑三目録』の『一高不敬事件』につづく第四巻である。

本書（『後世へ残すもの』）の「まえがき」にあたる『後世への最大遺物』の語られたころ」の中に、

「前著と同じように、内村が、その言行や著作を通じて発信したことが、人々にはどのように受信されたか、さらに、それに対する内村の反応により、内村という人間を中心に形成される一種の磁場を描きたいと思っています。」と書かれているが、この「内村という人間を中心に形成される一種の磁場」は、恐らく近代日本において最高の磁力と最大の広がりを持ったものであろう。

この内村の磁場を隈なく、かつ正確に測定しつくせば、日本の近代の問題をほとんど全て扱えるかもしれないと思われるほどである。それほど内村の磁場は、日本の近代をおおっているといっていいだろう。

だから、内村鑑三と誰々、あるいは内村鑑三と何々、という論の立て方が、比較文化の方法にまま見られるような、恣意的な、あるいは牽強付会な展開に陥る危険が少ないのも、この内村という人間の磁力の強さによるのである。何故なら、強い磁場の中での比較は、そういう恣意や牽強付会を排除できるのであって、逆に磁場のない、あるいは弱いところでの比較は、一種のお話に堕していく傾向が強いからである。

内村鑑三という人間は、何故か不思議な磁力を持っていた。そして、その周りに強く、かつ広い磁場が形成された。砂鉄が磁力によって垂直に立つように、多くの人間が内村の磁力によって、すっくと立ち上がったのである。

そして、内村鑑三の問題の一つは、何故内村には磁力があるのか、ということに他ならない。何故、内村という人間には、あるいは内村の文章、言葉には磁力があり、その周りに強烈な磁場を形成できたのか、これが内村の核心につながる問題なのである。

当今、キリスト教、あるいはキリスト者というものの磁力が弱まり、磁場を形成する力が減退しているとしたならば、この磁力の問題は充分問い直されなくてはならないだろう。また、一生懸命勉強はしているのだろうが、磁力がさっぱり感じられない論文が横行している現状を考えるとき、内村の言葉の力の源泉はあらためて探究されなくてはならないだろう。磁力とは、思想の力、あるいは言葉の力、というのにほとんど等しい。

そして、この磁場があるところにはじめて、思想が生まれ、生きる。いいかえれば、生きた思想が働く。もっといえば、福音があるのである。この磁場こそ、Gemeindeといいかえてもいいのではなかろうか。

この内村の磁力を、よく内村についていわれるカリスマ性とか、矛盾した人格といった抽象的な言い方に還元してみても、何も見えてこない。もっと即物的なとらえ方をした方が、磁力を生き生きと感じることができるだろう。例えば、本書の一八九二年(明治二十五)の十一月十一日のところに、福音社の社員若林鑿太郎《かんたろう》の次のような思い出がのっている。


私は福音社から校正をもって二、三回先生をお訪ねしたことがあります。ある日お伺いしたら、銭湯に行かれてご不在であった。その家は伊勢崎村にあって向うは空地であった。留守居の青年と共に待っていたところが、やがて駒下駄の音がして、続いて立小便の音が聞えた。そのとき私は、二つも肩書（農学士と米国理学士――引用者註）をもっている先生が立小便なんかするものであろうか、と甚だいぶかしく思いました。先年池の端で追想談をする集会があったとき、私は先生の前で恐るおそるこのことを話したら、先生はその時そんな事があったかなあ、忘れて仕舞った、面白いことを聞いた、今夜ここに来た甲斐があった、とすこぶるご機嫌よくあった。

こういう話は捨て難いと思う。あえていえば、この「立小便」する内村の姿の中に、内村の人格と言葉の磁力の淵源は潜んでいるように思われるのである。内村とは、一言でいえば homme sauvage（野性的人間）なのである。

本書には、このような魅力ある原石のような資料が、著者ならではの実に広範囲にわたる渉猟によって、いくつもころがっている。このような原石をどんどん並べて行くのには、「日録」という方法は有効であると思われる。この原石は、磨き上げて、何か新鮮な内村像を作り上げてみたいという欲求を、強く抱かせるほどに豊富にある。

では、もう一つ、すばらしい原石を引用しておこう。一八九四年（明治二十七）、一月五日のところに引かれている留岡幸助の日記の一節である。この日、はじめて内村に会った留岡は、「氏ニ逢ヒシ所、十年前写真ニテ見シ氏トハ余程風手《ふうぼう》異ナレリ。」と誌している。この「余程風手異ナレリ」というわずか数語の描写の喚起力は絶大である。後世の伝記作者の及ばない、リアルタイムの持つ圧倒的な喚起力によって、京都時代の内村が、その「飢餓と苦闘」のうちにあった内村が鮮烈に立ち現われている。

内村鑑三の国家観――イエスと日本、二つのＪ

内村鑑三の国家観ということになると、まず直ぐに思い浮かぶのは、有名な「二つのＪ」であろう。大正十五年、鑑三が六十六歳のときのもので、死の四年前である。この年に鑑三が発行し始めた『The Japan Christian Intelligencer』に発表されたもので、原文は英文である。この短文に内村の国家観が、集中的に表現されているといえるであろう。石原兵永の訳で引用しよう。

私は二つのＪを愛する、そのほかを愛しない。一つはイエス（Jesus）、一つは日本（Japan）である。

イエスか日本か、私はそのどちらをより多く愛するかを知らない。

私はイエスのために、ヤソとして、わが国人に憎まれる。また日本のために、国民的であり偏狭なるの故をもって、外国宣教師たちから嫌われる。

しかし意とするにたりぬ。私はすべての友人を失うかも知れぬが、然し私はイエスと日本とを失うことはできない。

イエスのために、私は「彼の父」以外のいかなる神をも、わが神また父として有《も》つことはできない。また日本のために、私は外国人の名に於て来るいかなる信仰をも受けることはできない。飢えよ来れ、死よ来れ。私はイエスと日本とを拒否することはできぬ。一般の宣教師たちがその名称を好まぬことを私は知っているが、私は断然一個の日本的クリスチャンである。

イエスと日本。私の信仰は一つの中心を有つ円ではない。それは二つの中心を有つ楕円である。私の心情と知性は、この二つの愛する名の周囲を回転する。そしてその一つが、他を強めるのを知る。イエスは、日本に対する私の愛を強めまた潔める。また日本は、イエスに対する私の愛を明確にし目標を与える。この二者がなかったら、私は単なる夢想家となり、狂信者となり、無定形の一般人となったであろう。

イエスは私を世界人とし、人類の友たらしめる。日本は私を愛国者たらしめ、それによって私をしっかりとこの地球に結合せしめる。私はこの二つを同時に愛することによって、狭くもなりすぎず広くもなりすぎない。　（傍点原文）

ここで、イエスと日本は、平面上において楕円の二つの定点として描き出されているが、これを立体的にとらえると、これも有名な鑑三の墓碑銘のことが連想されるであろう。鑑三におけるイエスと日本は、平面的だけではなく、立体的にとらえることが必要である。「二つのJ」だけだと、イエスと日本は同一平面上にあるもののように見えるからである。しかし、正確には、イエスと日本は同一平面上にあるのではなく、垂直に上昇していく関係にあるのである。

鑑三が、明治十九年、二十五歳のとき、アメリカのアマスト大学在学中に、愛用の聖書の見返しに記した自らの墓碑銘は、今日、多磨霊園にある鑑三の墓に、実際にその筆跡をいかして刻まれている。

I for Japan;
Japan for the World;
The World for Christ;
And All for God

これには、鑑三自身の訳がある。

自分は日本の為に
日本は世界の為に
世界は基督の為に

凡ては神の為に

このように、螺旋状に上昇していくのが、鑑三の世界観であり、日本観なのであって、この「断然一個の日本的クリスチャン」であるところに、鑑三の特徴があるのである。

一行目の「I for Japan」で終わるのが、いわゆる日本主義者であり、「日本に対する」「愛」が十分には「潔」められていない日本人である。一方、「Japan」を抜かして、「I for The World」というのが、いわゆるコスモポリタンであり、今日の言葉でいえば市民主義者である。そういう人間は、「単なる夢想家」に過ぎない。

「Japan」も「The World」も飛ばして「I for Christ」というのが、世間普通のクリスチャンであり、少し熱度を上げれば「狂信者」が出来上る。

鑑三の場合は、「I」は「Japan」、そして「The World」さらには「Christ」と、「凡て」「神の為に」と螺旋状に上昇していくのであって、内村鑑三の基督教が、近代日本という、日本主義者とコスモポリタンと「日本的クリスチャン」ならぬクリスチャンなどが溢れていた時代において、如何に孤高の位置に立っていたかが分るであろう。

鑑三が、明治三十三年、四十歳のときに発行し、終生出し続けた雑誌『聖書之研究』の表紙の誌名の上に、鑑三は、「THE BIBLICAL STUDY　Pro Christ et Patria　基督の為め国の為め」という言葉を掲げたのであった。

内村鑑三が、強烈な「愛国者」であったことは、山路愛山がその『現代日本教会史論』の中で描いている鑑三の姿にも活写されている。愛山は、「保守的反動（二）」の章で、いわゆる「不敬事件」の前後のことに触れて「当時の内村氏は基督教徒には相違なかりしかども而も最も熱心なる愛国者にして、最も痛烈なる外国宣教師嫌ひなりければなり。」と書いている。そして、次のような印象鮮烈な鑑三像を描き出している。

> 余は猶ほ記す。明治廿二年の天長節に於て余は麻布の東洋英和学校に於て内村氏の演説を聞きたり。当時彼は其演壇を飾れる菊花を指して曰ひき、此菊花は自然が特に日本を恵みたるものゝ一なり。菊は実に日本に特有する名花なりと。彼れは更に声を揚げて曰く、諸生よ、窓を排して西天に聳ゆる富嶽を見よ。是れ亦天の特に我国に与へたる絶佳の風景なり。されど諸生よ記せよ、日本に於て世界に卓絶したる最も大なる不思議は実に我皇室なり。天壌と共に窮りなき我皇室は実に日本人民が唯一の誇とすべきものなりと。其粛々たる態度と其誠実を表はして余ある容貌とは深く聴者の心を動かしたり。彼れは科学者なり。彼れは泰西の文学に就いて多くの興味を有するものなり。されど彼れは愛国者なり。当時の彼れは聖書とシェーキスピーアと太平記とを愛読せり。彼れは太平記を愛し勤王の精に焚《も》ゆることに於て醇乎として醇なる日本人なり。保守党なり。されど彼れは不思議にも保守的反動の犠牲となれり。彼れは第一高等学校の教師として翌年の天長節に於て賢きあたりの御尊像を宗教的の意義に於て拝むることに躊

躇したるが為めに世間より不敬なる漢子《おとこ》なりとせられ、教育界に対しては全く流竄者に均しき悲境に投げられたり。

正確には、いわゆる「不敬事件」は、「天長節」の日ではなく、一月九日の教育勅語の奉読式の日に起きたのだが、いずれにせよ、この事件によって、「愛国者」・鑑三と「明治国家」との関係は、微妙なものとなった。ここで、愛山のいわゆる「最も熱心なる愛国者」が、その当時の「国家」から「捨てられた」という逆説が起きたのである。日本というものと、国民国家・日本あるいは「明治国家」というものが、これほど鋭く対比される光景というものは、近代日本において少ないであろう。

事件後の「流竄者」の生活の艱難のただ中で書かれた『基督信徒の慰』は、鑑三の最初の書下ろしの単行本であるが、第二章は「国人に捨てられし時」である。その中に「然れども世には真正の愛国者にして国人に捨てられしもの其人に乏しからず、耶蘇基督其一なり、ソクラトス其二なり、シピオ、アフリカナス其三なり、ダンテ、アリギエーリ其四なり、而して公平なる歴史家が判決を下すに当て、是等人士の場合に於ては罪を国民に帰して捨てられしものゝ無罪を宣告せり。」と書いている。

そして、この鑑三という「真正の愛国者」は、晩年の昭和二年の日記に次のように書くに至るのである。

九月四日（日）曇（中略）此日又或る事よりして日本を我が愛人として愛するの幸福に気附いた。此は青年時代に於て我心を燃した愛であるが、老年に至って之を復活するの必要を感ずる。日本とは日本政府でもなければ、日本人全体でもない。日本と云ふ或る Mysterious personality である。之を愛し之に仕へて我は無上の幸福を感ずるのである。

鑑三にとっての国家、日本という国家は、「日本政府」にとどまるものでもなければ、「日本人全体」のことでもなかった。国家論を国益や国際関係論の次元でとらえている限り、結局それは、「富国強兵国家」あるいは「福祉国家」にしか行き着かないであろう。「日本政府」あるいは「日本人全体」という平面的、水平的次元での思考は、それにとどまるのである。国家というものも、垂直的次元でとらえなければならない。「日本政府」や「日本人全体」を超越する、あるいはそれらを上方からひっぱり上げるものとしての「Mysterious personality」としての日本が感じとられていなければ、国家は、実は国家の名に値しないのである。

この上方のものがあるという垂直性がなければ、国家の自立というものも、国益と国際関係論という平面上で論じられることとなる。そうすると、或る強国に従属している方が有利であり、「日本人全体」が幸福なのだから自立しなくてもいいではないかということになってしまう。一方、国家からの自立ということも、単に「日本政府」からの束縛を嫌うという心理と反抗にとどまり、その実「日本政府」の庇護を受けている中での反抗に過ぎないという喜劇が演じられる訳である。自立していない日本という国家において、国家からの自立を問題にするのはナンセンスである。まずは、日本という国家の自立を急ぐべきであろう。

今日、国家、あるいは愛国ということを問題にする者は、国賊、不敬漢として、当時の「国家」から「捨てられた」日本人・内村鑑三こそが、実は「真正の愛国者」でありえたという痛烈な逆説をよく噛みしめなければならない。

スピノザがライプニッツに語ったといわれる「世間一般の哲学は被造物から始め、デカルトは精神から、私は神から始める」という言葉を思い浮かべつついうならば、今必要なのは、国家論を「日本人全体」という「被造物」から、あるいは「日本政府」という一種の「精神的」構成物から始めることではなく、「Mysterious personality」という「神」から始めることである。日本という「Mysterious personality」を深く感じていることと、それを絶えず探究していること、これが日本人の思考の根柢になければならない。鑑三の垂直性に貫かれた国家観は、リアリストの風を装い情報通のしたり顔で論じられる、国益の観点や国際情勢論の範囲での論議の空しさを露呈させるのである。

古武士ビーアドと内村鑑三の弟子たち

アメリカによる「嗜虐的な締めあげ」

ルーズベルトが真珠湾攻撃を事前に知っていたという説は大分前に聞いたように思うが、このビーアドの『ルーズベルトの責任』を読んで、その真珠湾への奇襲をルーズベルトがアメリカの参戦に利用したというのは真実だと確信した。

第十七章「日本が最初に発砲するよう導く」は、エピローグの前の結論的部分だが、ビーアドの実証的な論述によって、まさにこの真実が暴露されている。この歴史的な真実が、ビーアドという歴史学者として一流の評価を得ているアメリカ人によって明らかにされたことの意味は大きい。それにしても、このような真実を記している本書が、今日まで一般に知られず、翻訳もなされなかった方が不思議である。

いや、不思議でもなんでもないのかもしれない。「悪しき侵略国家である日本が太平洋戦争を起こした」という東京裁判史観に閉じ込められてきた（あるいは、自ら快く閉じこもってきた）日本人の惰眠的平和の維持のためには、その方がいいからである。

ビーアドのこの本が、東日本大震災後の今日、戦後六十余年にわたる「戦後民主主義」の虚妄を根源的に振り返らなければならないときに、翻訳され刊行されたことの意義は大変大きいと私は思う。この意義を認めるか、たいしたことでもないとして黙殺するかは、個々の日本人が戦後の日本に対してどのように立ち向かうかという意識の試金石であろう。

このビーアドの実証が、日本人の多くに本書を通して知られることは、今年、都立高校の教材にマッカーサー証言が記載されたことと同じような意味で、大東亜戦争の歴史的意義についての正しい理解へと日本人を導くであろう。周知のようにマッカーサーは戦後のアメリカ議会において「彼らが戦争に駆り立てられた動機は、大部分が安全保障の必要に迫られてのことだった。」と述べた。自衛のためということである。

それにしても、本書を読みながら感じたことの一つは、大統領ルーズベルトという政治家がやはり実に端倪すべからざる人物であるということであった。英首相のチャーチルもルーズベルトと同じく傑物に違いない。日本は、確かに手強い相手と戦ったものだと思わざるを得なかった。

司馬遼太郎の『坂の上の雲』の中に、日露戦争の開戦に至る日露の交渉について「後世という、事が冷却してしまった時点でみてなお、ロシアの態度には、弁護すべきところがまったくない。ロシアは日本を意識的に死に追いつめていた。日本を窮鼠にした。死力をふるって猫を嚙むしか手がなかったであろう。」と書かれている。そして、司馬は「余談」として「太平洋戦争の開戦」について、次のように書いている。

筆者は太平洋戦争の開戦にいたる日本の政治的指導層の愚劣さをいささかもゆるす気になれないのだが、それにしても東京裁判においてインド代表の判事パル氏がいったように、アメリカ人があそこまで日本を締めあげ、窮地においこんでしまえば、武器なき小国といえども起ちあがったであろうといった言葉は、歴史に対するふかい英智と洞察力がこめられているとおもっている。アメリカのこの時期のむごさは、たとえば相手が日本でなく、ヨーロッパのどこかの白人国であったとすれば、その外交政略はたとえおなじでも、嗜虐的《サディスティック》なにおいだけはなかったにちがいない。文明社会に頭をもたげてきた黄色人種たちの小面憎さというものは、白人国家の側からみなければわからないものであるにちがいない。

本書に詳細に描かれた「日本が最初に発砲するよう導く」陰謀には、確かに「嗜虐的なにおい」がするのである。戦後のアメリカの嗜虐的な「締め上げ」は、もっとソフィスティケートされたものとなり、日本人を「アメリカニズム」に快く安住して、「起ちあがる」気力も失せさせてしまったようである。嗜虐的な扱いに慣れて、かえって自虐史観などという被虐的《マゾヒスティック》な通念の中に何か知的良心めいたものを感じていたいと思うほどに退廃してしまっている。

ビーアドの中に流れるクエーカーの血

それにしても、戦後直ぐにこのような著作を世論に抗して発表したビーアドという人物に興味を持った。そこで、今号に再録される「ビーアド博士をしのびて」という座談会のコピーを編集部から送ってもらって読んだ。この座談会は、昭和三十三（一九五八）年に行われたもので、出席者は、蠟山政道、高木八尺、鶴見祐輔、松本重治、前田多門（司会）である。私がこの座談会を読んでみたいと思ったのは、出席者の顔ぶれによる。『別冊・環18　内村鑑三　1861-1930』の一六八頁に載っている写真は有名なもので、この中に鶴見祐輔、高木八尺、前田多門の三人が入っているからである。この写真は、内村鑑三と柏会のメンバーの集合写真で、当時の一高生で内村のところに聖書を

内村鑑三と柏会のメンバー

後列＝左より、樋口実、金井清（諏訪市長）、黒崎幸吉（聖書学者、キリスト教伝道者）、塚本虎二（聖書学者、キリスト教伝道者）、膳桂之助（国務大臣）、不明、高木八尺（アメリカ研究者）、黒木三次（貴族院議員）
中央列＝左より、川西実三（内務官僚）、沢田廉三（外交官）、森戸辰男（教育者）、三谷隆正（法学者）、鶴見祐輔（政治家・作家）、藤井武（キリスト教伝道者）、椎津盛一（法学者）
前列＝左より、笠間杲雄（外交官）、石川鐵雄（満鉄社員）、前田多門（文部大臣）、内村鑑三、岩永祐吉（同盟通信社長）、三辺金蔵（経済学者）、武富時敏

（政池仁『内村鑑三伝』教文館より）

学びに行っていた顔ぶれである。この三人の他に、黒崎幸吉、塚本虎二、森戸辰男、三谷隆正、藤井武、岩永祐吉などが写っている。

五人の出席者のうち、三人が内村鑑三の弟子（鶴見祐輔のように短期間であったにせよ）であったことは、ビーアドという歴史学者の知的環境を考える上で、何か示唆的なものがあるように思われる。また、戦前から戦後初期までの日本の知的エリートについても、それは重要なことを示唆しているのではないか。

それはさておき、この座談会の中の、「三　人間としての博士」のところで、高木八尺と前田多門の間に次のようなやりとり（これが、蠟山政道、松本重治、鶴見祐輔の発言でないことに注意してもらいたいのだが）がある。

高木　終りに、ただ一つ、申し上げたいと思いますことは、一九四九年にビーアドさんがなくなってから、まだ一年たちませんころに、ニュー・ミルフォードにまいりまして、幸いに未亡人と親しくお目にかかって、たしか一晩、あの後藤伯の掛軸のある二階の客間でおくらせていただいてお話を伺ったことがあります。そのときいろいろ質問をもっておりましたけれども、もう先生のおられない書斎の前のベランダで、ずっと広々としたコネティカットの流域をみわたしてお話をしましたあいだに、どうしてビーアドさんがあんなに人間としての強さを持っておられたのだろうか、ということをおたずねしました。メアリー夫人がそれに対する答えは、おそらく先祖のなかにあるクエーカーの血ではないかといわれたのに、深い感銘を受けました。

前田　ビーアドさんご自身もそういうことをちょっといわれたことがありますね。「自分は宗教を信じない、キリスト教を信じないが、おれの血のなかにはクエーカーの血がある」と。

高木　クエーカーの影響があったと思うと、夫人の私の質問に対する答えはそういうことでありました。一九三三年にビーアドさんが、アメリカの歴史学会の会長としての演説に、「ヒストリアンとして、歴史を書くことは一つの信念の行為である」—Written History as an Act of Faith—との主張をしました。歴史を書く以上は、社会的諸力を自己の価値観によって評量し、一つの決意をもって歴史の事実の選択と記述をしなければならない、というような趣意でありました。いろいろのことを考え合せまして、そのビーアド邸の一夕のことは、非常に印象深く頭に残っています。（中略）

前田　思い出しますのは、後藤伯がビーアドさんについて、あの人はちょっと古武士の風格があるということをいった。古武士という言葉がすっかりあたっておるかどうかわからんが、そういう素朴ないいあらわしのなかに含まれて、ビーアドのパーソナリティの面目躍如たるものがある。

ビーアドの「おれの血のなかにはクエーカーの血がある」という言葉は、恐らくビーアドという人間の最も深い核心を示している。後藤新平と親しかった新渡戸稲造も「クエーカー」であった。

その新渡戸は英文で『武士道』を書いた。そして、後藤はビーアドについて「古武士」の風格があるといった。後藤の人間理解の深さ、畏るべし、である。晩年の内村鑑三は、日本人の理想的姿として「古武士」を挙げた。そして、内村自身、「古武士」のような人間であった。クエーカーの血と古武士というものが響きあっている。その響きの中に、ビーアド、新渡戸稲造、後藤新平、内村鑑三がいる。ここに、近代のアメリカと日本において「人間としての強さ」を持った人々がいるのである。そして、高木八尺、前田多門という内村の弟子は、ビーアドの人間の核心を理解する精神を持っていたのである。「クエーカーの血」というものの意味が分かったのである。ここに戦前から戦後初期までの日本の知的エリートの質の高さがあった。今日の、キリスト教、あるいは宗教について音痴な日本人は、人間の歴史について深く正しい把握をすることができないのである。

この座談会の最後の方で、鶴見祐輔と前田多門の次のようなやりとりがあって、これは本書の誤読を避けるために重要な発言だと思う。

鶴見　ところが、ローズベルトの開戦論を書くときには、日本をほめておるように見える。日本人は、ビーアドさんは日本人びいきのようにいっておるが、そうなのではない。

前田　そういう意味においては、日本びいきではなかったですね。

一九二一年からビーアドを知っていた鶴見とか、東京市政でビーアドとも縁の深かった前田が、ビーアドは「日本びいき」ではなかったといっているのである。そもそも本書は、高木八尺がいっているように「外交政策決定権と大統領の和戦の権限に関する政治機構論としての国民への警告である点で、高く評価さるべきビーアドの一大労作」に他ならない。そういう意味で本書は、まさに「信念の行為」であって、大東亜戦争の開戦の原因を「日本びいき」的に日本のためにいってくれているかのような誤読は、ビーアドの真意に全く反するものであることは肝に銘ずるべきである。

V

一　中谷宇吉郎

なかや・うきちろう（一九〇〇―六二）物理学者、随筆家。『雪』『科学の方法』、『中谷宇吉郎集』全8巻（岩波書店）

「天」へ開かれつづけた「北方の人」

人間の結晶

一

もう十年ほど前になると思う。古い手帳をめくってみると、一九九二年三月十六日のことであった。前日、札幌に入って用事をすませた私は、この日、北海道大学の広々としたキャンパスを散歩していた。クラーク先生の胸像も見たと記憶している。

雪がまだ大分あちこちに残っていたが、北方の早春の清々しい空気の中を気持ちよくぶらついていると、ふと石碑があるのに気がついた。近づいて見ると、「人工雪誕生の地」と書かれていた。あゝ、そうか、中谷宇吉郎はたしか北海道帝国大学理学部の教授だった。中谷が当時理学部の北側にあった常時低温研究室で、雪の結晶を作るのに成功したのは、昭和十一年のことだが、この研究室は昭和五十三年に撤去され、その跡にこの記念碑が建てられていたのである。

私は、しばしこの石碑の前に佇み、中谷宇吉郎のことを考えていた。その人間の清々しさを思っていた。そして、中谷の名著『雪』を昔読んだとき思わず眼を見張った、雪の結晶の写真の美しさを思い出していた。その美しさは、青年時代の私に、何か世界についての啓示をもたらすもののようであった。御多分に漏れず青春のニヒリズムにひたっていた私に、この雪の結晶の美しさは、世界に「秩序」なるものが存在することを教えたのである。

中谷は、雪の研究にとりくみだした頃、初めて顕微鏡で雪の結晶を覗いて見たときの感動を、「冷徹無比の結晶母体、鋭い輪郭、その中に鏤《ちりば》められた変化無限の花模様、それらが全くの透明で、何らの濁りの色を含んでいないだけに、その特殊の美しさは形容を見出すことが困難な位であった。」と書いている。

中谷宇吉郎は、明治三十三年石川県の片山津に生まれ、第四高等学校を経て、東京帝国大学理学部に入学。そこで寺田寅彦の指導を受け、終生、師とあおぐこととなる。昭和五年に、北海道帝国大学に新設された理学部の助教授として赴任して以来、札幌の人となる。やはり北方の人である。

一九九四年十一月に、生まれ故郷に「中谷宇吉郎雪の科学館」が開館した。二〇〇〇年は、生誕百年にあたり、様々な企画が催され、岩波書店から『中谷宇吉郎集』全八巻の刊行となった。

私は、その年の九月末に、この「中谷宇吉郎雪の科学館」を訪れた。特別な用事はなかったが、夏の間に『雪』を読んで、あらためてその清々しさに感銘を受けていたからであった。その年は大変な酷暑で、余りの暑さのために何か涼しくなるような本はないものかと考えたとき、ふと中谷のこの著作が思い浮かんだのである。

私が感じていた暑さは、たんに気温の高さだけのことではなく、夏目漱石が『草枕』の中で言った「暑苦しい世の中」をつくづく思わせる諸事件によるものであった。その後も、こういう「諸事件」は絶えず発生しているから、「世の中」はいつも「暑苦しい」。

第三章「北海道における雪の研究の話」の中に出てくる、十勝岳の中腹にあるヒュッテ白銀荘での観察のくだりなどは、読んでいて「暑苦しさ」を忘れさせてくれるものであった。

白樺の老樹の細《こまか》い枝が樹氷につつまれて空一面に交錯している間に、僅かばかりの空所があって、その間を静かに降って来る雪の結晶は、予期以上に繊細巧緻を極めた構造のものであった。夜になって風がなく気温が零下十五度位になった時に静かに降り出す雪は特に美しかった。真暗なヴェランダに出て懐中電燈を空に向けて見ると、底なしの暗い空の奥から、数知れぬ白い粉が後から後からと無限に続いて落ちて来る。それが大体きまった大きさの螺旋形《らせんけい》を描きながら舞って来るのである。そして大部分のものはキラキラと電燈の光に輝いて、結晶面の完全な発達を知らせてくれる。標高は千百米位に過ぎないが、北海道の奥地遠く人煙を離れた十勝岳の中腹では、風のない夜は全く沈黙と暗黒の世界である。その闇の中を頭上だけ一部分懐中電燈の光で区切って、その中を何時《いつ》までも舞い落ちて来る雪を仰いでいると、いつの間にか自分の身体が静かに空へ浮き上がって行くような錯覚が起きて来る。外に基準となる物が何も見えないのであるからそんな錯覚の起きるのは不思議ではないが、しかしその感覚自身は実に珍らしい今まで知らなかった経験であった。

「雪は天から送られた手紙である」という有名な言葉は、こういう経験の中から生まれたに違いない。この言葉は、『雪』の最後の方に出てくるが、ここで中谷が「天」と言っているのは充分注意されるべきである。この言葉をロマンティックなものととらえるのはよくない。中谷は、今引用したところでも「空」という言葉を使っているし、「天空」といういい方も出てくるが、いずれにせよ、「雪は天から送られた手紙である」という言葉の中でだけ、「天」という語が突然使われているのである。

中谷は寺田寅彦の愛弟子であった。そして、寅彦は漱石の愛弟子であった。事実、中谷はこの二人について多くの文章をつづっている。漱石の「則天去私」を知らなかったはずはない。中谷の「天」は、漱石の「天」に通じている。物理的な「雪」が、物理的な「空」からではなく、精神的な、あるいは超越的な「天」から送られた手紙である、という次元の転換が、この言葉を印象深く、魅力的なものにしているのである。雪の結晶の「秩序」は、「天」の「秩序」の「音づれ」に他ならない。

二

第二章「『雪の結晶』雑話」の中で、「雪」について、次のように説明されている。

普通に気体が冷却されたり圧縮されたりすると液体となり、その液体を更に冷却すると固体になる。この逆に固体を熱すれば液体となり、更に液体を熱すれば気体になる。これを水の場合にすれば氷、水、水蒸気と三つの状態の間を変化するのである。日常目撃する現象はこの三つの状態間の変化であるが、この外にも固体から気体あるいはその逆に、途中の液体の状態をとばして変化することもあるのである。即ち水蒸気が非常に気温の低いところで凝縮する場合、水の状態を飛び越して固体、即ち氷になるのである。この固体から直接気体になり、または気体から直接固体になる現象を一般に昇華作用と呼んでいるが、雪はこの昇華作用によって水蒸気が直接に氷になったものである。

これは、ほとんど常識に近い科学的知識かも知れないが、昔読んだときから、ここには何か深い意味が潜んでいるように直観していた。その直観したものを今、意識化してみると、精神的な理解、あるいは創造においても、何か「途中の」「状態」を「とば」さなければ、結晶に昇華しないものなのだとそのとき、私は覚《さと》ったのである。「飛び越」さなければ、いいかえれば飛躍しなければ、結晶にならないのだ、と。自然は飛躍しないのではない、やはり「飛び越」すのだ。

物事を順番にたどっているだけでは、精神は結晶化しない。そして、私にとって、批評とは、何よりも結晶のことだった。およその哲学や思想とかの諸学問や評論などの説明的な文章は、三つの状態間の変化をしているだけのもののように見えた。

私は、精神から結晶をとり出したかった。世界から、結晶を発見したかったのである。昔から、君の文章には飛躍が多いね、と非難めいたことを言われて来たが、私としては意識してという訳ではないが、どうしても「とばして」「飛び越して」思考してしまうのである。そうすることで、思考、あるいは言葉の結晶が出来ることを願っているからである。しかし、それには多数の読者の獲得を断念しなければならなかった。

中村光夫が大学生時代、文学仲間と二十八歳の小林秀雄を初めて訪問したときのことを思い出で語っている中で、帰りに一人の友人が「まるで文学が結晶したような人だ」と言ったと書いている。小林もずいぶん「とばし」た人間であった。

人間、あるいは精神を観るときに、結晶度の高さが問題とされるべきではないか。結晶化していない雑多な知識や感情をしこたま貯え、それをジャーナリズムの注文に応じて吐き出すのが知識人の役割のようになっているが、精神の高貴さとは結晶の美しさに他なるまい。私が批評の対象として来た人物たちは、やはり結晶度の高い人間であった。中谷宇吉郎も、「まるで科学が結晶したような人だ」といっていいであろう。

北大の楡《にれ》の樹

一

『中谷宇吉郎集』第六巻の口絵の写真は、中谷が志賀直哉と一緒に写っているもので、実にいい。「北大にて　志賀直哉氏と（一九五一年六月）」と説明されている。

当時、志賀はすでに六十八歳、中谷は五十一歳である。ハンチングを被り、旅装と思われるスタイルの志賀と、「北の国」の初夏らしい白い背広にネクタイ姿の中谷が、ともににこやかな表情で、上の方を見上げている。背景に、「北大」の建物があり、その一部を隠すように大きい樹の太い幹が伸びている。そして、その樹の枝が、二人の頭上近くまで垂れ下っている。中谷は、左腕を上げて、伸ばした人差指を真上に向けているから、この高い樹を見上げて、その見事さを説明しているといったところであろう。

この樹は、楡の樹に違いない。中谷は、「楡の花」という文章（昭和二十一年十月）の冒頭に、次のように書いている。

私の今つとめている札幌の大学は、楡《にれ》（エルム）の樹で有名である。緑の芝生がつやつやと滑らかで、そのところどころに大きい楡の樹が立ち、鮮かな緑の葉が天蓋のように空を覆っている。夏の陽光に映えたその木蔭から、もとは白壁の校舎が点々と見えた。

志賀と中谷の二人が、大きい楡の木蔭に立ち、「鮮かな緑の葉」の「天蓋」を見上げている、この写真は、何か富岡鉄斎が描いてもいいような風情であり、その絵は「二仙人大きい楡の樹を感嘆するの図」とでも題されるであろう。私もかつて北大の植物園を散歩していて、大きい楡の樹に「感嘆」したことがある。

この写真から受ける清々しさは、梅雨の湿気のない、六月の「陽光」の中に立っていることもあるが、最も大きいのは、この二人が高い樹を見上げていることであろう。この、高いものを見上げるということは、志賀と中谷の精神の姿勢にもつながっている。

志賀の精神の勁《つよ》さが、外部を確かに見ることにあることはいうまでもないが、ただ外部に関心を持って、しっかりした眼と描写力があったということではあるまい。志賀は、上を見ることが出来た人であった。自分の眼の高さと同じ程度のもの、あるいは自分より下にあるものを見るのが、リアリズムと考えられている日本の精神風土の中で、志賀は上を見るリアリストだったのである。

それは、志賀の美術についての随筆などにうかがわれるが、何よりも「内村鑑三先生の憶ひ出」(昭和十六年三月)によくあらわれている。志賀は、十七歳から二十四歳まで七年間、内村の弟子であった。自ら「よからぬ弟子の一人」(傍点原文)というように、「聖書の研究でもさっぱり勉強しなかった」が、上を見ることは学んだように思われる。「不肖の弟子で、先生にとつて最大事である教の事は余り身につけず、自分は自分なりに小説作家の道へ進んで来たが、正しきものを憧れ、不正虚偽を憎む気持を先生によつてひき出された事は実にありがたい事に感じてゐる。」と書いている。

志賀はこのとき、すでに五十八歳、「小説の神様」であった。青春時代の「先生」にこういう「感嘆」を持ちつづけるのは、実は容易なことではない。批判したり、けなすのには、「才気」があれば足りるが、「感嘆」するのには真の「才能」が必要だからである。

中谷の場合は、寺田寅彦が終生の師であった。夏目漱石の『吾輩は猫である』に出てくる寒月のモデルといわれる寺田寅彦について、中谷は数多くのエッセイを書いているが、寅彦の死の直後に執筆した「指導者としての寺田先生」(昭和十一年三月)の冒頭の次のような文章を読むと中谷にとって「寺田先生」がどれほど大きい存在であったかが分かる。

先生の臨終の席に御別《おわか》れして、激しい心の動揺に圧《お》されながらも、私はやむをえぬ事情のために、その晩の夜行で帰家の途に就いた。同じ汽車で小宮《こみや》(豊隆)さんも仙台へ帰られたので、途中色々先生の追想を御伺いする機会を与えられた。三十年の心の友を失われた小宮さんは、ひどく力を落された御様子でボツリボツリと思い出を語られた。常磐線の暗い車窓を眺めながら、静かに語り出される御話を伺っている中《うち》に、段々切迫した気持がほぐれて来て、今にも涙が零れそうになって困った。小宮さんが先生の危篤の報に急いで上京される途次、仙台のK教授に御会いになったら、その由を聞かれて大変愕《おどろ》かれて、「本当に惜しい人だ、専門の学界でも勿論大損失だろうが、特に若い連中が張合いを失って力を落すことだろう」といわれたという話が出た。その話を聞いたら急に心の張りが失せて、今まで我慢していた涙が出て来て仕様がなかった。

この二人の写真や中谷の精神が放つ、清々しさは、高いものを見上げる姿勢から来ている。「感嘆」することと、あるいは「尊敬」することは実は容易なことではない。「感嘆」とは、自己の外部に出ることだからである。自己のことにばかり関心がいって、他人や「先生」を自分のために利用することしか考えなくなっている人間が、増えているのが今日の日本である。

二

「指導者としての寺田先生」の中に、次のような一節もある。

私が理研にいた三年の間に、先生の仕事を手伝った主な題目は火花放電の研究であった。ずっと以前、先生が水産講習所へ実験の指導に行っておられた頃の話であるが、その実験室にあったありふれた感応起電機を廻してパチパチ長い火花を飛ばせながら、いわゆる稲妻形に折れ曲るその火花の形を飽かず眺めておられたことがあったそうである。そして先ず均質一様と考うべき空気の中を、何故わざわざあのように遠廻りをして火花が飛ぶか、そして一見全く不規則と思われる複雑極まる火花の形に或る統計的の法則があるらしいということを不思議がられたそうである。「ねえ君、不思議だと思いませんか」と当時まだ学生であった自分に話されたことがある。このような一言が今でも生き生きと自分の頭に深い印象を残している。そして自然現象の不思議には自分自身の眼で驚異しなければならぬという先生の訓えを肉付けていてくれるのである。

この「不思議」に「驚異」することの大切さを中谷は繰返し語った。「本統の科学というものは、自然に対する純真な驚異の念から出発すべきものである。不思議を解決するばかりが科学ではなく、平凡な世界の中に不思議を感ずることも科学の重要な要素であろう。」（「簪《かんざし》を挿した蛇」）

この「驚異の念」を持ちつづけていることから、中谷の精神の新鮮さと清々しさが生まれてきているのだが、今日の日本人の精神の中に感じる鬱陶しさは、この外部への、あるいは上方への「驚異の念」の欠如から来る。「地球の内部が火の球であると言うと、それを問題にするのは、少数の科学者だけである。おそらく殆どすべての子供たちは、そんなことは分り切ってるさと答えるであろう。その答えは二重の意味で考えてみる必要がある。第一は、分り切ってると思い込んでいる点であり、第二は、もっと大切なことであるが、それにあまり驚かないことである。」（『西遊記』の夢」）

この「分り切ってるさ」という小癪《こしゃく》な根性と「驚かない」という感受性の鈍麻は、今日の情報化社会が一段と加速させているものだが、今日の様々な事件の温床ではないか。

このような精神に限って、「心」の問題に興味を持っていたりするのが、現代の病である。近来、あまりに「心」の時代ということが言われ過ぎている。「魂」「いやし」「心の闇」といった言葉が世上に頻出している。文学の方でも、さる「大家」が「魂のことをする」といった奇怪な表現をするまでになってしまった。こういう内部だけになってしまった「心」は、悪循環にとぐろを巻き、果ては自家中毒を起こす。

外部に、あるいは上方へ、さらには雪の降って来る「天」へ開かれつづけた中谷の精神は、科学的な次元を超えて、ついに倫理的な高みにまで達していたようである。死の直前、口を動かしているので、夫人が耳を寄せて聞いてみると、「ひとによくするものだよ」とかすかに言ったという。普通、遺言とは自分のことを述べるものであろう。しかし、中谷は、「ひと」のことしか語らなかった、「ひとによくするものだよ」と言い遺したのである。

「極北」に行ったランボオ

あゝ、北極の花、海の絹（いずれこの世にないけれど）……

ランボオ「野蛮人」

一

岩波文庫に『中谷宇吉郎随筆集』が入ったのが、一九八八年九月のことである。戦前から岩波新書の名著として広く知られていた『雪』が文庫に移ったのが、一九九四年十月で、生誕百年を記念して、『中谷宇吉郎集』全八巻が刊行されたのは、二〇〇〇年十月から二〇〇一年五月にかけてであった。

その後、『中谷宇吉郎紀行集　アラスカの氷河』と題した岩波文庫が二〇〇二年十二月に出た。『随筆集』と『雪』は大分前に読んでいたが、全八巻のものを入手してはいなかったので、この『アラスカの氷河』に収められた文章群を今年になってから読んで、それまで抱いていた中谷宇吉郎のイメージとは違った一面を見せられて、驚いた。

『雪』からは、「雪の博士」という実験物理学者の人柄の良さが感じられ、雪の観察をする十勝岳の自然も、まだ人間味のある自然であった。『随筆集』には、有名な「立春の卵」をはじめ、すぐれた科学随筆を書く文才や、「南画を描く話」などで示される画才がうかがわれ、中谷の人間的豊かさや広さが印象づけられていた。文化に広く深い教養を持つ第一等の人物というイメージが、中谷に対して持たれているようであり、私もやはりそうだった。

しかし、『アラスカの氷河』を読んで、あえていえば衝撃を受けた。文庫の解説で、渡辺興亜氏は、次のように書いている。

中谷宇吉郎（一九〇〇―六二）は、北海道帝国大学理学部教授時代の一九三二年から雪の結晶の観測を始め、三六年、雪結晶を実験室内で作ることに成功した。四一年には、天然および人工の「雪の結晶の研究」の業績に対して帝国学士院賞を授与されている。雪結晶の実験的研究の途上、病に倒れ、二年間の療養生活を送っており、この間に本格的な執筆活動を始め、三八年には最初の随筆集『冬の華』を出版した。

本紀行集に収められた著作は、ほとんどが、病気が全快して研究活動に復帰した一九四〇年以降のものである。（中略）そこには、自らの意志によって、実験物理の世界からフィールド科学としての雪氷研究に踏み込んでいく様子が記されている。これは、「雪の博士」として世に知られた宇吉郎の別の一面である。

この「別の一面」から、中谷宇吉郎の最深のものが浮かびあがって来るように思われる。今日では、「様々なる」学者が、「随筆」を書き、人間や文化を語っているが、中谷はそのような「文化人」の一人ではなかった。この人には、最も本質的なラディカルさが潜んでいた。それが、「北方」へ「踏み込んでいく様子」にあらわれている。

戦前、凍土調査のために、樺太や満州に出張しているが、そのときの紀行文の中で中谷の「北方性」が出ているくだりを引用してみよう。まず「ツンドラの旅」（昭和十七年一月）では、「十月の初め、急に樺太《からふと》へ行くことになった。／目的は、樺太の北、敷香《しすか》の町近いあるツンドラ地帯で、冬期間の凍上を防止したいという問題が起って、その予備調査をしようというのであった。」と書き出され、次のような一節がある。

車窓から見たツンドラの広原は、非常に清らかな感じのものであった。この感じは、その後ツンドラの中へ踏み入ってみて、益々深められたのであるが、実に意外であった。

「妙に私には心に残るのであった。」とか「夕闇は大分迫っていたが、このツンドラ平原に足を踏み入れた時に、私はその美しさに魅せられて、思わず立ちどまった。」とか「ツンドラの草原は、どこまで行っても、清潔で美しかった。京都の苔寺の庭から人間的要素を全部取り去ったならば、この晩秋のツンドラに似たものになるであろう。」といった中谷の文章を読むと、ツンドラが「清潔で美し」いと感じる感性の人であったことが分かる。それは「人間的要素を全部取り去った」ものだからである。

次の「白鳥湖」についての描写は、印象深いものになっている。特に末尾にある発想は、何か中谷宇吉郎という人間の感性が、裸形になってあらわれているように感じられる。

少しつかれて眼をとじていた私を、A氏がよんでくれた。「白鳥湖が見えます」というのである。今少しすると白鳥が群れきて遊ぶというこの湖は、ただ一面の鉛色に静まりかえっていた。そしてその周囲には茶色に枯れたよしが密生していた。渚と名づくべきものが少しも見られない湖は、如何にも人界から離れた感じを与えるものである。そういえば、この湖の姿も色も、全体の調子が生命の世界から遠く離れたものであった。よしの切れ間に白い光が光って、その辺に白骨のようにしゃれた流氷が沢山漂っていたことも、この感じを強めるのに役立っていたのであろう。白鳥などという鳥は、巴里《パリ》の公園の池の中よりも、こういう湖に置いた方が、ずっと綺麗に見えることであろう。あるいは今に白鳥がこなくなって、この湖に白鳥湖という名だけが残った方が、もっとふさわしいかもしれないとも思ってみた。（傍点原文）

二

「永久凍土地帯」（昭和二十年二月）の末尾の方には、中谷は自らの「北方人」の自覚を次のように書いている。

草原の王者になる気はなくても、一度この草原地帯を訪れた人は、誰でも強い魅力を感ずるそうである。私も勿論その仲間の一人である。シンガポールやセイロンの華やかな熱帯の色彩も美しいには美しいが、ツンドラの秋やこの草原のような魅力は感ぜられない。その原因は低温科学を専攻しているからとも言えないようである。強いて求めれば、高緯度地帯の景色が持つ独特の清潔さというものが、魅力の原因であるのかもしれない。

戦後になると、ＳＩＰＲＥ（雪氷永久凍土研究所）の主任研究員となり、アラスカに行ったりしているが、一九五七年から六〇年の毎夏は、グリーンランド氷床に出かけ、多結晶氷の物性研究を行ったりしている。「アラスカ通信」や「極北の氷の下の町」などの紀行文を書きのこしているが、渡辺氏は解説の中で「一九五八年に再びグリーンランド氷床を訪れた宇吉郎は、このとき滞在した米国の観測基地サイト2について、またそこでの生活を、『極北の氷の下の町』に詳しく記している。宇吉郎は、氷床積雪層の中に作られたこの基地の生活を楽しんでいるが、何かに取り憑かれたようであったと札幌の弟子たちには思われていた。」と書いている。そして、「最後のグリーンランド行では既に病魔に冒されており、現地で倒れたこともあった。そこまでして、なぜ彼はグリーンランドに傾倒したのであろうか。」と問うている。

直系の弟子である東晃氏も「今思うと、宇吉郎は独り遠くの方で仕事していたような印象である。（中略）四夏にわたるグリーンランドの寒い雪洞での仕事に、かくも宇吉郎を駆り立てたものは、本当に何だったのだろうか。」と書いている。ここに、中谷宇吉郎の最深のものが潜んでいるようである。

一言でいえば、「北方人」中谷宇吉郎をついに「極北」が呼んだということであろうが、私は一枚の写真にその謎が写っていると思っている。それは、岩波文庫『アラスカの氷河』のカバーにのっているもので、「グリーンランド氷冠内クレバス中の宇吉郎」と説明されている。大きなつららが垂れ下がったクレバスの中に、防寒服を着て、帽子を被り、手袋をはめた中谷宇吉郎が垂直につり下げられた板の上にすわってこちらを向いている。靴の異様に大きいアイゼンが眼をひく。顔の表情は、写真が小さくてよく見えないが、とり囲む「寒い雪洞」のような荘厳さが感じられる。「独り遠くの方」で生きている人間の顔であろう。これを見たとき、あゝ、この人はついにこんな遠くまで行ってしまったのか、という思いが突き上げてきた。

ふと、ランボオがアフリカで撮った写真が連想された。小林秀雄はその写真について、「彼は、散切り頭で、白い移民服の様なものを着て、跣足で、石のごろごろした河原に立つてゐる。背景には、太陽に焦げた灌木がある。黒い鞣皮の様な皮膚をして、眉をしかめ、眼は落ちくぼみ、頰はこけ、いかにも叩きのめされ、疲れ切つた様子で立つてゐる。」と書いている。

中谷という人間には、何か北方へ行ったランボオといった「別の一面」が秘められていたのであろう。「文化人」には決して収まらない「野蛮人」の面を持っていた。それがまた、私を強くひきつける。恐らく、「北極の花」を見たに違いない。

二　渡辺京二

わたなべ・きょうじ（一九三〇―）
思想史家。『北一輝』『神風連とその時代』『逝きし世の面影』『黒船前夜』

ノスタルジーと無縁な「苦さ」――『逝きし世の面影』

「名著」への誤解

この「名著」が葦書房から刊行されたのは、一九九八年のことであり、和辻哲郎文化賞を受賞し、話題となった。もう十六年前のことであるが、二〇〇五年に平凡社ライブラリーの一冊として出た後も、本書は随分売れているようである。私は二〇一三年九月の初版二十九刷を手元に持っているが、帯には何と十三万部とある。そして、「これはもう、現代日本人必読の名著である！」という惹句が書かれている。この本が「現代日本人必読の名著」であると私も思っているが、その「必読の名著」たる所以が正しく理解されているかどうかについては大いに疑惑を抱いている。刊行から十六年経った今、必要なのは、その「名著」たる所以を深く理解することであろう。

平凡社ライブラリー版の「あとがき」の中で「私はずっと売れぬ本の著者であった。それでよいと思っていた。ときには選書になったり文庫化されたりして、部数が万の台に乗ることもなかったわけではないが、私が本筋と思っている著書はだいたい初刷三千、重版なしというのが常態だった。ところがこの本は売れた。」と書かれているが、この「売れた」理由は、かなり誤解に基づいているように思われる。本来、「本筋」のものと同じく、「初刷三千、重版なし」となるべきこの本が「売れた」というのは、世の常とはいえ、誤解や時代の風の吹き回しによるのである。

この「あとがき」に「世間には、私が日本はこんなにいい国だったのだぞと威張ったのだと思う人、いや思いたい人が案の定いたからである。」と書かれているが、この「世間」に一杯いる「思いたい人」の誤解によって、この本は「売れた」のである。この誤解の誘因には、『逝きし世の面影』という情緒的な題名もあるかもしれない。これが、当初、雑誌（『週刊エコノミスト』）に連載されたときの題名（「われら失いし世界」）のままであったなら、これほど「売れた」かどうか分らないような気がする。

本書が呼び起した反応とそれに対する答えは、「逝きし世と現代」という文章に書かれている。その中で「表題は事情あって」変えたとだけあって、その「事情」の内容は明かしていないが、この変更は本書の、あるいは著者のその後の展開に何か運命的なものであったように思われる。同じ文章の中で、本書を読んだ新聞記者が「何だ、昔の日本はよかったというだけじゃないか」と言ったということに触れている。確かに「昔の日本はよかったという」ことが書かれていると思っている人が多く「世間には」いるから、本書は十三万部「売れた」に違いない。本書の第十二章「生類とコスモス」の中に「私の関心は日本論や日本人論にはない。ましてや日本人のアイデンティティなどに、私の興味はない。私の関心は近代が滅ぼしたある文明の様態にあり、その個性にある。この視角の差違は私にとって重要だ。」とあるが、「世間」の誤解は、このような「差違」を認識しないから生まれるのである。

この「逝きし世と現代」の中に、次のように重要なことが書かれている。

私は日本の前近代の美質を賞揚して、おのれのちっぽけな《愛国心》を満足させようとしたのではない。またやみくもに前近代を肯定し、近代をあしざまに罵ろうとしたのでもない。私は近代の子である。たぶん大方の人びとより、近代を愛する念において深いとさえ信ずる。しかし、この国の前近代の人びとが多くの場合、おのれの文明に疑いを持たずに自足することができたのとは反対に、近代の子はおのれを疑わねばならぬ宿命にある。

渡辺氏の文明批評の深さは、この氏の「近代の子」であるという「宿命」の自覚によるのである。「たぶん大方の人びとより、近代を愛する念において深いとさえ信ずる」人間が、「近代」を「疑わねばならぬ」という逆説の悲劇が、氏の「前近代」についての歴史記述を貫いているのである。本書の余波的な著作として、『江戸という幻景』が書かれたが、その第一章「振り返ることの意味」の中に、江戸ブームのことに触れて、「私の江戸時代への関心は、昨今の江戸ブームのそれとは微妙に食い違う。」とある。『逝きし世の面影』を上梓したとき、ある新聞記者に「汝の視点はこの頃の江戸時代再評価とどう違うのか」と尋ねられ、一瞬絶句してしまったという。この「微妙」な違いを理解することが、前述した「差違」と同じく、本書を誤解から救済するために必要なのである。その「微妙」な食い違いは、「逝きし世と現代」の中の次のような文章に見て取れるであろう。

江戸文学研究家の中野三敏は言っている「江戸は近代とちがうからこそおもしろいのであり、近代にはすでに失われてしまった豊穣さをもつがゆえにおもしろいのである。あえていえば、それは二度と引き返せない、どうしても取り返しのつかない世界であるだけにおもしろいのである」。私は中野の言うことに全面的に賛意を表した上でつけ加えたい。それゆえにこそ、おもしろいだけでなく、われわれが日頃疑うことのない近代的な思考枠組に揺さぶりをかけてくれるのだと。

「おもしろい」とばかりいっているのが、「江戸ブーム」なのであり、渡辺氏という「近代の子」は、近代を揺さぶってくれるから「前近代」に激しい関心を持つのである。この「近代の子」は、近代の果てまで歩いてみたのである。そして、十分に疲れ果てたのである。

徳川後期文明の「精神の質」とは

平凡社ライブラリー版の「あとがき」の中で、「少年の頃、私は江戸時代に生れなくてよかったと本気で思っていた。だが今では、江戸時代に生れて長唄の師匠の二階に転がりこんだり、あるいは村里の寺子屋の先生をしたりして一生を過ごした方が、自分は今よりまともであれただろうと心底信じている。」という告白は、疲労困憊の果ての嘆息のように聞こえるのである。何か永井荷風の「転向」を思わせるものがある。そういえば、荷風は「心底」「近代の子」であった。「逝きし世と現代」は、次のように結ばれている。

ドストエフスキイは『悪霊』のエピグラフとして、悪霊のとりついた豚たちが崖からなだれ落ちる聖書の挿話を引用した。むろんこれはロシア社会主義者への風刺である。しかしドストエフスキイも私もまた、一個の悪霊なのである。悪霊とは近代を恋う孤独な魂である。近代の理想と憧憬はその終点を明示するに至った。その数々のよきものを擁護しつつも、近代の極相（クライマックス）から目をそむけてはなるまい。私はそのような思いで『逝きし世の面影』を書いた。

このような「近代を恋う孤独な魂」は、「江戸はおもしろい」という風な「江戸ブーム」とは全く関係ないし、「昔の日本はよかった」というノスタルジーとも無縁なのである。この『逝きし世の面影』が「名著」たる所以は、幕末維新期に来日した欧米人の日本についての数多い記録を博捜し、「逝きし世」の文明の姿や人々の生活の諸相を見事に描き出したことにあるというよりも、この「逝きし世」に心惹かれる「近代の子」渡辺氏の心性が、複雑に「揺さぶり」をかけられている点にあるのである。

だから、この「近代の子」の著作を虚心に読んでいくならば、著者の心の「苦さ」に気づくであろう。第一章「ある文明の幻影」の末尾の方に、「ワーグマンの描いた民衆たちの人のよさそうな顔つきも一種の阿呆面といえないこともない。」という強烈な文句に出会う。そのような指摘は、最後の第十四章「心の垣根」の結論的な部分にもっと詳細に展開されている。そこで、「幕末に異邦人たちが目撃した徳川後期文明は、ひとつの完成の域に達した文明だった。」と評価した上で、「政治や経済の動因とは別に、日本人自身が明治という時代を通じて、この完成されたよき美しき文明と徐々に別れを告げねばならなかったのはなぜであったのか。」と問うている。そして、「精神の質という面から」、それに答えを出すことを試みている。

つまりオールコックは、日本人の賞揚すべき美徳とは社会生活の次元にとどまるもので、より高次の精神的な志向とは無縁のものだといいたかったのだ。そのことをブスケはより直截に表現した。すなわち彼によれば、日本の社会にはすぐれてキリスト教的な要素である精神主義、「内面的で超人的な理想、彼岸への憧れおよび絶対的な美と幸福へのあの密やかな衝動」が欠けており、おなじく芸術にも「霊感・高尚な憧れ・絶対への躍動」が欠けているのである。

そして、「観察者たちは日本の庶民のうちに、数々のよきもの美しきものを発見した。だが、同時に、彼らのあっけらかんとした表情のうちに、なにか野卑なもの、ほとんど白痴性にいたりかねないものを嗅ぎつけてもいた。」と、前述した「阿呆面」を連想させることを書いている。

さらに、十返舎一九の『東海道中膝栗毛』をとりあげて、この「阿呆面」的な「精神の質」が問題とされる。この「まず発端が異常」な物語は、「徹頭徹尾チャランポランな精神の所産なのである。（中略）要するにこの物語を貫いているのは、この世を真面目にとる奴は阿呆だということだろう。この世も人間もたかが知れている。だとすると万事こだわらずに、この世を茶にしながら短い一生を気楽に送った方が勝というものだ。こういう一種つき抜けた感覚が主人公たちを支配しているのだが、それはニヒリズムと背中合わせの感覚であろう」。「逝きし世」の「世」とは、このようにとらえられた「この世」でもあったのである。

この辺の文章を読むと、最も純粋な「近代の子」北村透谷が「徳川氏時代の平民的理想」の中で、一九ら戯作者の「平民的虚無思想」に「痛惻《つうそく》に勝《た》へざるなり」と書いたことを連想するのである。

そして、この大作は末尾に、いわば一種のコーダのように、近代と前近代の「揺さぶり」がその魂のうちに起きた花野という娘のエピソードが語られ、「花野のエピソードは無限のもの思いにわれわれを誘う。」という言葉で終わる。この「無限のもの思い」は、「無限旋律」のように本書を貫いて鳴っている。「耳ある者は聴くべし」。

三　粕谷一希

かすや・かずき（一九三〇―二〇一四）編集者、評論家。『二十歳にして心朽ちたり』『面白きこともなき世を面白く』、『粕谷一希随想集』全3巻（藤原書店）

「声低く」語られた叡智の言葉

戦前の思想という錘《おもり》

粕谷一希氏は、一般には、総合雑誌の月刊『中央公論』の名編集長だった人として知られているであろう。四十八歳で退社した後も、『アステイオン』や『東京人』の編集長であったが、一方すぐれた人物論や歴史評論、そして鋭利な時代批評を書く評論家でもある。

編集者として、特に中央公論社から出ていた『中央公論』『歴史と人物』『中央公論経営問題』のような雑誌の編集者として生きたことの「幸福」については、本巻（『粕谷一希随想集』第I巻）に収める「中山伊知郎と東畑精一」の冒頭に、「編集者として、とくに中央公論社のような伝統と格式のある出版社で半生を送ったことの幸福は、なんといっても、すぐれた文人や学者を間近に眺めることができたこと、その方々のある人々と、ささやかな会話を交わして直接、接することができたことであった」と書かれている通りであろう。

昭和五年に生まれ、今年八十四歳を迎えた粕谷氏は、この「幸福」の中で、さまざまな人物を肉眼で見、その声を聞き、その著作を読むことで、人間の真贋を確認したのである。また、時代の状況を雑誌の編集という現場で把握したのである。だから、晩年の粕谷氏には、何か「賢者」といった風が感じられる。知識人や学者は、戦後の日本では事欠かないが、「賢者」という印象を与える人は少ない。学問がますます専門化したことや人間が矮小化したことなども関係しているかもしれないが、粕谷氏は、本と研究室の中に頭を突っ込んでいる「大学知識人」などにはならず、その知性を常に生《なま》の人間と時代の現実にぶつけていることで鍛えあげたのである。今や、「翁」のような風格が出て、その言説には、深い叡智といったものさえ感じられるに至っている。それは、この三月に出た『生きる言葉』(藤原書店)などによく滲み出ている。

それと、氏に「賢者」の風を体得せしめたものは、氏の戦後という時代との関係である。もう少し詳しくいえば戦後の軽薄な時代思潮に対する決して同調しない態度である。そして、それと裏腹の関係にあるが、戦前の思想に対する深い敬意と造詣である。それは、「京都学派」に対する評価にもうかがえる。

粕谷氏にとって、西洋史学の鈴木成高はとても重要な存在だが、その鈴木について書いた「鈴木成高と歴史的世界」の冒頭で、戦後の歴史学はマルクス史学の強い影響下にあったが、その退潮でやっと自由な発想が出て来たことを喜んでいると書いた上で、長い戦後の不自由な時代に自分は、「隠れキリシタン」ならぬ「隠れ非マルクス主義者」として生きてきたように思うと振り返っている。「マルクス主義」が圧倒的であった日本の戦後の言論の中では、編集者としては「隠れ非マルクス主義者」として生きるしかなかったであろう。しかし、この時代思潮との距離が、時代の言説に埋没することなく、粕谷氏の言説を筋が通ったものとしたのであり、時流に左右されずに、「賢者」の趣を得さしめたのである。

それと、第Ⅱ巻に収録される河合栄治郎や和辻哲郎、あるいは九鬼周造などについての文章からもうかがわれるように、戦前の思想家についての理解と愛情の深さが、戦後の価値観にとらわれた戦後知識人と粕谷氏とが一線を画すところである。氏は前述したように、昭和五年生まれだが、同世代の文学者や学者が戦後の時代思潮に色濃く同調していったのとは違って、戦前の思想の錘《おもり》がかなり氏の思索には作用しているように思われる。これが、氏の思想を戦後の華やかな活躍をした言論人たちに比べて、一見鈍重に見せる要素であるが、今日になってみれば、時代の風に吹き飛ばされてしまった流行の言論よりも、錘による重厚さが伴っているのである。

随想という方法

ここで、印象主義的な批評をするならば、粕谷氏の顔は、随分前から、私には栗本鋤雲《じょうん》に似ているように感じられていた。筑摩書房の明治文学全集の第4巻『成島柳北　服部撫松　栗本鋤雲』の口絵にある鋤雲の肖像は、鋤雲といえばこの写真なのだが、これを見たときから、そう感じた。栗本鋤雲は、幕府の医官の子であり、江戸っ子である。幕末には外国奉行、勘定奉行となり、遣仏使節としてフランスに赴き、パリに九ヵ月滞在したが、維新の変革のために、急遽帰国した。この幕末維新期の鋤雲は、島崎藤村の『夜明け前』の中に、「喜多村瑞見」という名で登場している。若き日に晩年の鋤雲を訪ねた藤村によって、鋤雲の人となりが活写されている。

幕府瓦解とともに節を守って、帰農して小石川大塚に隠居した。時に鋤雲、四十七歳。粕谷氏が東京府立五中（現・小石川中等教育学校）出身であり、鋤雲の引退した年齢が粕谷氏が中央公論社を退社した年と近いのも何か不思議な気がする。栗本鋤雲は、明治七年に、報知新聞社に聘せられ、主筆となる。名文をもって知られ、『暁窓追録』などの著作がある。後半生の鋤雲も粕谷氏と同じくジャーナリストとして生きたともいえるであろう。そういう意味で、近代日本におけるジャーナリストの系譜を考えるならば、粕谷氏は、池辺三山、滝田樗陰、徳富蘇峰などにつながる存在であるといえるのである。

鋤雲は、自らを「白髪の遺臣」と称した。幕府の遺臣ということであるが、単なる幕府という政権の遺臣というよりも、それを超えて江戸文明の真髄の遺臣という意味合いがあるように感じられる。粕谷氏には、「賢者」の風があると先にいったが、粕谷氏には、「遺臣」らしさも漂っている。何の遺臣なのであろうか。日本の近代の戦前まで続いていた、良質な教養の伝統の遺臣のように感じられるのである。粕谷氏の戦後の、特に退社した後からの日本に対する思いには、鋤雲が明治に対して思っていたものと近いものがあるといえるのではないか。透徹した眼力とともに深い諦念も感じられるのである。栗本鋤雲翁という意味で、粕谷一希翁と呼びたい気がする。そして、「節を守る」ということが、氏の人物論の要になっていることはいうまでもあるまい。

こういう粕谷氏のような人間によって、随想というジャンルは、はじめて書かれうるのである。今日、随想が書ける人は少なくなった。随想は、随筆、あるいは現在本来の意味を失ってエッセイと呼ばれている雑文とは本質的に違うのである。味も素っ気もない学術論文とたわいもない雑文があふれている現在では、折々の事象や様々な思想に触発されて、即興的に文章を創造する随想という形式は極めて稀になった。しかし、日本語の文章で思想、あるいは哲学を語れるのは、この随想という形式であるようにも思われる。粕谷氏の文章を集めたものを、あえて「随想集」と銘打った所以である。

この随想という方法の冴えをよく示しているのは、一群の対比列伝であろう。小林秀雄と丸山真男、安岡正篤と林達夫、東畑精一と今西錦司といった対比の妙は、読む者をして唸らせるものがある。こういう組合わせを思いつくには、深く広い教養を要するのである。特に一高時代に同級生だった安岡と林の対比は、戦後の知識人の通念の虚を突くもので、この対比を粕谷氏は「一見奇異な挙」といっているが、それをあえてやったのは、二人を「バラバラに受容している現代日本の思想と社会の側に」問題があると考えるからだとしている。そういう「〝知〟の社会的構造」が戦後思想の欠陥なのである。そして、粕谷氏は、「現在必要なことは、二人の思想家を同一の舞台に乗せ、そこで描き出される思想的風景を眺めることで、われわれ自体の内なるドラマを喚起することではないか」と問うている。

「悲劇の感覚」

粕谷氏の戦後に対する疑惑は、『戦艦大和ノ最期』の吉田満に対する深い共感となってあらわれている。本巻の巻頭に収められた「『戦艦大和ノ最期』初版跋文について」は、『戦艦大和ノ最期』の初版が昭和二十七年八月三十日創元社から刊行されたときに付された五人の跋文について書いたものである。『吉田満著作集』全二巻が文藝春秋から発行されたのは、吉田満の死（昭和五十四年、五十六歳）の七年後の昭和六十一年のことであったが、上巻の月報には、この五人、吉川英治、小林秀雄、林房雄、河上徹太郎、三島由紀夫の初版に寄せられた跋文が再録され、最後にこの粕谷氏の「初版跋文について」が載っている。この文章の冒頭に、次のように書かれている。

『戦艦大和ノ最期』が陽の眼を見たのは、占領が終ってからである。そしてその初版に寄せられた諸氏の跋文ほど、当時の文壇、ジャーナリズム、そして日本人の精神状況を逆照射しているものはないであろう。

今日の若い人々には信じられないほど、敗戦と占領に直面した日本人は、打ちひしがれ、卑屈になり、自己崩壊を起こしていた。

戦時下に逼塞していた社会主義者たちは、反対に居丈高になり、時節到来を軽信した。戦時下に大勢に便乗した人々が、ふたたび戦後の時世に便乗して右往左往した。

そうしたなかで、ここに跋文を寄せられた人々は、戦後の風潮に同調しなかった人々であり、自らの生を生き抜いた人々である。そして吉田満という存在、『戦艦大和ノ最期』という作品が、この人々と響き合っていることが、巧まぬ暗合であり、日本人がアイデンティティを貫いて生きることの意味を、豊かに語りかけているのである。

そして、吉川英治と小林秀雄の跋文を紹介した後で、次のように粕谷氏は「悲劇の感覚」という重要な言葉を提出している。

昭和に生きた人々、とくに差し迫った国難を所与として生きた戦中派の人々に、他にどのような生き方がありえたろう。『戦艦大和ノ最期』の記録が永遠に感動を呼びおこすのは、戦士の美徳を真摯に描いているからであり、それが民族敗亡の美学たりえているからである。

『平家物語』は平家一門の盛衰を描いた物語である。清盛の傲りは一族を滅ぼした。しかし、重盛や維盛の姿があって、ひとびとはその滅亡に涙する。「海の底にも都はあり申そうぞ」との一句に胸を衝かれる。

帝国日本もまた自らの傲りによって自滅した。しかし、その中にも美しく見事に生き、死んだ人々の存在を確認することなしに、悲劇の感覚は生れない。大日本帝国の暗部を告発することは、日本人の自省のために必要であった。しかし、その栄光と美学を確認することなしに、その時代の鎮魂は果たされない。

戦後日本に欠落したものこそ、この「悲劇の感覚」であり、大東亜戦争を振り返るとき、悲惨といって、悲劇といわないのである。粕谷氏の七歳年上の吉田満に対する深い共感は、逆に戦後という時代に対する深い違和感に通じているのである。

そして、粕谷氏はついに、『鎮魂――吉田満とその時代』（文春新書）を平成十七年に上梓するに至る。本巻の「吉田満の問いつづけたもの」は、その序章である。そこには、吉田満の重要な文章「戦後日本に欠落したもの」が、粕谷氏の依頼で『中央公論経営問題』に載ったものであることが書かれている。その「吉田満の問いつづけたもの」の中で、吉田の「戦後日本に欠落したもの」を問うた文章を引用した上で、粕谷氏は「後に残ったわれわれは、吉田満の問いかけを継承する義務があるように思われる。それがいかに当世風でないにしても」と書いている。そもそも、この新書は、雑誌『諸君！』での昭和六十年三月号から翌年の十二月号までの断続的な連載をもとにしているが、この新書の前書きに、「ある事情から、連載を中断して今日に至ったものである。私自身、人生の最終段階を迎え、意を決して」後半の部分を書き下ろしたと書かれているが、吉田満、あるいは戦後日本に対する批判の核心は、それまで編集者として、「当世風」をそれなりに慎重に考慮しなければならなかった粕谷氏が、「人生の最終段階を迎え、意を決して」書いたことなのである。

その点からいっても、『諸君！』に載った吉田満と鶴見俊輔の対談『「戦後」が失ったもの』を読んで鶴見俊輔への「異論を展開」している「鶴見俊輔氏への手紙——戦後史の争点について」は、興味深いものである。冒頭で「省みれば、私の編集者生活の最初の仕事のひとつは、『中央公論』に連載された「日本の地下水」という、鶴見さんと武田清子、関根弘氏と共同の、サークル誌評を担当することでした」と回想しているが、中央公論社版の『思想の科学』の編集を三年間、手伝っていたとき、「一面ではある種の違和感を感じ」ていたと書いている。この「違和感」は、「戦後」に対するものでもあるが、「あれから二十年近い歳月が経ちました。さまざまな事件やさまざまな問題が、鶴見さんとの距離をつくってきてしまいました」とあるように、粕谷氏と、鶴見氏との間には、随分「距離」があるのである。「戦後」に対する「距離」が広がっていき、それに反比例して、吉田満に対する共感は、「人生の最終段階を迎え」て、ますます深まっていった。それは、近年書き下ろした『反時代的思索者——唐木順三とその周辺』で、唐木の「反時代的」な姿勢について示した共感に通じているが、唐木についての関心は、本巻に収める、鈴木成高と対比して論じた文章

「唐木順三と鈴木成高――中世再考」に見られるように、長く深いものである。

吉田満に対する共感は、吉田が「宗教的人間」であることにもある。「吉田満の問いつづけたもの」の中で「大和の特攻出撃の体験を、敗戦直後に記録に止めた彼は、死線を越えた自らの生の偶然、不可思議の情を問いつめ、「死・愛・信仰」(『新潮』昭和二十三年十二月号)への思索を深めて、昭和二十三年には、キリスト教に入信している。彼はなによりも敬虔なキリスト者として宗教的人間であった。文学もビジネスも、彼にあっては、信仰によって生かされた部分であったかもしれない。彼は宗教的人間たることによって全的に生きたのであった」と書いている。『戦艦大和ノ最期』初版跋文について」の方では、「愛も欲も、出世も奉仕も、人間的なすべてをさらけ出しながら、しかし、宗教的人間として自己抑制に生きた」という風に書いている。

この「宗教的人間」は、「欲」に生きるとしても、「エゴイズムの正当化」を知らないのである。この「エゴイズムの正当化」があることに、粕谷氏の戦後への「違和感」の根本がある。「鶴見俊輔氏への手紙――戦後史の争点について」の中で、次のように書くとき、粕谷氏は吉田満という「宗教的人間」を対置しているのである。

私たち多少下の世代から眺めていますと、戦後の論理には、〝醤油を飲んで徴兵を逃がれた〟、いってみれば醤油組の天下といった風潮がありました。『きけわだつみの声』の編集方針も、意識的に反戦的学生の声だけが集められました。愚劣な戦争に駆り出されて、無駄な死を強制された。だから二度とこうした戦争を起させてはならない。もう『僕らは御免だ』、ドイツの戦没学生の手記も訳されて、戦後の反戦感情・反戦運動は盛り上げられてゆきました。それは半面では正当に思われました。けれども微妙なところで、何かエゴイズムの正当化といった作為的な思考のスリカエがあるように思われて、当時から私にはなじめなかったことを記憶しています。

戦後は、「醬油組の天下」だったとは、痛烈な批判の言葉である。また、この「エゴイズムの正当化」を嫌悪するところに、粕谷氏の「宗教的人間」的な面が出ているのである。

本巻には、高坂正堯、永井陽之助、萩原延壽、松本重治、小島祐馬などの思い出が収録されているが、このような多くの人物について的確な人物論を物するというのは、たんに才能の問題ではない。粕谷氏の名編集者としての仕事と深い人物論を可能にしたのは、実は粕谷氏の精神の姿勢によるのである。

「他者実現」としての編集

本巻に収める「波多野精一の体系——世界観の所在」は重要な文章である。粕谷氏の青春時に深い影響を与えたのが、近代日本最高の宗教哲学者・波多野精一であることは、粕谷一希論の核心である。この文章の中で、波多野の宗教哲学体系が『宗教哲学序論』『宗教哲学』『時と永遠』の三部作として構成されていることをいった上で、「私自身、一冊を挙げるとすれば『時と永遠』となるだろう。その感動は私の生涯を通じて持続してきている」と書いている。この波多野の宗教哲学の何が、粕谷青年に衝撃を与えたかといえば、次のような文章にうかがえるであろう。

しかし、『宗教哲学』と『時と永遠』を通して、私が深い衝撃と共に学んだことは、この世界が、自然、文化、愛という三層の世界から成り立っていること。これまで個人主義の人格主義が称えていた〝人格の成長〟とか自我の発達という観念は、自己実現としての文化の世界のことであり、真の人格主義は愛の世界にあって、他者実現を目指さねばならない、と説いていることであった。（中略）

たとえば、「表現は自己実現の活動の基本的性格をなすに反し、象徴は実在的他者との交渉を成立たしめる原理である」（『時と永遠』一七五頁）といった言葉に接すると、文化の世界と愛の世界もしくは信仰の世界との画然とした違いを認識する。文士や芸術家は自己表現ということを自らの生命と感じ考える。しかしそうした文学や芸術作品も、社会（他者）に奉仕するものでなくてはならない。そうした他者は実在する他者として、究極的には実在する神につながる。

人格の成長・発展こそ人生究極の目標であるとする近代の個人主義的人格主義に、薄い膜が張ったように納得できなかったのは、まさに愛の世界・愛の行為としての他者実現が視野に入っていないからであった。人間の活動として、自己表現としての文化（自我）の世界よりも、愛としての他者実現の方が重い価値をもつことを明言した波多野哲学と出会って、私はある安らぎを初めて感じたのであった。

だから、粕谷氏が名編集者であったということは、単に普通の意味での編集能力が高かったというような次元の話ではないのである。氏の編集者としての人生の選択も、編集者としてのすぐれた業績も、この「安らぎ」に基づいているのである。氏の『賢者』のような風格も、この「愛としての他者実現の方が重い価値をもつ」という「信仰」によるのであり、氏にとって編集という仕事は、「他者実現」としての仕事であった。「エゴイズムの正当化」などは、最も嫌うところであった。ジャーナリズムという「時」の中に生きて、「永遠」を望む精神であったのである。

氏は、戦後の多くの文化主義者たちと交渉があったし、一見、文化主義者のように見られているかもしれないが、実は「隠れ非マルクス主義者」であったように、「隠れ非文化主義者」だったといえるであろう。氏は、文化主義者の如く、文化を変に高く考えることはないし、文化の中に自足している不潔さがない。「文化」の上に「愛」の世界があることを波多野に学んだからである。文化主義者とは、「エゴイズムの正当化」を文化的な装飾でうまくできる人間に過ぎない。

この粕谷氏の精神の姿勢は、「河上徹太郎の姿勢」という文章にも、よくあらわれている。粕谷氏は、河上徹太郎の生涯の友、小林秀雄よりも河上の方に共感を示しているのである。

今日、一般的には小林の方が評価が高いであろうし、いわゆるファンも多いであろう。小林は、偶像化されやすい要素を持っているが、河上には、そういうものはない。それは、中原中也との青春の劇とか風貌とかの単に表面的なことによるのではなく、そこには重要な相違があるのである。やはり、「エゴ」の問題である。粕谷氏は、次のように書いている。

小林秀雄の語り口や文章は、強烈なエゴの存在を実感させ、その独特の発想や論理は読者に一種の苦行を強いる。苦行に耐えることで、閃光のようなヴィジョンを共有する。小林秀雄の歩行とつきあうことは、この軽業師のような綱渡りのスリルを味わうことであろう。通念や常識が否定され罵倒され、意表を衝く論理が、ぎりぎりの脳髄の働きとして絞り出されてくる。（中略）「他人をダシにして己れを語る」小林秀雄の批評のスタイルは、小林秀雄の天才をもってして初めて可能なのであって、その模倣者からは、倨傲と独善だけが残る。多くの文学青年が死屍累々たる惨状を呈したのは、この天才の毒もまたいかに強烈であったかを物語る。

ただ、もっとも面白い事実は、この小林秀雄のもっとも身近なところに、河上徹太郎が座っていたことであろう。この穏かで芯の強い個性が、小林秀雄と共に歩み、その圧力のなかで、自らを開花させ熟させていったことは改めて再考する価値のある主題である。おそらくそこに展開された心理劇は、両者が言葉に表現している以上のものがあったにちがいない。

その河上さんの批評の方法が、「己れをダシにして他人を語る」見事な対象への即自性をもっていることである。読者は、小林秀雄の文章に接して、語る対象よりも小林秀雄の姿の方に意識がいきがちである。ところが、河上さんの文章に接するとき、読者は後景に退った筆者の淡い姿を意識しながらも、あるいは筆者の存在を忘れて、対象に見入ることができる。それは河上徹太郎の対象への愛、他者への愛を無言のうちに語っていないだろうか。おそらく、批評とは何かという問題は、この小林対河上の、無限にデリケートな対話のなかに潜んでいるように思われる。

「穏かで芯の強い個性」というのは、粕谷氏にも通ずるものであろう。そして、「対象への愛、他者への愛」という言葉は、まさに波多野精一の徒のものである。

戦後日本という、この騒がしい混迷の時代における知識人たちの演じた悲喜劇の目撃者として粕谷一希氏という「穏かで芯の強い」知性があったことの重要な意味は、恐らくこれからますます大きくなっていくであろう。戦後日本とは果たして何であったかが、そこに浮かび上っているからである。

林達夫についての文章に、「声低く語れ、とは林さんの名言のなかの一つである」とあるが、戦後の追い風に乗って声高く叫ばれた思想は、結局消え去り、「声低く」語られたものが残っていくのである。粕谷氏は「声低く」語り続けた人である。この随想集から、その「声低く」語られたものを聴き取らなければならない。

あとがき

本書は、平成二年の『内村鑑三』の上梓以降、四半世紀余りにわたって執筆した「人物論」をまとめたものである。延べ十七人に及ぶものとなり、自分ながらずいぶんと様々な人物についてとりあげてきたものだと思うが、今流行りの多様性というようなものではない。振り返ってみれば、内村鑑三がライトモチーフになっているのであり、ということは内村鑑三が重んじる義というものが貫いているのである。

編集にあたって、書き下ろしのものを一本は入れたいということになったとき、私は躊躇なく田中小実昌を挙げた。これは、少し意外に思われるかもしれない。しかし、私は『内村鑑三』を出した頃から、この人物については書きたい、あるいは書かねばならぬ、という風に思い続けていた。今回、書き下ろしで田中小実昌について書きながら、この人物を批評することが、義の観点からの人物論とはどういうものかという恰好の実例になるな、と確信したのである。その他には、五味康祐もそうである。義の人物といったときに、内村鑑三や島木健作はすぐ思いつくであろうが、内村や島木では義の人物というものについて誤解を受けやすいかもしれない。田中小実昌や五味康祐を入れたのは、義の人物を表面的に捉えることを避けさせてくれるであろう。この二人が、二十世紀最大のプロテスタント神学者であるカール・バルトを熟読していたという事実だけでも、およその世評を吹き飛ばしてしまうに違いない。だから、書き下ろしの田中小実昌論を敢えて巻頭に置いたのである。

この田中小実昌についての批評文を書き上げた後、興味深く感じたことを書いておきたいと思う。岩波書店から『新約聖書　全五冊』が刊行されたのは平成七年からのことで、私はこれを買っていた。しかし、少し読んでみたが、余り面白くないので、ほとんどを読まないままになっていた。この翻訳は、「はしがき」に書かれているように「原典への忠実さ」を重んじるものであり、「本訳の基盤は、学問的な精確さへの意志」であった。普段、新約聖書を文語訳聖書で読んでいる私としては、興味索然としたものであった。

しかし、今回、田中小実昌の『ポロポロ』や『アメン父』を熟読し、小実昌の父遵聖という人物に「ぶちあてられ」(田中小実昌の核心的用語)、その余韻が残っているうちに、ふとこの岩波の聖書翻訳を書棚から引き出したのである。

そして、まずは第四巻の『パウロ書簡』から読みだしたが、これが実に面白く読めるのである。これには驚いた。読むこちら側に何かがやってきて、この無味乾燥のように思えた翻訳が本来の意味を浮び上らせたということであろうか。この不思議な経験は、田中遵聖、あるいは田中小実昌という人物の深奥に関係しているように思われる。

「三島由紀夫と崇高」という講演録については、記憶に鮮やかな思い出がある。この講演は、平成二十三年十一月二十五日の「憂国忌」に行ったが、講演後、講演を聴きに来た知人に、いつもの講演とは感じが違って今日の話には何か切迫した緊張感があったと少し驚いたような感じで言われた。実は、講演し始めて暫くした頃だったと思うが、三島由紀夫の写真を背にした私と会場の後方とのほぼ中間あたりに、天井の方から白銀の糸のようなものがキラキラ光りながら雨のように降って来たように見えた。サーッと音さえも確かに聞こえた。それが、かなり長く一分くらいは続いたように思う。講演は数多くやったことがあるが、こんな経験は初めてであった。

十七人のうち、実際に面識を得たのは、渡辺京二氏と粕谷一希氏の二人である。

渡辺さんが『黒船前後』で大佛次郎賞を受賞することが決まり、授賞式のために熊本から上京されることになった。その機会をとらえて藤原良雄社長が対談の場を設けてくれたのである。平成二十三年の一月二十七日のことである。これは、季刊『環』46号に「独学者の歴史叙述」という題で掲載された。現在は、渡辺さんの『幻影の明治　名もなき人々の肖像』（平凡社ライブラリー）に収められている。この対談は、今後の私の仕事を導いてくれる一つの定点となるであろう。

粕谷さんが亡くなったのは、平成二十六年の五月三十日のことであったが、その二週間ほど前の十五日に、出来上がったばかりの『粕谷一希随想集』の第一巻を届けるために藤原良雄社長と一緒にご自宅に伺ったのが最後の対面だった。この第一巻の「解説」が、本書に収録したものである。病床で少し体を起こして、手にした本の頁をめくりながら眺めておられたが、もう大分弱っておられるようでどこまで内容について意識されていたかは分からなかった。

この粕谷一希論は、粕谷さんにぜひ読んでもらいたいものであったが、それはもう叶わないな、と思った。残念であったが、最後に手渡すことが出来たことでこれまでお世話になったことの御礼はできたのだと自分に言い聞かせた。長居をしてはお疲れになるので頃合いをみて失礼することとなったが、粕谷さんの前を通るとき、私は、これが今生の別れだと思い、深々と頭を垂れ、心の中で「これまで本当にありがとうございました。」と言った。そのとき、粕谷さんが、じーっと私の顔を見ておられた。誰なのか、確認しようとされたのかもしれなかったが、私は、粕谷さんが何かを私に託されようとしているのではないかと感じた。

粕谷さんには、三十代の半ばに面識を得て以来、何回もお話を伺う機会があったので、その折々の内容からすると、やはり日本の今後の文化の行く末についての憂慮ではなかったかと思う。そのときの粕谷さんの強い眼差しを私は忘れることが出来ない。私が、或る緊張感を持って仕事を続けていられるのも、このときの粕谷さんが託そうと思われたのではないかと私が感じたことを思い出すからである。

このような眼差しは、本書に収録された人物たちから、ニュアンスの違いはもちろんあるが、やって来るように感じるものである。歴史からの眼差しを背中に受けながら、これからも仕事にとりくんでいきたいと思う。

藤原良雄社長は、現代における数少ない義の人物としてかねてより私が畏敬の念を抱いている方であるが、このような人物論を出すことに快く応じていただいた。心より感謝申し上げたいと思う。編集は、今回も刈屋琢氏のお世話になった。書き手のことを深く、かつ懇切に理解してくれる編集者と仕事ができることは、書き手にとって大きな喜びである。私にとって、そのような編集者である刈屋氏には厚く御礼申し上げたいと思う。

新保祐司

平成三十年初秋

初出一覧

序――「硬文学」としての人物論　（初出：今こそ〝硬文学〟の再興を）『機』二〇一七年一月号、藤原書店に大幅加筆

I

戦後日本のアウトサイダー　書き下ろし
三島由紀夫と崇高　『三島由紀夫の総合研究』第二〇号（二〇一二年三月二十五日）、三島由紀夫研究会に大幅加筆
西郷隆盛の「凡人の道」に惹かれた天才　（初出：西郷隆盛の「凡人の道」に惹かれた天才――明治維新一五〇年　三島由紀夫の名文〝復活〟）『正論』二〇一八年二月号、産経新聞社
「鹿の渓水をしたひ喘ぐがごとく」音楽を求めた人　五味康祐『西方の音――音楽随想』解説、中公文庫、二〇一六年
「正義派型アウトサイダー」　（初出：「赤蛙は、私だ」）島木健作『第一義の道・赤蛙』解説、講談社文芸文庫、二〇〇六年
日本が忘れた義の心――島木健作没後六十年　『神奈川新聞』二〇〇五年八月十七日
島木健作の「復活」　『神奈川近代文学館』第八九号（二〇〇五年七月十五日）、神奈川文学振興会
「硬文学」としての島木文学　『神奈川近代文学館』第一〇九号（二〇一〇年七月十五日）
『赤蛙』の復刊　『文藝家協会ニュース』一九九四年十月号、日本文藝家協会
「歴史」の使徒、大佛次郎――生誕一〇〇年を前に　『毎日新聞』一九九六年十二月十六日夕刊

大佛次郎『敗戦日記』と島木健作の死　『読売新聞』一九九五年七月二十八日夕刊
歴史の「物自体」――『天皇の世紀』をめぐって　（初出：歴史の「物自体」）『一冊の本』二〇〇六年二月号、朝日新聞社
大佛次郎の現代小説の真価　（初出：現代小説の真価）『神奈川新聞』二〇〇三年四月十日
大佛次郎とゲーテ――鞍馬天狗とエグモント　『都留文科大学国文学論考』第四一号（二〇〇五年三月二十日）、都留文科大学国語国文学会

II

最後の「文芸評論家」　『三田文學』第八四巻第八〇号（二〇〇五年二月一日）、三田文学会
福田恆存と「絶対神を必要としなかった日本人」　『総特集　福田恆存――人間・この劇的なるもの』河出書房新社、二〇一五年
透谷・小林・モーセ　（初出：透谷・小林・モーゼ）『文学研究のたしなみ』鼎書房、二〇〇二年
「空気」から脱出《エクソダス》する「流儀」　山本七平『小林秀雄の流儀』解説、新潮文庫、二〇〇一年
小林秀雄の文学的出発――「血肉化」の問題　『都留文科大学国文学論考』第四〇号（二〇〇四年三月二十日）（第二四回日本キリスト教文学会九州支部夏期セミナーにおけるシンポジウム「小林秀雄――その文学的出発をめぐって」二〇〇三年八月一日の記録より）
小林秀雄の「モオツァルト」と吉田秀和の「モーツァルト」　『都留文科大学国文学論考』第四九号（二〇一三年三月十五日）
鎌倉妙本寺の海棠　『正論』二〇〇七年七月号
小林秀雄の三つの言葉　（初出：今に問う言葉――小林秀雄）『読売新聞』二〇一〇年四月二十六日、五月三日、五月十日
「上手に思ひ出す事」の難しさ　（初出：「上手に思ひ出す事」の難しさ――郡司勝義『小林秀雄の思ひ出

――その世界をめぐって』)『新潮』一九九四年二月号、新潮社
批評精神の秘密を明かす魂の対話録　『諸君!』二〇〇九年六月号、文藝春秋
批評の塩について　『国文学解釈と鑑賞　別冊　北村透谷――《批評》の誕生』二〇〇六年三月十五日、至文堂
「考へる事を為て居る」人間の出現　（初出：「考える事を為て居る」人間の出現――《批評》の誕生）『国文学解釈と鑑賞　別冊　北村透谷――《批評》の誕生』
透谷の「眼高」　『読売新聞』二〇〇六年三月十七日
透谷と中也――「お前の評論はこうだからな。」　『北村透谷研究会会報』二〇〇五年六月四日号、北村透谷研究会事務局

III

「海ゆかば」の作曲家　（初出：「海ゆかば」の作曲家・信時潔）『文藝春秋 SPECIAL』No.5（二〇〇八年季刊夏号）、文藝春秋
「海ゆかば」――「義」の音楽　（初出：「海ゆかば」――「義の音楽」）新保祐司編『「海ゆかば」の昭和』イプシロン出版企画、二〇〇六年
家持と信時の「海ゆかば」　『朝日新聞』二〇〇八年六月八日
信時潔 vs 山田耕筰――「海道東征」と「神風」　『音楽現代』二〇〇二年十一月号、芸術現代社
没後四十年にあたって　（初出：信時潔没後四十年――昭和精神史を代表する作曲家の再評価への期待）『音楽現代』二〇〇五年二月号
信時潔の名曲「やすくにの」と戦後の虚妄　（初出：名曲「やすくにの」と戦後の虚妄）『靖国』二〇一五年一月一日号、靖国神社社務所
耳ある者は聴くべし――「海ゆかば」　（初出：耳ある者は聴くべし。）『東京人』二〇〇五年十月号、都

市出版
信時潔の復活　（初出：「海ゆかば」の作曲家・信時潔の復活）『正論』二〇〇九年一月号
叙事詩人への道　（初出：北原白秋――叙情詩人への道）『江古田文学』第九五号（二〇一七年七月二十五日）、日本大学芸術学部江古田文学会
鉄斎の墓を尋ねて――忘れ去られた「義」の画風　（初出：富岡鉄斎の墓を尋ねて――忘れ去られた「義」の画風）『読売新聞』一九九七年三月七日夕刊

Ⅳ

村岡典嗣の復活　（初出：村岡典嗣）苅部直・片岡龍編『日本思想史ハンドブック』新書館、二〇〇八年
学問から「作品」を生んだ人――『本居宣長』の復刊に思う　（初出：学問から「作品」生んだ人――村岡典嗣『本居宣長』の復刊に思う）『読売新聞』一九九三年九月三十日夕刊
日本人の一神教性――村岡典嗣をめぐる架空の対話　『季刊日本思想史』第六三号（二〇〇三年五月）、ぺりかん社
没後七十年――キリスト者内村鑑三　（初出：没後七十年、キリスト者内村鑑三　上　正統性の〃高み〃実現／下　虚無と退廃に耐える柱）『産経新聞』二〇〇〇年三月二十一日、三月二十二日
心の復興の灯台　（初出：内村鑑三――心の復興の灯台）『読売新聞』二〇一一年三月十日夕刊
内村鑑三の磁場　（初出：内村鑑三の磁場――鈴木範久『内村鑑三日録　後世へ残すもの』）『本のひろば』一九九四年一月号、キリスト教文書センター
内村鑑三の国家観――イエスと日本、二つのＪ　（初出：内村鑑三――イエスと日本、二つのＪ）『環』Vol.57（二〇一四年春）、藤原書店
古武士ビーアドと内村鑑三の弟子たち　（初出：古武士ビーアド）『環』Vol.50（二〇一二年夏）

V

「天」へ開かれつづけた「北方の人」 （初出：北の国のスケッチ ［2］人間の結晶／［3］北大の楡の樹／［4］「極北」に行ったランボオ）『北の発言』No. 2、No. 3、No. 4（二〇〇三年八月、十月、十二月）、西部邁事務所

ノスタルジーと無縁な「苦さ」――『逝きし世の面影』 （初出：渡辺京二『逝きし世の面影』――ノスタルジーと無縁な「苦さ」）『環』Vol.57（二〇一四年春）

「声低く」語られた叡智の言葉 『粕谷一希随想集』第一巻、解説、藤原書店、二〇一五年

ラ 行

ワ 行

マ　行

ヤ　行

ナ　行

ハ　行

タ 行

主要人名索引

「あとがき」を除く本文と注から主要な実在の人物を採り，姓・名の五十音順で配列した。

ア 行

著者紹介

新保祐司（しんぽ・ゆうじ）

1953年生。東京大学文学部仏文科卒業。文芸批評家。現在，都留文科大学教授。

著書に,『内村鑑三』（1990年。文春学藝ライブラリー, 2017年）『文藝評論』（1991年）『批評の測鉛』（1992年）『日本思想史骨』（1994年）『正統の垂直線——透谷・鑑三・近代』（1997年）『批評の時』（2001年）『国のさゝやき』（2002年）『信時潔』（2005年）『鈴二つ』（2005年）［以上，構想社］,『島木健作——義に飢ゑ渇く者』（リブロポート，1990年）,『フリードリヒ　崇高のアリア』（角川学芸出版, 2008年）,『シベリウスと宣長』（2014年）『ハリネズミの耳——音楽随想』（2015年）［以上，港の人］,『異形の明治』（2014年）『「海道東征」への道』（2016年）『明治の光・内村鑑三』（2017年）『「海道東征」とは何か』（2018年）［以上，藤原書店］,『明治頌歌——言葉による交響曲』（展転社, 2017年）がある。また編著書に,『北村透谷——〈批評〉の誕生』（至文堂, 2006年）,『「海ゆかば」の昭和』（イプシロン出版企画, 2006年）,『別冊環⑱　内村鑑三 1861-1930』（藤原書店, 2011年）がある。

2007年，第8回正論新風賞，2017年，第33回正論大賞を受賞。

義《ぎ》のアウトサイダー

2018年 11月10日　初版第1刷発行©

著　者　新　保　祐　司

発行者　藤　原　良　雄

発行所　株式会社　藤　原　書　店

〒162-0041　東京都新宿区早稲田鶴巻町 523

電　話　03（5272）0301

FAX　03（5272）0450

振　替　00160 - 4 - 17013

info@fujiwara-shoten.co.jp

印刷・製本　精文堂印刷

落丁本・乱丁本はお取替えいたします

定価はカバーに表示してあります

Printed in Japan

ISBN978-4-86578-195-3